神迹 LEGEND

这样的足球你怎能不爱

周凯 著

真笔体育百科系列

北京时代华文书局

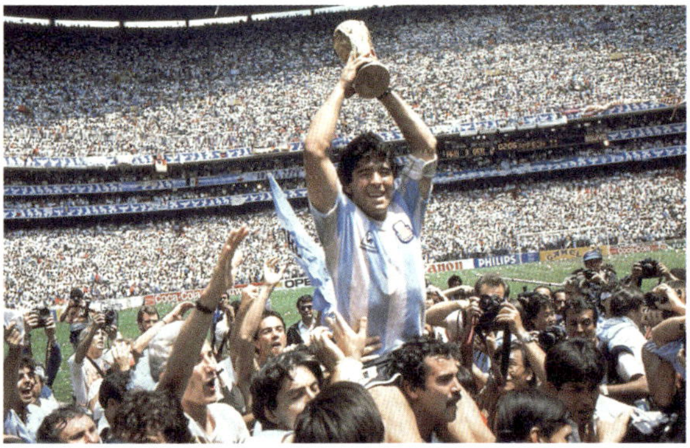

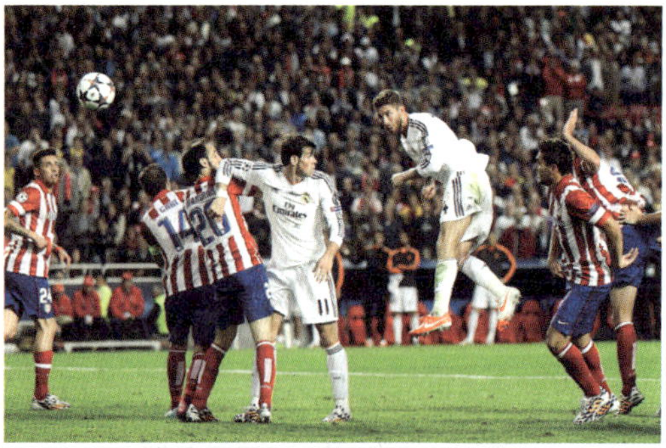

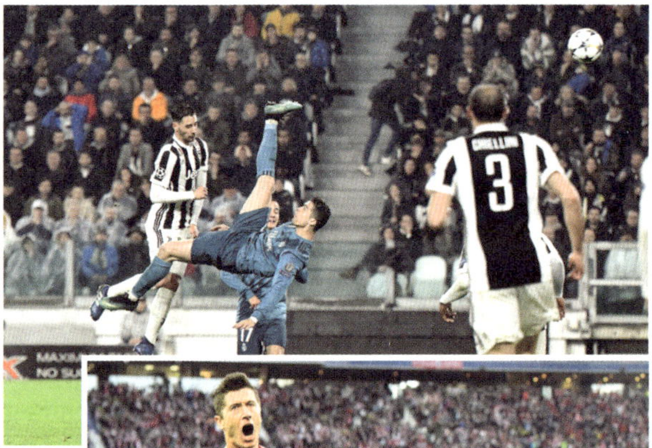
3

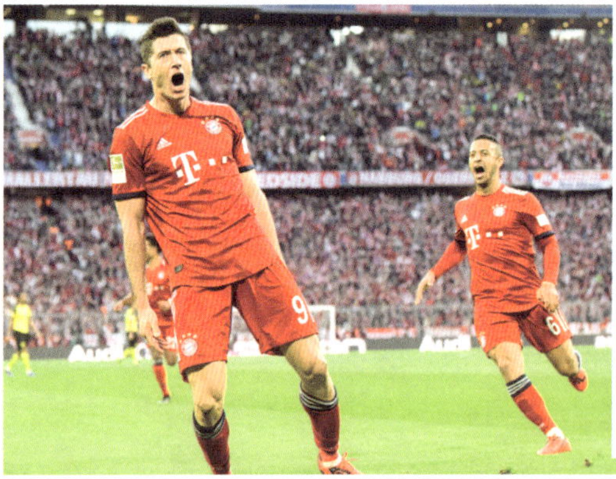

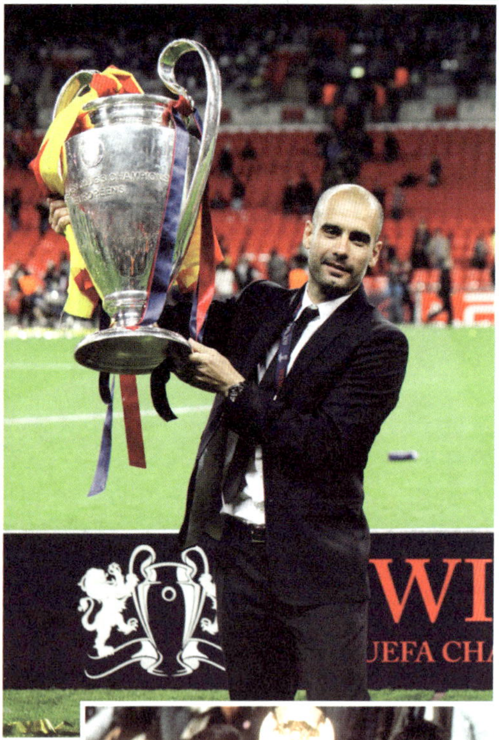
WI
UEFA CHA

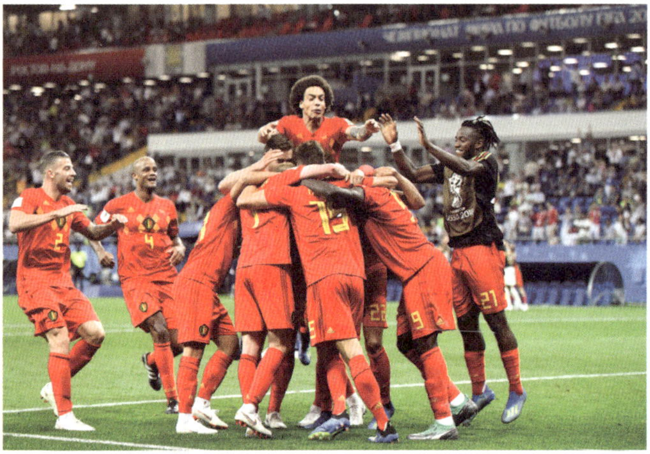

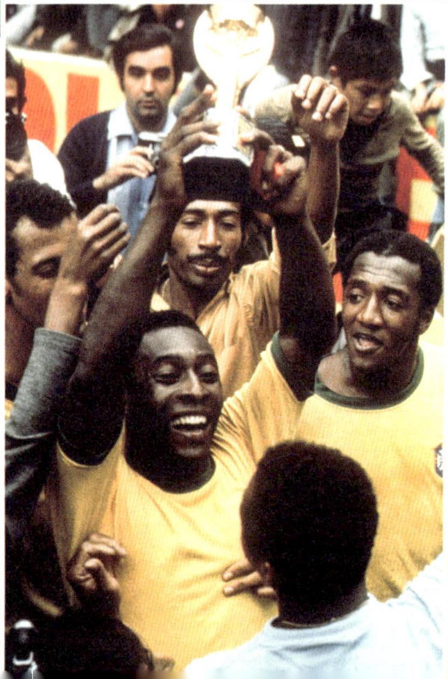

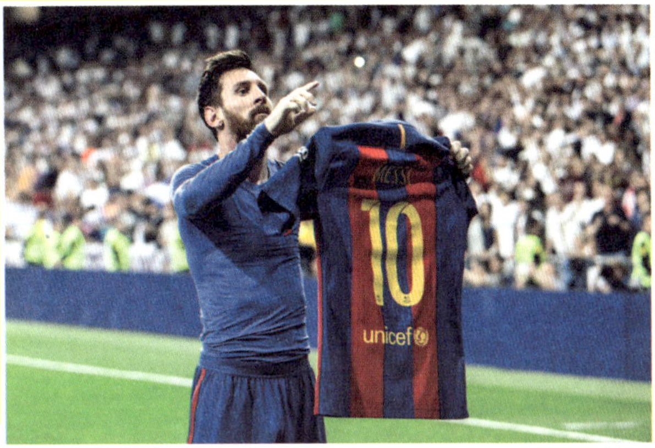
MESSI
10
unicef

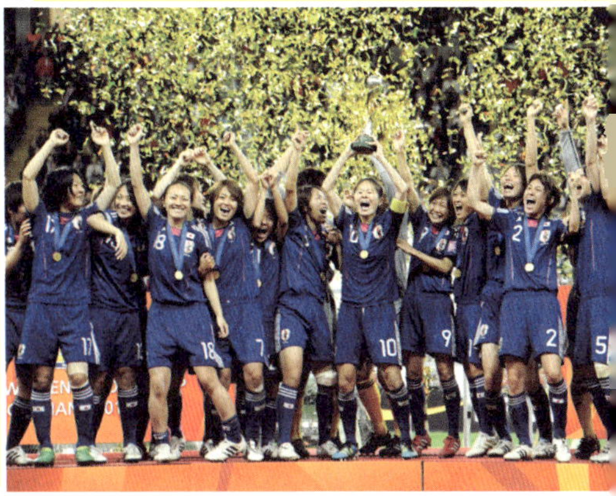

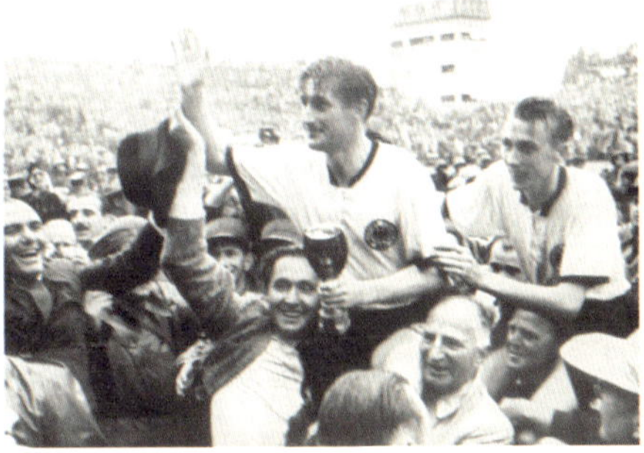

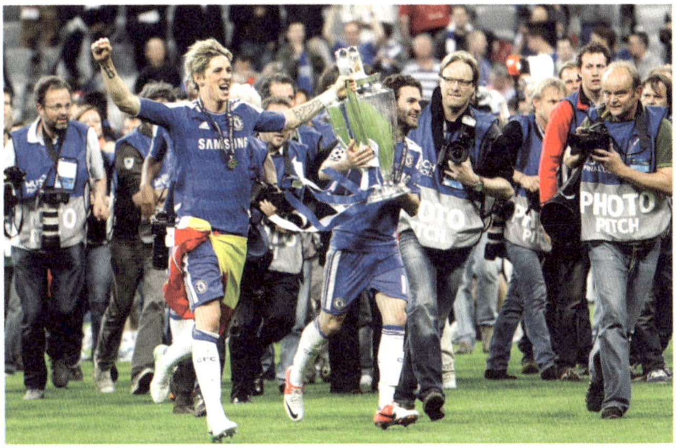
SAMSUNG
PHOTO
PITCH

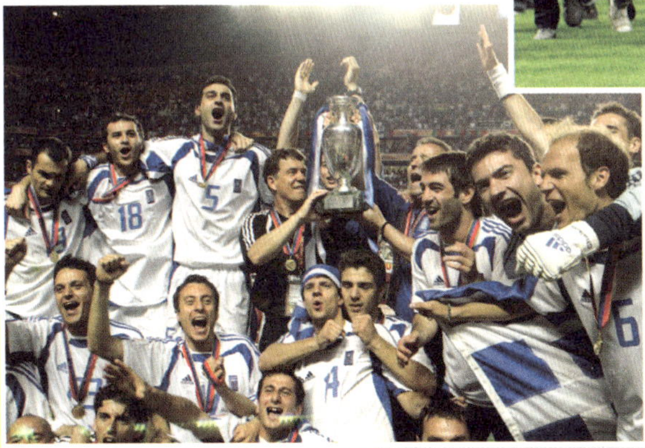

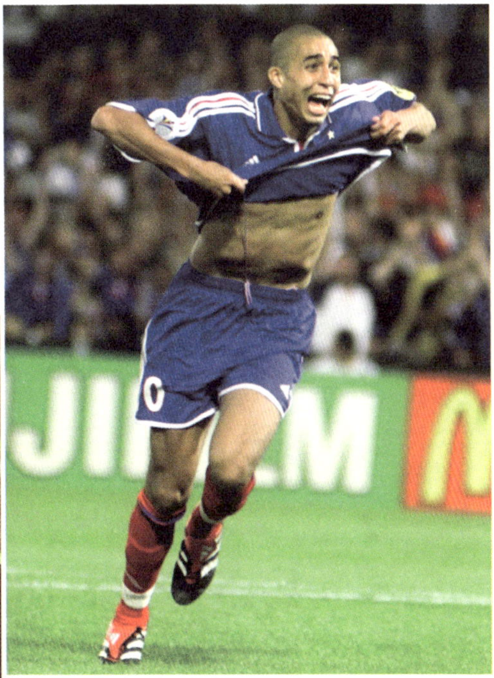

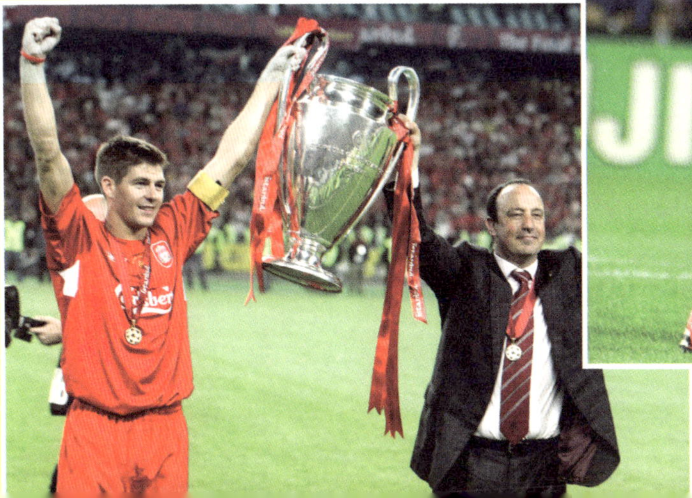

在我看来，周凯就是一个"神迹"

文／张宾

（资深体育媒体人，多次获体育新闻报道奖）

认识周凯的时间并不算长，但与他神交已久。我供职于凤凰网体育频道的时候，他就是凤凰网的体育撰稿人之一。

他们那批撰稿人整体素养颇高，很多都是知名高校体育新闻专业或者新闻专业的学生。读书期间，出于对体育的热爱，以及积累实习经验，很多人成了门户网站的撰稿人。周凯就是其中的佼佼者，我对他的名字颇为熟稔。

周凯的职业路径与我有几分相似之处。我们都是大学的时候做撰稿人，毕业之后进入媒体，成为体育媒体人。

后来，移动互联网大潮涌来，传统媒体式微，很多媒体人陆续离开了体育新闻行业。随着微信公众号、今日头条、百家号等新媒体平台的兴起，很多媒体人转型成了自媒体人，我也算是"弄潮儿"之一。

再听到周凯的名字时，他已经有了一个响当当的名头——"体坛扒客"。这个网名长时间占据各大资讯平台体育榜单的前几名，甚至在很长一段时间内，他和另外一位同样来自凤凰网的撰稿人"黑色柳丁"轮流把持各大体育榜单榜首之位，称得上体育自媒体江湖的"绝代双骄"。周凯还有了一个小迷弟——"体坛小扒客"，由此可见"体坛扒客"影响力之大。

因为工作的缘故，从2018年开始，我与周凯有了很多业务上的交集，进行了更多深入沟通和交流。虽然目前还没有在线下见面，但不妨碍我们已经成了莫逆之交。

作为专职自媒体人，他的成就无须赘述，收入也颇为可观。据我侧面了解，他在 2018 年俄罗斯世界杯期间收入应该不低于六位数。这是一个惊人的数字，也令我有些羡慕和嫉妒。后来了解到他的付出之后，我只剩下了羡慕和佩服。

当然，他的成功离不开专业的媒体素养。他科班出身，在门户网站经过历练，写稿又快又好，而且善于捕捉新闻热点。他的成功离不开这些积淀，但论业务素养、媒体经验，在周凯之上的大有人在。周凯的成功无他，唯敬业尔。

有一次，他无意中透露，每天都要写十篇稿子。这是一个非常惊人的数字，意味着至少要写 8000-10000 字。要知道，十篇并非周凯的极限，而是今日头条等资讯平台的限制。如果这些平台没有发文限制，他写稿的上限一定更高。周凯告诉我，如果第二天有私事要处理，他会提前一天完成这一天的稿子，也就是说一天写出二十篇稿子。

一天写一万字，乃至两万字并非不可能完成的任务。我刚入行的时候，也有一天写 7 个版的经历（约 1.6 万字）。但周凯是数年如一日，没有任何节假日可言。2020 年大年三十，他就是在写稿中度过的。这个绝非口说无凭，因为当天正是我找他约的稿。

私下交流时，我经常告诉其他自媒体人，我真的一点不嫉妒周凯。他的这份敬业是我做不到的。当你做不到数年如一日撰写十篇稿子，就不要轻言别人的成功有诀窍。

欣闻周凯的新作《神迹：这样的足球你怎能不爱》即将面世，为他高兴，这是努力的结晶。足坛有很多值得永远铭记的神迹，但在我眼中，这本书的作者本身就是一个"神迹"。

足球和生活一样

文 / 李建利

（体育媒体人，2019年中国足球新闻奖获得者）

我和凯哥认识已 5 年有余，印象里凯哥是骨子里热爱足球的人，对于蓝黑颜色的钟爱也有许多年了。"蓝黑军团"本身也贡献了很多精彩的比赛瞬间，这些在凯哥的书中都能看到。

之于个人而言，我也是一个深度足球爱好者。足球教会了我很多东西，它具有复杂而简单的社会属性。说复杂，它是在中国足球这个环境中产生的一些畸形异种；说简单，它确实简单，只不过是一个圆圆的东西。

足球的意义是人为添加的，因为有人在踢，有不同的风格出现，才有了可以载入史册的故事，才有了一些感动和丰富的情感，在我看来，这和生活的意义不尽相同。我们作为芸芸众生，不过是一个普通而又平凡的人，真正伟大的球星寥寥无几，平凡的球员却非常多，但伟大的比赛从不是某一个球星能够真正创造的，它是由许多平凡的人一起缔造的。

给我印象最深的逆转来自 2005 年的欧冠决赛，AC 米兰和利物浦的比赛，虽然没有观看直播，但在之后的足球资讯中看过无数遍这场经典的比赛。足球还有很多感人的故事，只有 30 万人的冰岛闯入世界杯，那一声声维京战吼，令人热血澎湃；贝克汉姆、罗纳尔迪尔奥、卡卡退役时的眼泪，让人感叹时光匆匆。

这种故事太多太多了。

年轻的时候写足球对于自己的意义，会把感动、青春等一些光鲜的词语加进去。等经历过生活的磨炼，才会多少觉得有些矫情。最近在看欧洲杯，属于夏日的一些专属名词：足球，啤酒，夜晚，姑娘。但好像又不太一样，时间改变了很多，有人说现在看足球的年轻人真的少了，它是属于"中年人的狂欢"。

但我更赞同另外一种观点，足球是我们平凡生活中的一点调味剂，更是能拨动我们内心深处那一丝涟漪的力量，想起曾经的日子。我是爱足球的，这点毋庸置疑。

爱的方式会变，但初心不会变。凯鲁亚克说："永远年轻，永远热泪盈眶。"刺猬乐队在歌中唱道："一代人终将老去，但总有人正年轻。"但我觉得，青春若有张不老的脸，但愿我们那份爱永远不会变。

愿你们能在这本书中读到爱，读到生活，读到不一样的东西，愿大卖。

中年人的狂欢

足球，将我征服

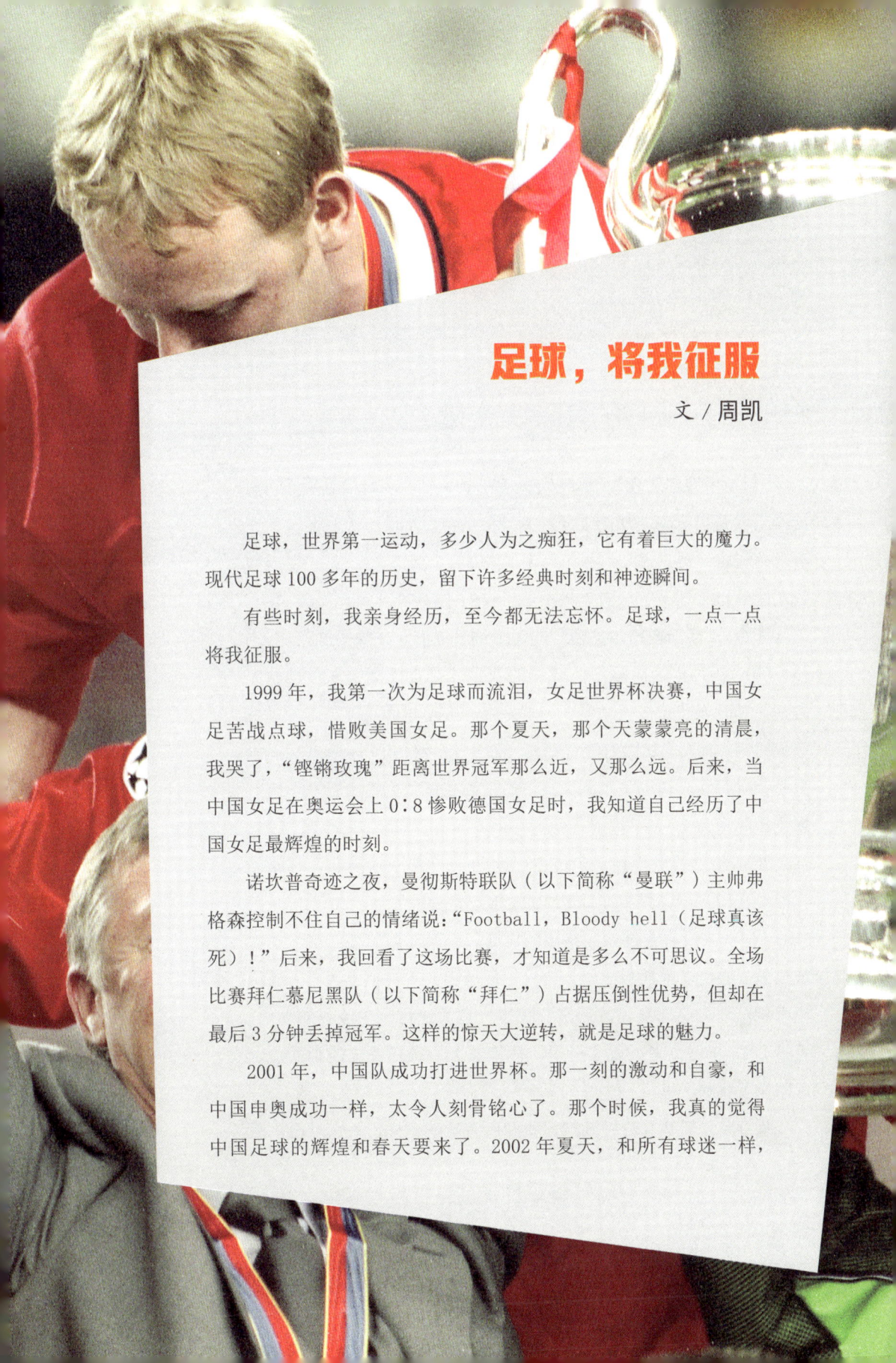

文 / 周凯

足球，世界第一运动，多少人为之痴狂，它有着巨大的魔力。现代足球100多年的历史，留下许多经典时刻和神迹瞬间。

有些时刻，我亲身经历，至今都无法忘怀。足球，一点一点将我征服。

1999年，我第一次为足球而流泪，女足世界杯决赛，中国女足苦战点球，惜败美国女足。那个夏天，那个天蒙蒙亮的清晨，我哭了，"铿锵玫瑰"距离世界冠军那么近，又那么远。后来，当中国女足在奥运会上0:8惨败德国女足时，我知道自己经历了中国女足最辉煌的时刻。

诺坎普奇迹之夜，曼彻斯特联队（以下简称"曼联"）主帅弗格森控制不住自己的情绪说："Football, Bloody hell（足球真该死）！"后来，我回看了这场比赛，才知道是多么不可思议。全场比赛拜仁慕尼黑队（以下简称"拜仁"）占据压倒性优势，但却在最后3分钟丢掉冠军。这样的惊天大逆转，就是足球的魅力。

2001年，中国队成功打进世界杯。那一刻的激动和自豪，和中国申奥成功一样，太令人刻骨铭心了。那个时候，我真的觉得中国足球的辉煌和春天要来了。2002年夏天，和所有球迷一样，我们憧憬着中国队战胜哥斯达黎加队、打平土耳其队、小负巴西队，然后以小组第二出线。最终，现实却把梦想碾得粉碎。

2004年，中国队距离亚洲杯冠军仅一步之遥，当中国队1∶1扳平比分，我激动得不小心撕掉了墙上的海报。那种狂喜，是发自内心的。但最终，结果是苦涩的，中国队1∶3输给日本队，距离亚洲冠军仅一步之遥。当然，这也是中国队距离亚洲杯冠军最近的一次。从此之后，中国队已无法赚取我的眼泪。不过，我仍从心里支持中国队，希望中国队早日再次圆梦世界杯，中国足球早日真正崛起。

"伊斯坦布尔之夜"，那时候我还在读高一，因为信号不好，只能举着收音机听完。从第1分钟到最后的点球大战，凌晨时分我没有丝毫倦意。最后比赛结束，天亮了，仿佛一切都像是在做梦一样，我用收音机见证了足坛史上最不可思议的比赛。

如今，"伊斯坦布尔之夜"的每个细节依旧印在脑子里。

2010年，作为国际米兰球迷的我见证"蓝黑军团"登顶欧洲之巅，那时候我还在上大学，一群好友在KTV里面看球。国际米兰夺冠时刻，友人问我为何没有狂喜。事实上，我内心早已波涛汹涌，只是又觉得这一切也是水到渠成。赛前，我就认为这个冠军一定会属于国际米兰。

2014年巴西世界杯，东道主巴西队1∶7惨败德国队，那时的我已经在门户网站撰稿了。从1998年开始看世界杯，2014年是第5届，但从来没有看过如此绝望的比赛。巴西球迷的心一次又一次被攻破，心疼老帅斯科拉里，心疼巴西球迷。看台上巴西老人的绝望眼神，让人感同身受。后来，我也一直关注这位老爷爷的动向。可惜2015年这位老人就去世了，他抱着大力神杯哭泣的画面，永远印在了我脑子里。

莱万多夫斯基9分钟5球，我和所有球迷一样，张大嘴巴，激

伊斯坦布尔之夜

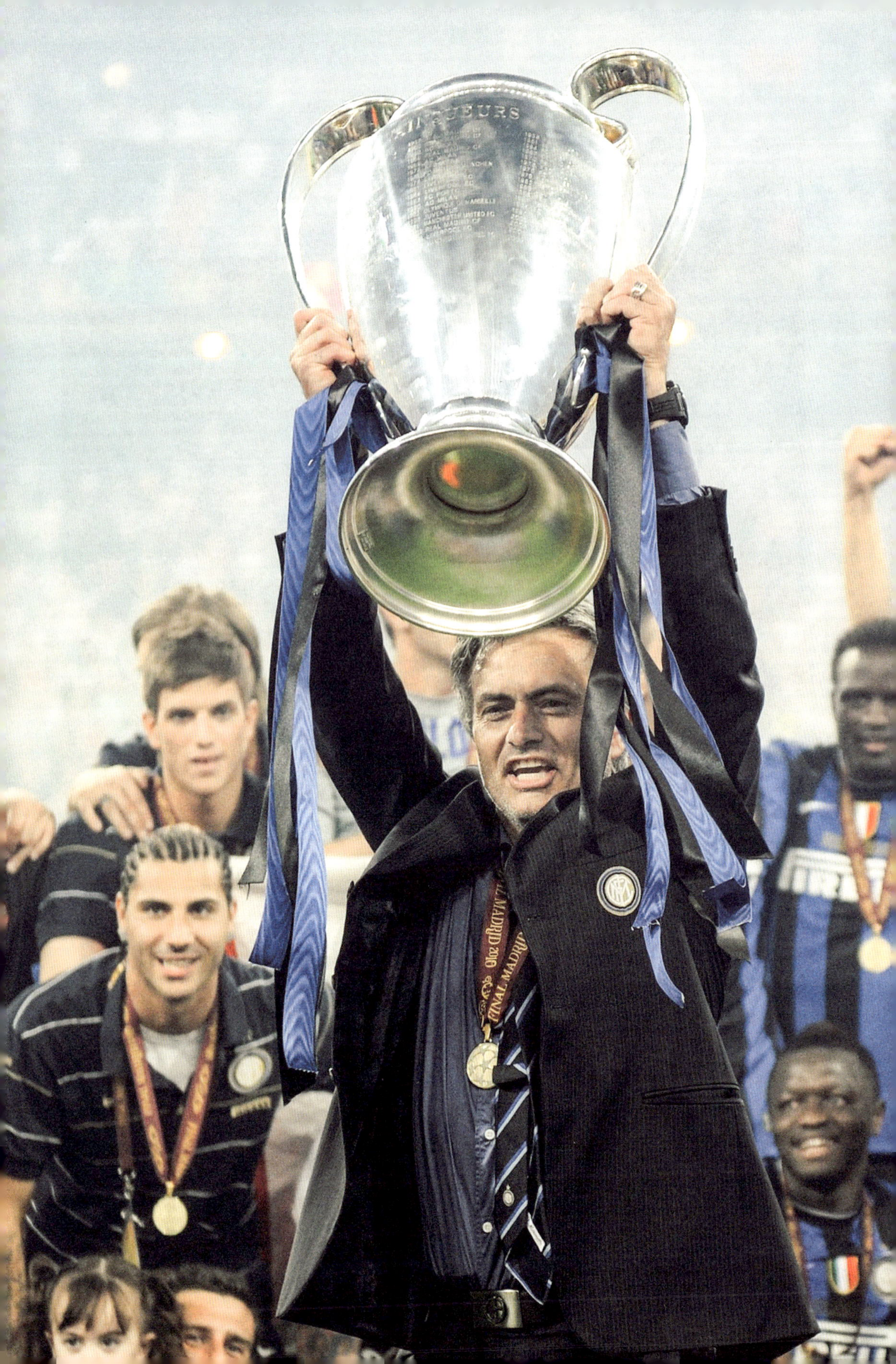
FINAL MADRID

动得怒飙脏话。在足球场上，我从未见过如此疯狂的个人进球表演。

我们活在足球最好的时代，C罗和梅西，两大球王同场竞技，书写了太多不可思议的神迹和瞬间。我见证了他们的成长，从梅西16岁身披30号初出茅庐，从C罗18岁加盟曼联，如今，两人已是传奇。

2008年，俄罗斯卢日尼基球场的雨夜，特里罚丢点球，赛后，蓝军队长哭了，C罗也哭了。C罗的眼泪是幸福的泪，他罚丢了点球，但曼联还是赢了。那一刻我知道，C罗终于成为世界第一。

2009年欧冠决赛，罗马奥林匹克球场，当梅西打进头球后，他提着鞋子庆祝，这样的画面，同样永远印在了我的脑海里，这是梅西加冕世界第一的进球。

2019年国际冠军杯，我在现场见证了C罗的疯狂表演，近距离感受了巨星的魅力。非常直观的感受就是C罗脚下频率很快，其他球员和他不是一个档次。

世界足坛史上，同时出现两位球王，并且两人都是常青树般的存在，屹立世界足坛巅峰已经超过 10 年，这是绝无仅有的。

有人认为足球关乎生死，但我要告诉他并非如此，足球高于生死。马拉多纳去世，举世震惊，作为 80 后，我没有亲身经历过马拉多纳的巅峰和辉煌，但他带给了我足球启蒙。我被马拉多纳的魅力所深深折服，不是因为他的球技，而是因为他的性格、经历和传奇般的一生。他在球场上是神，但离开球场，他也只是一个人。

人生中，我看的第一本自传就是《马拉多纳传》，至今依旧记得，那本书的封面是红色的。后来，我人生中的第一件阿根廷队球衣，印的号码和名字就是马拉多纳，甚至我第一个记住的球星英文名字就是 Maradona。

这些年来，足球早已经成了我生活的一部分。酸甜苦辣、喜怒哀乐，都可以从足球的世界里感觉到。

有人说过这么一句话：人类的共同语言只有两种，一是音乐，二是足球。毫不夸张地说，足球的魔力已经彻底征服了我，无论是做足球相关的工作，还是自己在球场上奔跑。

足球的魅力，我无法阻挡；足球的热情，我想和大家一起分享。

世界足坛史上，奇迹般的比赛并不多，但也不少。说到这些比赛、这些人和事，或许每个球迷都能说出几个、十几个，但从未有一本书真正囊括足球场上的所有神迹，无论是大家都知道的，还是鲜为人知的。

因此，我觉得应该有一本书能够全面展现足坛史上的那些伟大奇迹。这些年，足球带给我太多的感动。如今，我想回馈足球。

目录
CONTENTS

诸神篇 001

致敬球王 002
绿茵杀手 034
绿茵故事 054
运筹帷幄 072

国家队篇 087

激情欧罗巴 088
疯狂世界杯 119
梦想照进现实 153

俱乐部篇 167

欧冠决赛之夜 169
改变历史的冠军 195
逆转、狂胜与不败 217
足球之最 235

梅西专区 255

C 罗专区 277

梅罗对弈 297

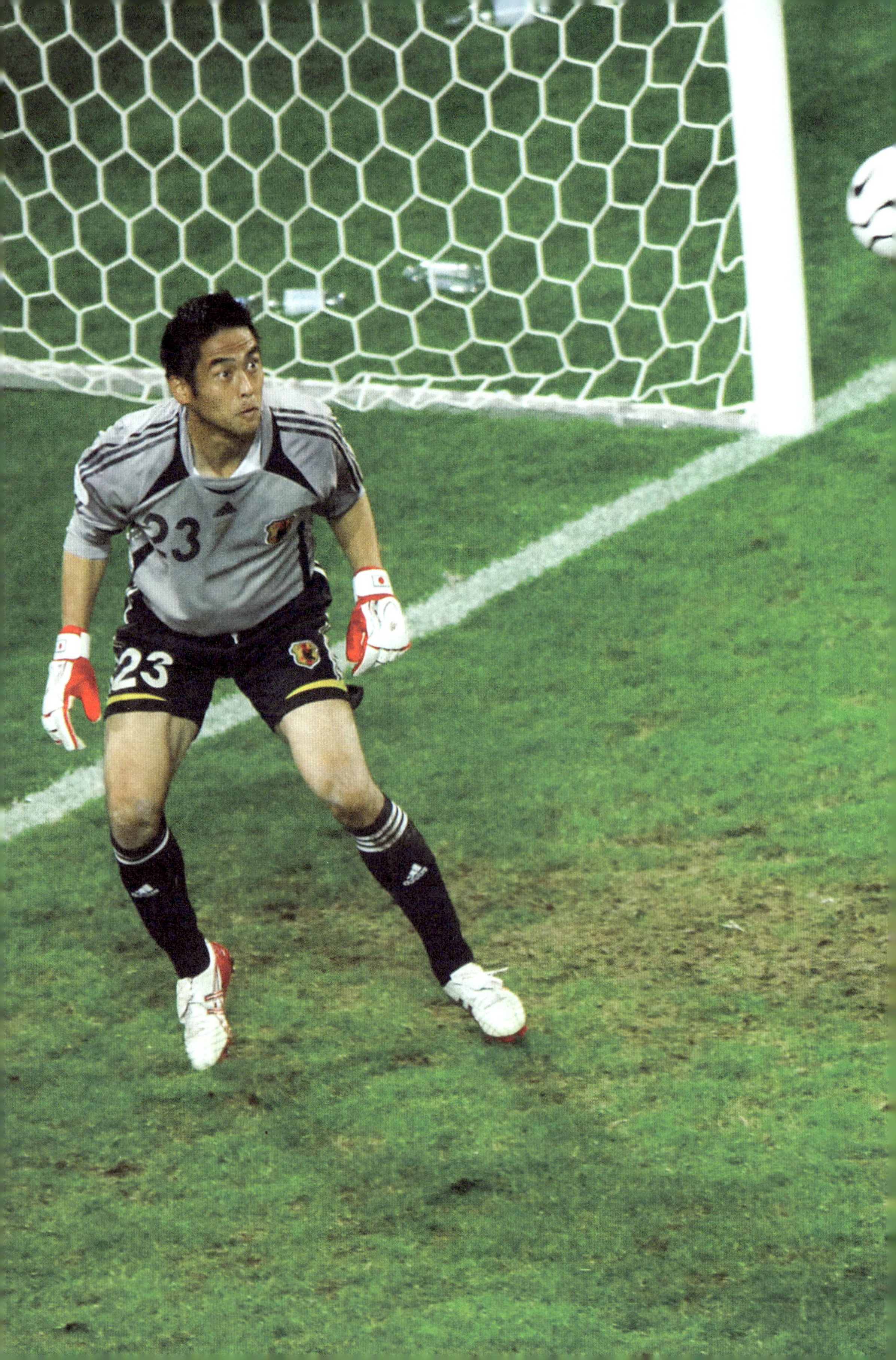

诸神篇

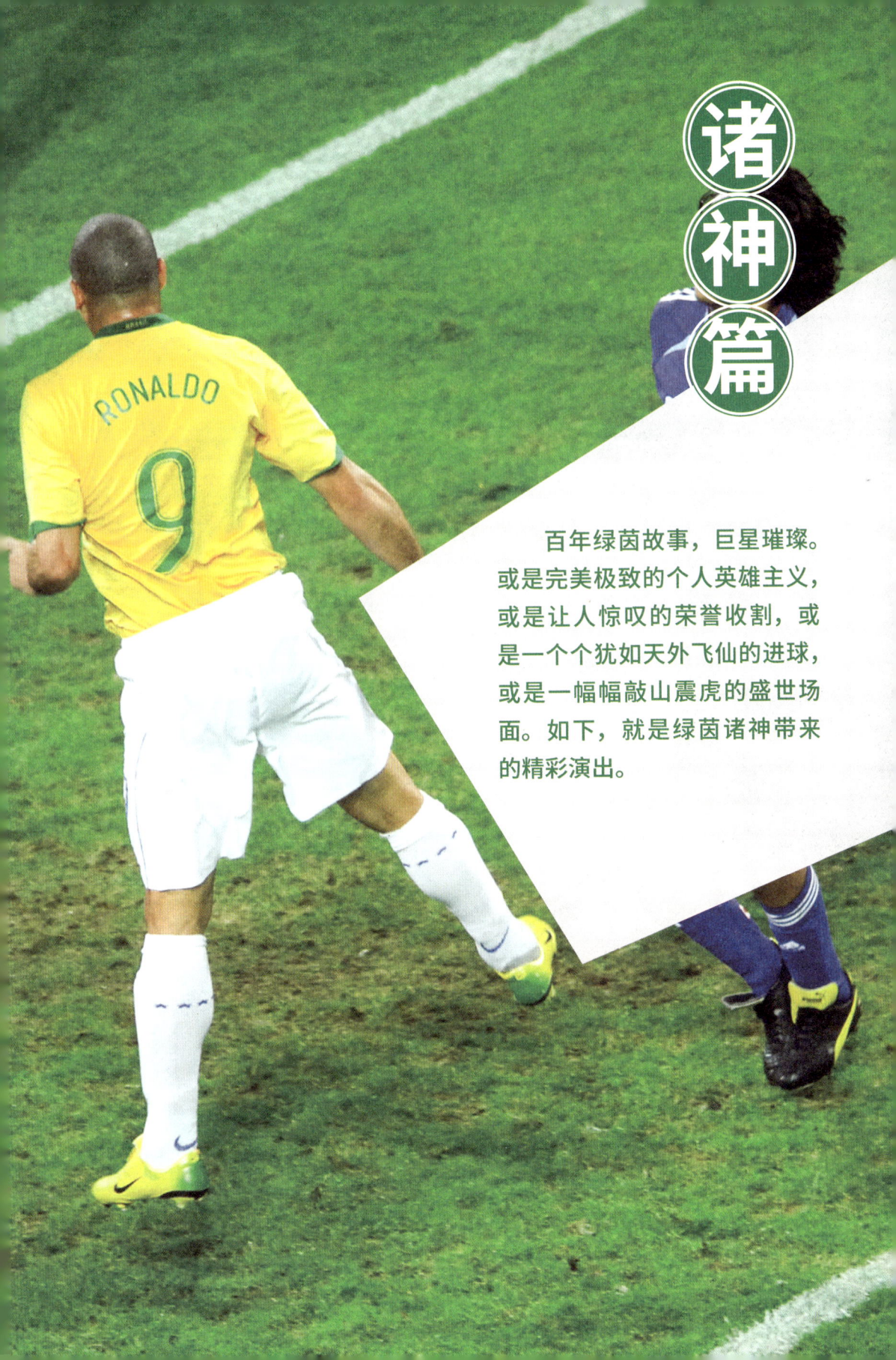

百年绿茵故事，巨星璀璨。或是完美极致的个人英雄主义，或是让人惊叹的荣誉收割，或是一个个犹如天外飞仙的进球，或是一幅幅敲山震虎的盛世场面。如下，就是绿茵诸神带来的精彩演出。

致敬球王

为什么球星有很多,而球王级别的就那么几个?因为只有惊艳了大千世界,用尽了笔墨纸砚,书写了华丽篇章,才能加冕球王的王冠。

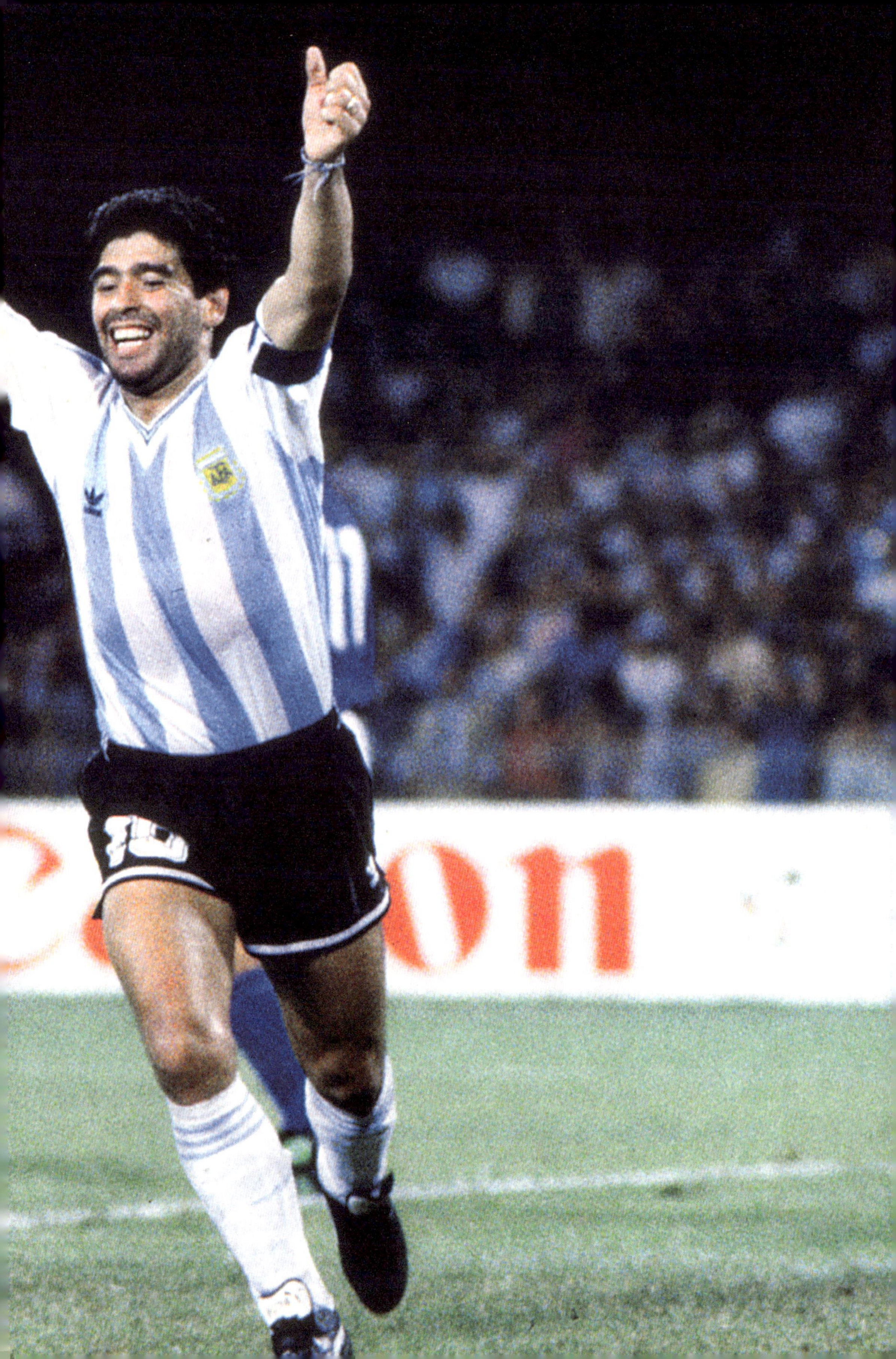

神迹：这样的足球你怎能不爱

一个人的世界杯

诸神篇

> 世界杯是足球赛事的最高舞台，若能够在最高舞台上绽放自己，那或许是球员最华丽的演出。但若是将世界杯变成自己的独奏演唱会，那又会是怎样令世人惊叹呢？1986年世界杯，马拉多纳就是如此。
>
> ——引语

事实上，在1986年世界杯开赛前，阿根廷队并不被看好。1978年夺得世界杯冠军后，阿根廷队迎来了战绩滑坡，大赛成绩都不理想。1979美洲杯止步小组赛、1982年世界杯第二阶段小组赛垫底、1983年美洲杯止步小组赛。另外在1984年尼赫鲁金杯赛中，阿根廷队队史唯一正式比赛遭遇中国队，就以0∶1落败，而这支阿根廷队中有4名参加1986年世界杯的球员。

因此1986年世界杯正赛开始前，夺冠热门是普拉蒂尼领衔的法国队、上届冠军意大利队、巴西队、联邦德国队、英格兰队等豪强。马拉多纳的传奇序章，就是从第一场比赛开始的。小组赛首战，阿根廷队对阵韩国队，亚洲劲旅对马拉多纳的防守堪称"无所不用其极"，背后放铲、下手推挤等手段层出不穷，试图用这种防守锁死马拉多纳、激怒马拉多纳。但是，马拉多纳没有上当，他个人用助攻帽子戏法，开启了这届世界杯的神奇之旅。

小组赛第二场，阿根廷队对阵上届冠军意大利队，马拉多纳不停球凌空垫射，打入本场阿根廷队唯一进球。

小组赛第三场，阿根廷队对阵保加利亚队。进入状态的马拉多纳更加从容，频繁制造威胁，最终助阿根廷队2∶0取胜。小组赛战罢，阿根廷队以2胜1平的战绩力压意大利队拿到小组头名，进入淘汰赛。

1/8决赛，阿根廷队面对乌拉圭队，马拉多纳多次送出绝佳机会，制造轻松破门的良机，但是均被队友浪费。不过马拉多纳送出的一次间接助攻，还是帮助阿根廷队 1:0 小胜晋级。

1/4 决赛，阿根廷队对阵英格兰队，这堪称马拉多纳职业生涯最传奇的一场比赛。1982 年，阿根廷和英国为了争夺马尔维纳斯群岛，爆发了一场为期两个月的战争，阿根廷国内对英国的不满情绪空前高涨。因此这一场世界杯 1/4 决赛，成为双方"国仇家恨"的另类延续。

上半场两队都有不错的机会，但是都无功而返。到了比赛下半场，风云突变，载入世界足坛史册的经典瞬间连续出现。

比赛第 51 分钟，载入世界足坛史册的争议事件"上帝之手"出现了。

阿根廷边路形成攻势，英格兰后卫霍奇上演高难度倒钩解围，但是球却阴差阳错地飞向小禁区，马拉多纳此时机敏地前插并高高跃起，然而身高只有 1.68 米的他，头根本无法碰到球。而此时英格兰门将希尔顿已经做出摘球的动作。说时迟那时快，马拉多纳伸出手，他抢在英格兰门将之前，用手将球拍进球门。由于整个过程发生在电光石火之间，突尼斯主裁判纳塞尔没有发现，并判此球有效。希尔顿和他的队友虽然极力争辩，但结局无法改变。

时至今日，"上帝之手"已经成为世界足坛永恒的争议瞬间，有充分的录像和照片证据可以证明，马拉多纳用手打进球。也正是在这一事件之后，人们便把在足球比赛中用手将球打进且被判有效的情况称为"上帝之手"。

而属于这场比赛的经典画面，才刚刚开始。3 分钟后，更精彩的一幕在阿兹台克体育场上演了，那是一粒世界杯历史上最伟大的进球，没有之一。

马拉多纳在中场得球后从右路开始带球，他先做了一个"马拉多纳旋转过人"，之后他持球奔跑了大半个球场，盘带过六个英格兰球员，分别为格伦·霍德尔、彼得·列特、森臣、毕查、芬维克和守门员希尔顿，然后将球送进网窝。

仅仅几分钟的时间，马拉多纳既有魔鬼的一面，又有天使的一面，展现得淋漓尽致。

上帝之手，自此成为世界足坛最为经典的争议进球。而马拉多纳的这个连过多人的戏码，更是被评为 20 世纪最佳进球。回到那场比赛，莱因克尔后面的进球，未能帮助英格兰队挽回败局，阿根廷队 2:1 晋级半决赛。

多年之后，马拉多纳回忆："对我们来说，那才是决赛。比赢得比赛更重要的是我们击败了英国人。我将永远不会忘记那场比赛。"

半决赛，迎战比利时队，已经成为阿根廷民族英雄的马拉多纳利用个人能力，两次上演"单挑对手整条防线"的好戏，实现梅开二度，阿根廷队完胜对手，挺进最终的决赛。

决赛中，遭遇联邦德国队，阿根廷队连进两球取得2∶0领先，但联邦德国队在第74分钟和第80分钟连下两城，将比分改写为2∶2。关键时刻，马拉多纳理所应当地站了出来。第84分钟，马拉多纳在中场接队友传球，突然转身，在对手的合围下，不停球直塞前场，队友布鲁查加接到球前插射门，完成绝杀，阿根廷队3∶2战胜联邦德国队，捧起大力神杯！

整个世界杯，阿根廷队全队打入14球，其中马拉多纳打进5球，送出5次助攻，并有3次间接助攻，也就是说马拉多纳参与制造了阿根廷队全部14球中的13球，且在逆境、绝境中频频拯救球队。一个人的世界杯，毫不为过，而在后面的世界杯比赛中，再也没有出现过马拉多纳这样的个人表演。随着马拉多纳的去世，世界足坛也再无"上帝之手"！

真正的世界杯之王

不同于马拉多纳在单届世界杯的华丽演出,贝利在世界杯的表演是持续性的。如果说巴西是足球的王国毫无争议,那么贝利就是世界杯历史中那一个毫无争议的王者。

——引语

1958年6月8日，第6届世界杯在瑞典拉开帷幕。17岁的贝利登场亮相，开启了世界足球的一个新时代。本届大赛之初，贝利只是巴西队的替补，头两场比赛并未出场，小组第3场对苏联队虽然上阵，但没有给人留下深刻印象。也许贝利是上天为重大比赛而赐的礼物，进入淘汰赛后，这个17岁的少年突然成了巴西队的致命武器。1/4决赛1∶0胜威尔士队，贝利打进唯一进球（17岁零239天，世界杯史上最年轻进球球员）；半决赛5∶2击败法国队，他上演了帽子戏法。

1958年6月29日，决赛在巴西队和东道主瑞典队之间展开，由于瑞典队中很多队员都来自意大利的职业联赛，而开赛以来巴西队球员已经用他们的技巧征服了观众，因此有评论家称"这是一场雇佣军对魔术师的较量"。开场仅4分钟，东道主由林德霍尔姆首开纪录，但只过了5分钟，巴西队就由瓦瓦扳平比分。和半决赛一样，决赛的下半时属于贝利。第55分钟，贝利完成他那个著名的进球，挑过敌方后卫之后，一脚抽射，劲射入网。多年后，贝利仍称这个进球是他最难忘的，而被他挑球骗过的瑞典队后卫帕林也被这个进球折服，赛后称自己当时几乎要冲上去和贝利一同庆祝这精彩的进球。最终巴西队5∶2击败瑞典队，举起冠军奖杯。

赛后，17岁的巴西少年伏在队友迪迪肩上哭泣，这成了本届世界杯最经典的一个镜头，同时贝利也在享受他一生中最难忘的时刻。在这场决赛后，贝利成为历史上最年轻的世界杯冠军，瑞典的一家报纸率先以"球王"称呼贝利，从1958年6月29日起，一个属于这位巴西人的全新时代到来了。

1962年世界杯，巴西队卫冕成功。因为1958年世界杯上的出色表现，贝利在这届世界杯上被"重点照顾"：他在首场比赛就被对手踢伤，第二场踢到一半就因肌肉拉伤退出本届世界杯。

尽管失去了贝利，但强大的巴西队还有加林查、瓦瓦、扎加洛、阿马里尔等天才球员，技术出色的巴西队依然笑到了最后，贝利作为巴西队的一员，他第二次获得世界杯冠军。1966年世界杯，伤病的戏码再次来袭，在与葡萄牙的比赛中，贝利因伤告别世界杯，而巴西队小组赛中没有完成突围，成为本届世界杯大冷门。巴西队也是世界杯历史上最接近三连冠的球队。

1970年世界杯，这届世界杯是"球王"贝利最后一次参加的世界杯。本届世界杯让贝利一举奠定了自己在人们心中"球王"的地位，小组赛、淘汰赛巴西队均势不可当，决赛面对意大利队，贝利攻进了巴西队在世界杯的第100粒进球，并帮助雅伊基尼奥、阿尔贝托先后进球，最终巴西队以4∶1大胜意大利队，将雷米特金杯永久留在了巴西。

从1958年到1970年，贝利在世界杯上共出场14次，打进12球。

截至目前，贝利创下的三个世界杯纪录仍未有人能打破。第一，17岁零239天，贝利是世界杯史上最年轻进球球员；1958年6月29日，巴西队夺得世界杯首冠时，贝利年仅17岁249天，是历史上最年轻的世界杯冠军；效力巴西队夺得1958年、1962年和1970年世界杯冠军，贝利仍是唯一的世界杯三冠球员。

2000年10月，贝利荣获国际足联评出的"20世纪最佳足球运动员"称号。在巴西这个足球王国里，有无数在街头踢球长大的穷小子，但贝利只有一个。四次参加世界杯三次夺冠，贝利在世界杯上书写的一切，太过传奇。

诸神篇

至高无上的足球皇帝

> 谁是世界足坛最为权威的球王，人们争论不休。但是在世界足坛，他确是无可挑剔的足球皇帝，没有任何质疑的声音，他就是德国足球的王者——贝肯鲍尔。
>
> ——引语

在德国足球的历史上，涌现过无数位载入史册的传奇巨星，但从未有一人达到贝肯鲍尔的高度。他是"足球皇帝""凯撒大帝"，他开创了足坛"自由人"位置的先河。在世界杯的历史上，只有两位先后作为球员和教练都捧起过世界杯冠军。这两位传奇人物就是贝肯鲍尔和扎加洛。而作为队长和教练，都捧起过世界杯冠军的则只有一人，他就是贝肯鲍尔。

1965年，年仅20岁的贝肯鲍尔首次入选联邦德国队，一年后他便获得参加英格兰世界杯的资格。和瑞士队的比赛，他送出梅开二度的数据帮助球队5：0大胜。和乌拉圭队交锋，贝肯鲍尔又首开纪录换来4：0的结果。面对苏联，贝肯鲍尔的超级远射攻破了神级门将雅辛的十指关，联邦德国队再度2：1获胜。决赛，联邦德国队和东道主英格兰队上演经典对决，司职中场的贝肯鲍尔少年老成，甚至将英格兰队传奇博比·查尔顿盯死。遗憾的是，最终英格兰队凭借加时赛上的"幽灵入球"夺冠。贝肯鲍尔虽然未能捧起奖杯，但他入选了最佳阵容，并且奠定了自己在联邦德国队的主力位置。

四年后的墨西哥世界杯，贝肯鲍尔已是阵中核心。让人印象最为深刻的是半决赛和意大利队的交锋，贝肯鲍尔中路插上，长驱直入40米的奔袭让意大利队防守疲于奔命，最终只能用凶狠的犯规来阻挡。贝肯鲍尔因此肩膀脱臼。但他并没有被换下，而是在简单打上绷带后拖着一只伤臂继续完成比赛。如此震撼人心的一幕，也成为世界杯历史上的经典瞬间。

1974年世界杯，联邦德国队成为东道主，贝肯鲍尔第三次参加世界杯。正是这届世界杯，他将足坛"自由人"位置发扬光大。防守时他可以回到最后一道防线进行补位和拦截，而进攻中他又能迅速插上，用准确的长传和高效的突破撕开对手的防线。这样全能的素质，不仅让贝肯鲍尔成为联邦德国队不可或缺的领袖，也让他们的对手闻风丧胆。

在首场比赛0∶1负于民主德国队后，贝肯鲍尔以精神领袖的威严鼓舞全队重新振作。虽然一度激怒个别队友和教练，但最终的结果让所有人臣服。联邦德国队迅速恢复士气一路杀入决赛。在和荷兰队的巅峰对决中，橙衣军团开场就取得进球。但随后贝肯鲍尔率领球队连入两球逆转胜出。在获得了一次亚军和一次季军后，贝肯鲍尔终于获得世界杯冠军。

贝肯鲍尔毫无悬念再度入选1974年世界杯最佳阵容，他也成为世界杯历史上唯一连续三届世界杯入选最佳阵容的球员。

1982年，37岁的贝肯鲍尔因伤退役，开始兼任联邦德国队的技术顾问。1984年欧洲杯后，联邦德国队主教练德瓦尔被迫下课。在球队陷入低迷的时刻，联邦德国足协想到了贝肯鲍尔。由于"足球皇帝"不愿意参加教练执照考试，因此他无法成为"主教练"，足协最终给了他"领队"的身份，但实际由他统领大局执教，这也创造了足坛的历史。

1986年墨西哥世界杯，贝肯鲍尔率领联邦德国队一路杀入决赛。但遗憾的是，这是一届属于马拉多纳、属于阿根廷队的世界杯。最终布鲁查加的进球绝杀了联邦德国队，他们只能屈居亚军。

四年之后的意大利之夏，联邦德国队在决赛中复仇阿根廷队，第三次获得世界杯冠军。而贝肯鲍尔再度创造历史，成为以球员和教练身份获得世界杯冠军的第一人。

2013年2月28日，欧足联主席普拉蒂尼为贝肯鲍尔颁发2012年欧足联主席特别奖。在致辞中普拉蒂尼说道："恕在下身份卑微，这是第一次由一位主席为'皇帝'颁奖，我不知道这合不合规矩。"虽是玩笑，但贝肯鲍尔在国际足坛无上的地位，已经不言而喻。

"中国球王"李惠堂

> "球王"这个词，看起来和中国足球并没有太大关系。但在中国足球历史长河中，也曾有过一个响彻世界足坛的名字，他就是中国球王李惠堂。20 世纪 20 年代，在中国流传着这样一句话："看戏要看梅兰芳，看球要看李惠堂。"
>
> ——引语

李惠堂曾是风靡亚洲球坛的超级巨星，他被誉为中国足球的先驱，更有人称他为"世界球王"。据统计，他在1000多场比赛中，最少打进1860球，数目惊人。李惠堂不只拥有非凡的球技，亦爱写诗和著书，可谓文武双全。

其忠心爱国的情操和风骨更是为人所熟悉，以至人们常把他与京剧大师梅兰芳相提并论。他曾获得外国球队青睐，球队几度向他招手却遭到拒绝。

人们把李惠堂与梅兰芳相提并论，除了因二人皆是其专项的翘楚，亦因二人乃著名的爱国者。日本侵华期间，为笼络民心，邀请李惠堂及南华队到南京踢表演赛，但被李惠堂等人一口拒绝，不想被残杀同胞的日本人利用。而由日本培植的南京国民政府（即"汪伪政权"），汪精卫派宣传部部长林伯生，游说李惠堂到南京任教，企图以高薪厚禄去收买李惠堂，都被李惠堂大声拒绝，表明不愿做汉奸。

1934年，第10届远东运动会上，李惠堂带领中国队4∶3战胜日本队，在场华人全都站了起来，为中国队的胜利呐喊跳跃，很多人甚至流下了激动的泪水。

1936年柏林奥运会，李惠堂等代表中华民国参赛。在前往柏林的途中，为筹备经费，他在越南、马来西亚、印尼等国家进行了27场友谊赛，取得23场胜利。

奥运期间面对英国队，虽然舟车劳顿、缺乏休息，但上半场中国队屡次化解对方攻击，得以0∶0战平；到下半场才被英国队入两球取胜。当时媒体大赞中国队虽败犹荣，《南华日报》更以"英国队不能大胜，出乎意料"形容。

英国媒体大赞李惠堂球技一流，阿森纳表示，若李惠堂年轻10岁，必定邀请他加盟。之后中国队与英国业余球队依林斯顿的友谊赛，竟然踢成2∶2平手，获当地媒体表扬，中国足球扬威足球传统大国。其后与法国甲组的红星队比赛，再以2∶2打平，红星队高层对李惠堂的表现另眼相看，向李惠堂开出月薪2500法郎、25000法郎转会费的加盟条件，但李惠堂以年纪已老的理由拒绝，否则已成中国球员在欧洲顶级联赛效力的第一人。

1948年，李惠堂退役。退役后，李惠堂还大力推动女子足球，曾应铭传商专校方之邀，担任"铭传女子足球队"的首任教练，让这支后来成为"木兰足球队"骨干的球队，成为亚洲第一的女子足球队伍。

此外，李惠堂还有几个有意思的传闻。

传闻一：一脚踢死球迷？

1931年，李惠堂到越南西贡对战越南队的比赛，当时因谭江柏与对方后卫互有动手，双方球员冲突，甚至有球迷冲入球场，持木棍追打李惠堂，李惠堂飞脚踢中对方下颚，该球迷入院一个月后不治而亡，李惠堂曾表示此事乃憾事。

传闻二：一球射死球员？

1929年，李惠堂随南华队到印尼比赛，在对阵巴城联队的赛事中，李惠堂主射罚球，射中对方一名荷兰球员（有说该球员用头迎接李惠堂的球），导致该球员昏迷26小时，但并非如传闻所说般去世。

传闻三：一球射穿球网？

1941年，李惠堂随南华队到马来西亚出战槟城军联队，在大胜对方11球时，李惠堂曾一脚射穿球网，而其好友汪清澄接受访问时曾说过，射穿球网除了因李惠堂脚力好，亦因球网质量不佳。

全攻全守的一代球圣

你看到的足球或许是瓜迪奥拉的传控制胜，空间和时间的完美融合；又或许是穆里尼奥那样，在转瞬的时光中，用防守反击给予致命一击。但是在足球历史中，"全攻全守"这四个字你可曾去仔细聆听过？克鲁伊夫这个名字，你可曾去详细了解过？"球圣"这个词，你又是否明白它真正的意义？

——引语

1947年4月25日，克鲁伊夫出生于荷兰首都阿姆斯特丹的一个贫民区。少年时代，克鲁伊夫骨瘦如柴，身体虚弱，尤其是双腿瘦得像两根火柴棍，有时到了冬天还要光着脚丫子踢球。但可喜的是他动作灵巧，痴迷足球，从很小的时候就立志成为一名职业足球运动员。在13岁时，阿贾克斯少年队向他敞开了怀抱。1963年，16岁的克鲁伊夫正式加盟阿贾克斯，成为职业球员。

1965年，一个影响了克鲁伊夫一生的人出现，他就是一代传奇教头米歇尔斯。1月24日，阿贾克斯任命米歇尔斯为主教练，全攻全守的概念逐渐融入阿贾克斯和克鲁伊夫的血液中。从1964年到1973年的9年红白生涯中，克鲁伊夫和阿贾克斯6夺联赛冠军，4捧荷兰杯。

克鲁伊夫左右脚都能射门，头球功夫也很了得，再加上速度惊人，动作隐蔽性强，头脑冷静，技术全面，尤其擅长远射、带球过人和强行突破射门，几乎无人能盯住他。克鲁伊夫最伟大的成就是在欧洲赛场，1968年，阿贾克斯在冠军杯中5∶1大胜香克利统帅的利物浦，从1970年，克鲁伊夫开始步入他足球生涯的辉煌时期，以他为核心的阿贾克斯连续三次夺得欧冠冠军。20世纪70年代初的欧洲足坛，阿贾克斯成为最令人畏惧的力量，克鲁伊夫是他们的旗帜，他拥有出众的平衡、超凡的速度和惊人的控球能力，而更让人惊叹的是他的意识和视野，"全攻全守"要求队员时常换位，只有洞悉每位队友位置的克鲁伊夫，才能成为串联起全队的脊梁。就在克鲁伊夫在阿贾克斯如日中天的时候，由于他高傲的性格引来了队友的不满，在一次队长选举中他落选了，便负气出走阿贾克斯。

1973年8月22日，克鲁伊夫和巴塞罗那队（以下简称"巴萨"）签约，在此之前的13年里，巴萨与西甲冠军无缘，克鲁伊夫成了他们的救世主。到1978年，在巴萨的4年时间里，克鲁伊夫为巴萨夺取1次联赛冠军、1次国王杯。

教练生涯，克鲁伊夫取得的成就丝毫不逊于球员时代。他担任过阿贾克斯的技术总监，后来在巴萨当主教练，夺得1次欧洲杯冠军、1次优胜者杯冠军、2次西班牙甲级联赛冠军和1次西班牙国王杯冠军。

克鲁伊夫促使拉玛西亚从1989年开始建立起"所有梯队统一打法"的制度。

受克鲁伊夫影响最大的巴萨青训球员是瓜迪奥拉，他也是克鲁伊夫衣钵的继承人。至今，瓜迪奥拉都是当今足坛数一数二的名帅。

国家队生涯，1974年是克鲁伊夫的全盛时期，在世界杯上，他身为荷兰队队长，带领球队获得了亚军。在这次世界杯中，克鲁伊夫的球技得到了淋漓尽致的发挥，克鲁伊夫率先示范的全攻全守战术给世界足坛带来了一股清新之风。1978年，荷兰队已经没有克鲁伊夫了，但他的影响仍在，荷兰队再次拿到世界杯亚军。

全攻全守，大开大合，这必然不会是足球战术的主旋律。克鲁伊夫没有拿到过世界杯冠军，荷兰队也从未捧起过大力神杯。没有世界杯冠军，这不能否认克鲁伊夫的伟大，时至今日，全攻全守战术的进步，依然对世界足坛有着划时代的意义。

2016年3月24日，克鲁伊夫因癌症去世，享年68岁。克鲁伊夫留给世界足球的财富，却永远不会退散。就像1974年荷兰队同瑞典队比赛中的那一幕，防守者尝试拦截他，然而他用一个轻盈的转身，像跳舞一样将对手甩在了相反的方向。

独一无二的金箭头

> 如果说在世界杯、欧洲杯这样的大赛赛场去夺取冠军是至高荣耀，那么在俱乐部赛场夺取欧洲俱乐部冠军杯（后改制为欧洲冠军联赛）冠军，则是球员们追求的又一个顶级荣誉。而迪·斯蒂法诺就曾经连续5年将欧洲俱乐部冠军杯收入囊中，永载世界足坛神迹史册。
>
> ——引语

1953 年至 1964 年，迪·斯蒂法诺作为球员效力于西甲豪门皇家马德里队（以下简称"皇马"）。在这 11 年间，他帮助皇马赢得无数冠军，助白衣军团成为一支名副其实的冠军球队，也为后来皇马成为世界最佳俱乐部奠定了基调。

在这个时期里，迪·斯蒂法诺带领球队夺得 5 次欧冠冠军（五连冠）、1 次洲际杯冠军、2 次拉丁杯冠军、8 次联赛冠军、1 次西班牙杯赛冠军。5 次欧冠冠军的连续获得，尤其成为 20 世纪足坛的一个传奇时刻，这也让皇马成为欧冠之王有了早期的资本。

如今欧冠联赛，想要实现卫冕都难上加难。然而当年迪·斯蒂法诺却创造史无前例的五连冠，着实让人震惊。而他带领皇马连续 5 年夺得欧冠冠军的这一纪录，恐怕很难有人打破，值得一提的是他在 5 次欧冠决赛中均有进球，这恐怕更是一个后无来者的神迹。

人如其名，迪·斯蒂法诺被称为"金箭头"，他就是皇马当时最锋利的那一把尖刀。他一共代表皇马参加 396 场正式比赛，打入 308 球。他曾经 5 次当选联赛最佳射手，创造了皇马球员的纪录。各种数据长期盘踞皇马队史第一，直到后来被 C 罗打破。

1966 年，迪·斯蒂法诺宣布退役。后作为主教练先后带领博卡青年队和河床队夺得阿根廷足球甲级联赛冠军，执教瓦伦西亚队夺得 1971 年西甲联赛冠军和 1980 年欧洲优胜者杯冠军。

迪·斯蒂法诺 1957 年、1959 年两次获得欧洲金球奖，1989 年获得历届金球奖得主评选的"超级金球奖"，2000 年国际足联专家评选世纪最佳球员名列第二，2000 年 11 月，迪·斯蒂法诺当选皇马名誉主席，2008 年被评为皇马百年历史最佳球员，2011 年成为首位入选 FIFA 名人堂的球员。2014 年 7 月 7 日，迪·斯蒂法诺因心脏病突发在西班牙马德里去世，享年 88 岁。

神迹：这样的足球你怎能不爱

无可比拟的全满贯传奇

诸神篇

> 有人说，他之后世界足坛再无真正的大师；有人说，他的告别是世界足坛最震撼人心的告别；有人说，他那美妙的马赛回旋才是足球最完美的真谛。当然我想说的是，他在世界足球历史中，所取得的荣誉无人能媲美。这个他，就是齐达内。
>
> ——引语

在浩瀚的绿茵故事中，很多巨星总有那么一丝不完美。罗纳尔多直到退役，也未曾赢得欧冠冠军；翻开马拉多纳的履历簿，你也会发现金球奖的荣誉一直未曾属于他；看看 C 罗和梅西，他们无论多么伟大，却一直对世界杯冠军可望而不可即。

但是齐达内是那特殊的一个。

在辉煌的职业生涯中，他一共获得过 2 次意甲联赛冠军（1996-1997 赛季、1997-1998 赛季）、1 次意大利超级杯冠军（1997 年）、1 次西甲联赛冠军（2002-2003 赛季）、2 次欧洲超级杯冠军（1996 年、2002 年）、1 次欧冠冠军（2001-2002 赛季）、2 次丰田杯冠军（1996 年、2002 年）和 2 次西班牙超级杯冠军（2001 年、2003 年）。11 项锦标，让他实现了俱乐部荣誉的满贯。

在国家队层面，齐达内一共参加了 6 项国际大赛，分别是 1996 年欧洲杯、1998 年世界杯、2000 年欧洲杯、2002 年世界杯、2004 年欧洲杯和 2006 年世界杯。其间，他一共代表法国队出场 108 次，进球 31 个，获得过 1998 年世界杯冠军和 2000 年欧洲杯冠军。另外，齐达内还获得过 2 次联合会杯冠军（2001 年、2003 年），这让他在国家队层面也收获大满贯。哪怕 2006 年世界杯的告别之战，也因为头顶马特拉齐事件而永载史册。

如此多的俱乐部和国家队荣誉，让齐达内的个人荣誉也不遑多让。1 次法国足球年度最佳新人（1994 年）、2 次法国足球先生（1998 年、2002 年）、1 次金球奖（1998 年）、3 次世界足球先生（1998 年、

2000年、2003年)、1次欧洲杯最佳球员(2000年)、1次欧冠最佳球员(2002年)、1次世界杯最佳球员(2006年),以及2011年劳伦斯终身成就奖、2008年金足奖终身成就奖、2008年皇马队史百大球星第二名、2004年欧足联评选欧洲50年最佳球员等。

成为教练之后,齐达内率领皇马获得2次西甲冠军、3次欧冠冠军、2次欧洲超级杯冠军、2次世俱杯冠军、2次西班牙超级杯冠军。其中,欧冠三连冠是史无前例的。

因此不管是从个人荣誉还是从团队成绩来看,齐达内都无可挑剔。有数据统计,齐达内是世界足坛历史上,绝无仅有的全满贯传奇。然而这些荣誉的背后,也只是他传奇职业生涯的繁星点缀。

当他在球场上时,谁不曾惊叹他的每一次盘带、传球、过人、射门,每一个动作都是行云流水,叹为观止。他的身上就仿佛装有磁铁一般,不管从哪个方向飞来的球,都能被他十分轻巧地停下,足球在他这里,不是足球,而是艺术。

当现在去回忆他时,太多画面历历在目。欧冠决赛上那脚天外飞仙,世界杯决赛中那霸气的头槌以及那鬼魅的勺子点球,还有那一粒粒潇洒飘逸的任意球,一个个手术刀般的传球。齐达内的足球生涯,即使用"神奇""艺术大师"等词语都难以全面概括,因为他本身就是"神迹"!

足坛外星人只有一个

> 1994年世界杯，巴西队夺冠之后，他们队中的一个小伙子坐在草地上，露着两颗兔牙，伸出手比画着"V"字，灿烂地享受他的第一次世界杯之旅。此时的他还未满18岁，是这届巴西队中最年轻的球员，他没有得到出场机会。后来，这个少年的名字让世界震惊——罗纳尔多·鲁易斯·纳扎瑞奥·达·利马（Ronaldo Luiz Nazario Da Lima），人们后来管他叫"外星人"。
>
> ——引语

罗纳尔多14岁的时候加入了克鲁塞罗队。直至1994年，他为克鲁塞罗队踢了60场比赛，攻入58球，几乎每场一球。

1994年8月，罗纳尔多走了一条与前辈罗马里奥相同的道路，加盟了荷兰劲旅埃因霍温队。在埃因霍温队，他初出茅庐就大放异彩。在32场联赛中，他攻入30球，获得了那一年的最佳射手。

1996年，巴萨买入了这名绝对能够成为巨星的球员。年仅20岁的罗纳尔多在西甲展现了他难以令人置信的能力。当赛季联赛出场37次，进球34个。整个赛季出场46次，打入42球。

罗纳尔多职业生涯中最令人叹为观止的入球发生在这个赛季对孔波斯特拉队的比赛中。这场比赛罗纳尔多上演帽子戏法，其中第二个进球，罗纳尔多从中场左侧带球突进，冲出两名对手的包围圈后，以势不可当的速度直扑禁区。在禁区附近他用娴熟的连续变向摆脱了补上来的一名后卫，然后将球拉到身侧，隐蔽地从另外两名后卫的腿中间扫射进门。

时任巴萨主帅博比·罗布森惊呼："很难想象这样的进球是由地球人打进的。"罗纳尔多由此得来"外星人"的称号。

在西班牙的一个赛季之后，罗纳尔多决定到意大利去。国际米兰花了当时世界上最高的2800万美元转会费得到了"外星人"。在国际米兰的第一个赛季，罗纳尔多仍然出色，他在联赛、杯赛和联盟杯中总共打入42球，创造了意大利足坛个人赛季入球最多的纪录，国际米兰球迷称其为"现象"。

1996年底，罗纳尔多先后获得《世界足球》杂志"年度最佳球员"和国际足联的"世界足球先生"称号，但他最终无缘金球奖。

到了1997年，足坛真正进入罗纳尔多时代，在以防守著称的意甲，没有后卫能够阻挡罗纳尔多，当赛季意甲第二轮，罗纳尔多就在和博洛尼亚队的比赛中凭借禁区前的精彩变向，攻入在国际米兰的第一个正式比赛进球。在国际米兰，罗纳尔多的球衣号码虽然变成了10号，但是他的进球、他的精彩过人却一点没变，意大利媒体将10年前送给马拉多纳的一切赞誉都给了这位新的球王。

在巴西国家队，罗纳尔多和罗马里奥也组成了神奇的第一代

"罗罗"组合,"桑巴军团"在美洲杯和联合会杯都是以横扫的姿态夺冠,其中美洲杯,能奔擅跑的罗纳尔多在玻利维亚的高原上依然势不可当,他在本届美洲杯上一共打进 7 球;联合会杯,罗纳尔多打进 4 球。

1997 年,罗纳尔多的表现征服了所有人,1997 年底的各大奖项评选被罗纳尔多一人大包大揽——他成为第一个蝉联国际足联"世界足球先生"的球员、第一个获得金球奖的南美球员,这一年,罗纳尔多才 21 岁。

当年金球奖评比,罗纳尔多总共获得 222 分,领先第二名 150 分,这是以前不曾有过的。

21 岁时,罗纳尔多已经在 185 场比赛中打进 167 球,后来,同样年龄的梅西 140 场比赛打进 51 球,C 罗 182 场比赛打进 36 球。

罗纳尔多拿到金球奖时 21 岁,梅西第一次获得金球奖是 22 岁,C 罗则是 23 岁。

神迹：这样的足球你怎能不爱

天才与伤病

1998 年，巴西队罗马里奥、罗纳尔多和里瓦尔多组成了无坚不摧的进攻线。但世界杯赛前，罗马里奥不幸受伤，巴西队进攻的重任完全压在了年仅 22 岁的罗纳尔多肩上。

小组赛第二轮，罗纳尔多打入了他在世界杯赛上的第一个进球。1/8 决赛大胜智利队的比赛中，罗纳尔多下半场连下两城。半决赛对阵荷兰队，罗纳尔多闪电般地从两名中后卫中间穿过，冷静地将传中球卸下并捅入范德萨把守的大门。

随后，足坛之谜诞生。

世界杯决赛前夜，罗纳尔多突发怪病，然而主教练迫于压力还是把他派上场。最终巴西队 0∶3 完败于法国队，罗纳尔多在场上形同梦游，赛后遭到了一致质疑，这也成为世界杯历史上的重大悬案之一。

1999 年 11 月，罗纳尔多脆弱的膝盖受到重伤，他因此远离赛场 4 个月。

4 个月之后罗纳尔多伤愈复出，然而不幸再次发生，这一次的伤害比上次更大。在与拉齐奥队的意大利杯决赛中，罗纳尔多替补登场 6 分钟后，在没有身体接触的情况下突然倒地。这一次，罗纳尔多需要休战的时间是 18 个月。

直到 2001 年下半年，罗纳尔多才重新登上绿茵场。饱受伤痛折磨的"外星人"已经平添了几分小心，他的身体也略有发福，人们再也见不到他单骑闯关连过数人的场面。

2002 年 5 月 5 日的罗马奥林匹克体育场，国际米兰在领先尤文图斯一分的情况下做客拉齐奥队。只要赢球，阔别 13 年的联赛冠军就会收入囊中。然而命运如此无情，拉齐奥队在先失一球的情况下竟然反败为胜，国际米兰再次与冠军无缘。罗纳尔多被提前换下，在这块伤心的场地边他流下了痛苦的泪水。

世界杯惊叹号

回到巴西队，在里瓦尔多和罗纳尔迪尼奥的帮助下，罗纳尔多迅速找回了状态。

2002年韩日世界杯，首场迎战土耳其队，罗纳尔多在第50分钟扳平了比分。次战中国队，罗纳尔多在下半场锦上添花。第三场，罗纳尔多开场不到20分钟的两个进球就为比赛定了调，巴西队三战全胜小组第一出线。

在淘汰赛阶段，罗纳尔多又连续攻破了比利时队和土耳其队的大门。其中对土耳其队的那脚人丛中的捅射令人叫绝，罗纳尔多也骄傲地称，这种射门方式是从他的偶像罗马里奥那里学来的。

留了阿福头的罗纳尔多在决赛中福星高照，卡恩意外的脱手成全了他超越世界杯最佳射手6球魔咒的愿望，而79分钟时他的反击入球彻底地锁定了巴西队的第五次世界杯冠军。

2002年世界杯之后，26岁的罗纳尔多成为巴西队的英雄，这个夏天，罗纳尔多从国际米兰去了皇马。

在皇马的第一年，罗纳尔多就拿到了他梦想中的联赛冠军。2002年，罗纳尔多第三次获得"世界足球先生"的称号。尽管皇马糟糕的后防线使得接下来的3个赛季球队两手空空，但罗纳尔多仍然保持着出场127次进球83个的高进球率。冠军联赛中他也有精彩的表现，在曼联客场上演帽子戏法，3粒精彩的进球让老特拉福特球场鸦雀无声。

2006年，30岁的罗纳尔多作为巴西队的正印前锋再次出征世界杯。本届杯赛，巴西队的罗纳尔多、罗纳尔迪尼奥、卡卡和阿德里亚诺，被称为"梦幻四重奏"。但在1/4决赛中，巴西队0:1惜败给了法国队，终止了卫冕的脚步。然而，这丝毫不能掩盖罗纳尔多的光芒，为巴西队进球最多的，仍然是这个"肥罗"。小组赛首场与克罗地亚队的比赛，罗纳尔多的跑动牵制了对方的后卫，让卡卡远射得分；第二场与澳大利亚队的比赛，罗纳尔多又为阿德里亚诺助攻。

与日本队的最后一场小组赛，日本队在第33分钟意外地取得了领先。然而，上半场伤停补时阶段，罗纳尔多便扳平了比分，他接西西尼奥的头球摆渡，近距离头球攻门得分。终场前9分钟，罗纳尔多在与中后卫胡安连续做撞墙配合后，禁区边缘起脚射门，将比分锁定为4∶1。这个进球也让罗纳尔多超越了贝利，成为巴西队世界杯历史进球最多的球员。

仅仅5天后，罗纳尔多便再次改写了历史。在与加纳队的1/8决赛中，罗纳尔多在开场后仅仅5分钟便取得了进球。这一次，罗纳尔多接卡卡的直传，反越位后单刀突入禁区，面对守门员金斯顿，罗纳尔多轻松地踩单车将其晃过后推射空门得分。时间在这一刻定格。这是罗纳尔多在世界杯上的第15粒进球，凭借这个进球，罗纳尔多超越了"轰炸机"盖德·穆勒，成为世界杯历史上进球最多的球员！后来，这一纪录被德国球星克洛泽打破。

德国世界杯的失利，令巴西队更换了主教练。新帅邓加弃用了包括罗纳尔多在内的所有30岁以上的球员，罗纳尔多的职业生涯，也由此进入了暮年。2006-2007赛季开始后，罗纳尔多在皇马失去了主力位置 。前半个赛季，罗纳尔多只出场了7次，进球1粒。2008年1月，罗纳尔多加盟了意甲豪门AC米兰。2007年3月11日，罗纳尔多在米兰德比中为AC米兰进球，打破了场上的僵局。

然而，多年的伤病和并不规范的生活方式，让罗纳尔多在"红黑军团"同样过得不太顺利。一个半赛季中，罗纳尔多只出场了20次，进球也没有突破两位数。

2008年2月，罗纳尔多在一场意甲联赛的比赛中左膝十字韧带断裂，赛季就此宣告结束。赛季末，AC米兰宣布与罗纳尔多解约。

离开AC米兰，也就意味着罗纳尔多离开了欧洲足坛。不过，罗纳尔多仍然有一个梦想：代表巴西队第5次参加世界杯。2008年12月9日，罗纳尔多宣布，他将加盟巴西劲旅科林蒂安队。罗纳尔多期待用自己在家乡的表现打动国家队主教练邓加。在巴西国内，罗纳尔多2009年一年间参加了28场比赛，打进了15球。

然而，正当罗纳尔多对南非世界杯满怀期待时，邓加在2009年11月宣布，不会带罗纳尔多参加南非世界杯。之前，罗纳尔多已经表示，他将在2010年告别足坛，但之后他又决定再踢一年。

但困扰了罗纳尔多整个生涯的伤病再次出现，在受到又一次严重伤病之后，罗纳尔多在2011年2月14日情人节这天正式宣布退役。在宣布退役的新闻发布会上，罗纳尔多透露他曾患上甲状腺功能低下症，为了治疗这种疾病，需要服药，但这种药物属于兴奋剂类药物，所以罗纳尔多为了延续职业生涯而只能不服药，这导致了他的肥胖。

或许一切都是注定，罗纳尔多是很多人的足球启蒙，是太多粉丝的足球情人。而在情人节这一天，罗纳尔多选择正式退役。留下太多后人难以企及的纪录，足坛巨星有很多，但是"外星人"只有一个。

数说罗纳尔多

1	罗纳尔多的首场职业比赛，是在 1993 年 5 月 25 日代表克鲁塞罗队参加米纳斯吉拉斯州的联赛。
2	罗纳尔多获得世界杯冠军的次数。他在 1994 和 2002 年分别随巴西队夺冠，不同的是 1994 年时他只算是一个旁观者，没有得到一分钟的出场机会。而在 2002 年，巴西队则是在他的带领下一路夺得冠军的。
3	罗纳尔多是家中的第三个孩子。
6	罗纳尔多职业生涯中最令人心碎的数字。1999 年 11 月起他因重伤休战，经过 144 天的休养后，2000 年 4 月 12 日他代表国际米兰在与拉齐奥队的意大利杯决赛中出场，然而他只替补出场了 6 分钟，因髌骨腱断裂再度长期休战。当时甚至能从电视转播中听到他受伤时的那声脆响。
7	罗纳尔多效力过的俱乐部个数。他先后在克鲁塞罗、埃因霍温、巴萨、国际米兰、皇马、AC 米兰和科林蒂安 7 家俱乐部踢球，除了在 AC 米兰之外，在其他 6 家俱乐部他都夺得过冠军。
9	罗纳尔多最喜欢的球衣号码。在他职业生涯的 19 个赛季中，有 14 个赛季都身披 9 号球衣。1997 年起，他在巴西队也长期拥有着 9 号球衣。
10	罗纳尔多的百米速度。他的百米最佳纪录是 10.3 秒，特别是他带球时的高速，成为他在球场上的法宝之一。
11	罗纳尔多在皇马第一个赛季时的球衣号。这是他唯一身披 11 号在 2002-2003 赛季中攻进 23 个球的阶段，帮助皇马夺得西甲冠军。
14	罗纳尔多在欧冠中的进球数。他的第一个欧冠进球是 1998 年 10 月 21 日为国际米兰踢进的，对手是莫斯科斯巴达克队，这也是他为国际米兰攻进的唯一欧冠进球。而其余的 13 个欧冠进球，都是在皇马时期攻进的。

诸神篇

15	罗纳尔多在世界杯上的进球数。2006年世界杯上对加纳队的进球，使他超越德国队的穆勒成为世界杯历史上的最佳射手，后来，他被克洛泽超越。
17	罗纳尔多首次出现在职业赛场时的年龄。他在17岁时就代表克鲁塞罗队出场，并在18岁时入选巴西国家队，成为1994年世界杯冠军队的一员。
18	罗纳尔多获得过的正式比赛的冠军个数。其中包括国家队比赛冠军5个，欧战及丰田杯冠军3个，联赛冠军2个，杯赛冠军6个，巴西州级联赛冠军2个。
21	罗纳尔多首次获得欧洲金球奖时的年龄。在这一年他达到职业生涯中的第一个高峰，包揽了欧洲金球奖、FIFA评选的"世界足球先生"和英国《世界足球》杂志评选的"足球先生"，还获得欧洲金靴奖、西甲最佳射手，随巴西队获得美洲杯和联合会杯冠军，随巴萨获得欧洲优胜者杯和西班牙国王杯冠军。
26	罗纳尔多二度获得欧洲金球奖时的年龄。在经历了长期的伤病之后，他在2002年世界杯上出人意料地爆发，引领巴西队一路夺冠，个人也成为当届世界杯最佳射手，并以15球成为世界杯历史上的最佳射手。继1997年之后，他再度包揽金球奖、"FIFA足球先生"和"世界足球先生"。
34	罗纳尔多单赛季联赛进球纪录。1996-1997赛季，他在巴塞罗那效力的唯一赛季中，在37场联赛中攻进34球，并获得当赛季的西甲最佳射手和欧洲金靴奖。

绿茵杀手

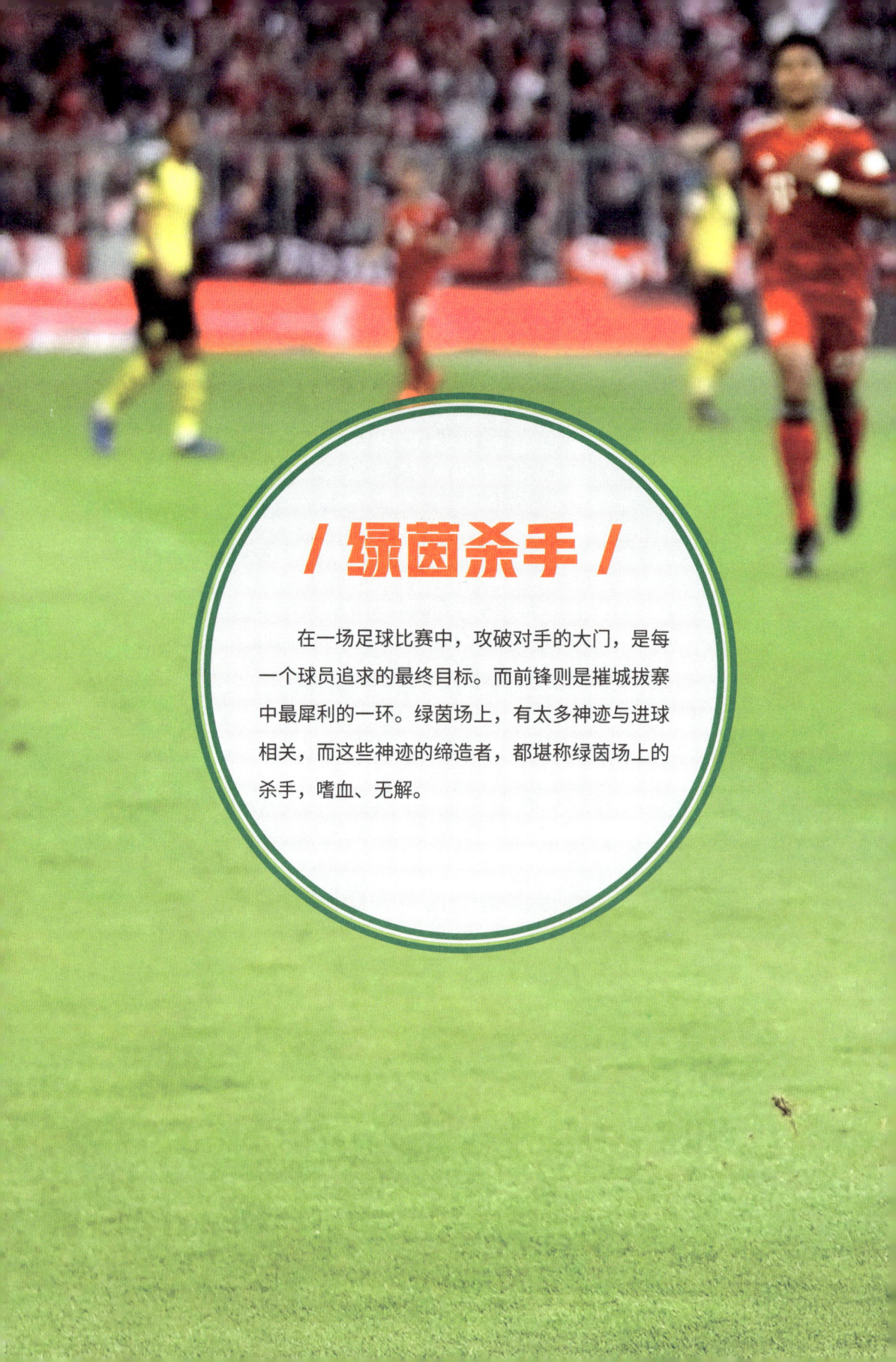

在一场足球比赛中，攻破对手的大门，是每一个球员追求的最终目标。而前锋则是摧城拔寨中最犀利的一环。绿茵场上，有太多神迹与进球相关，而这些神迹的缔造者，都堪称绿茵场上的杀手，嗜血、无解。

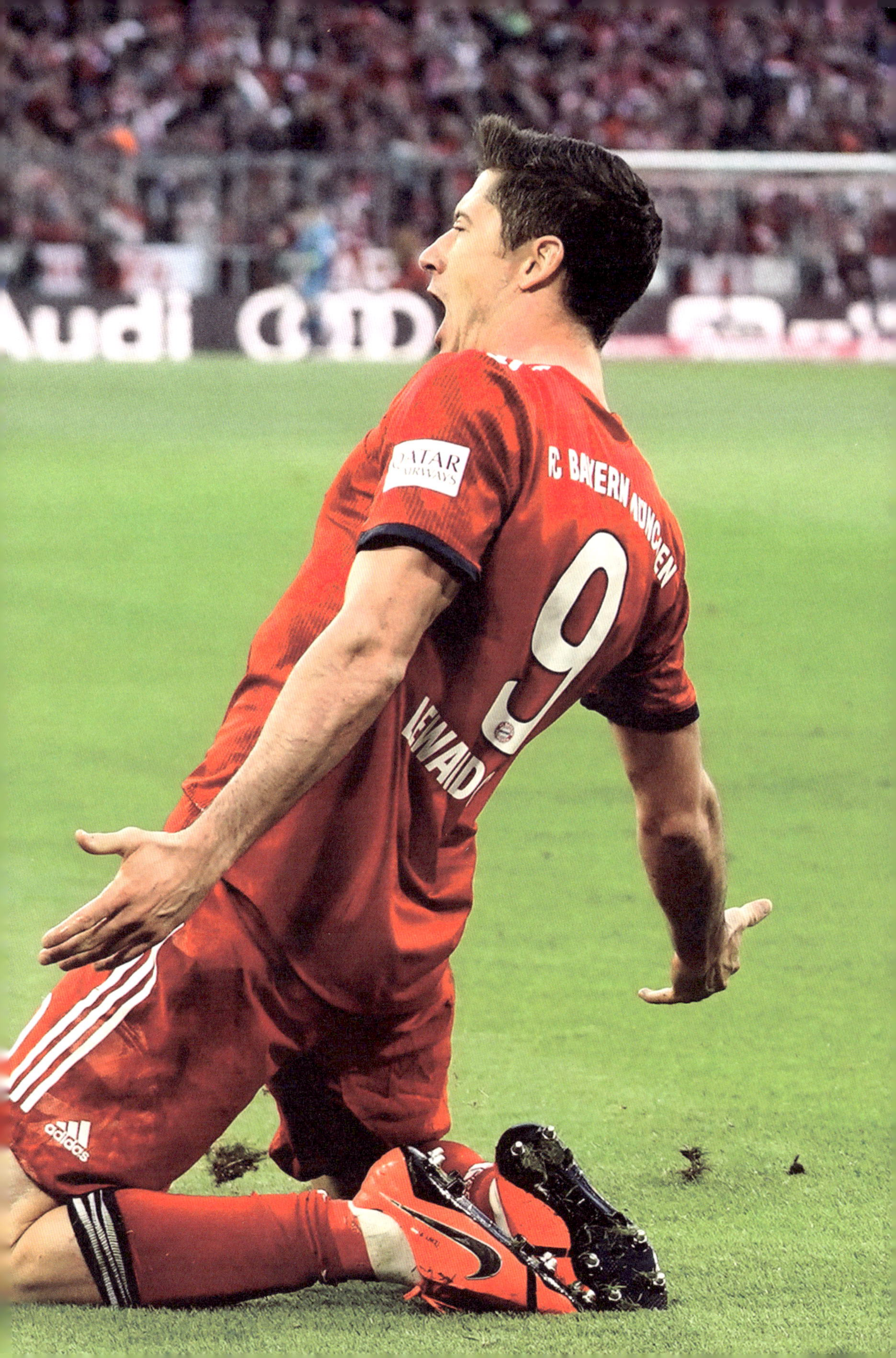
Audi

莱万多夫斯基：9分钟5球

2015年9月23日，在德甲赛场上，不可思议的一幕发生了，拜仁前锋莱万多夫斯基在9分钟时间里打进5球，创造4项吉尼斯世界纪录。

当时是2015-2016赛季德甲第6轮比赛，拜仁主场5∶1逆转沃尔夫斯堡队。

· 第26分钟

沃尔夫斯堡队反客为主，卡利朱里怒射破门，1∶0。

· 第51分钟

格策右路塞球，比达尔禁区内脚后跟磕给穆勒，禁区内乱作一团，拜仁旧将丹特混乱中将球铲给莱万多夫斯基，拜仁9号门前轻松左脚推射得分，1∶1。

· 第52分钟

阿隆索前场输送，莱万多夫斯基在禁区外低射命中，2∶1。

· 第55分钟

穆勒在禁区内分球至右肋，格策横传门前，莱万多夫斯基第一次射门击中左门柱，随后补射被贝纳利奥扑出，莱万多夫斯基第3次射门破门，3∶1。

· 第57分钟

科斯塔左路长驱直入送出半高球，莱万多夫斯基在点球点附近包抄射门得手，4∶1。

· 第60分钟

格策右路突破后传中，莱万多夫斯基在禁区内侧身凌空抽射破网，5∶1。

5粒进球，总共耗时8分59秒。

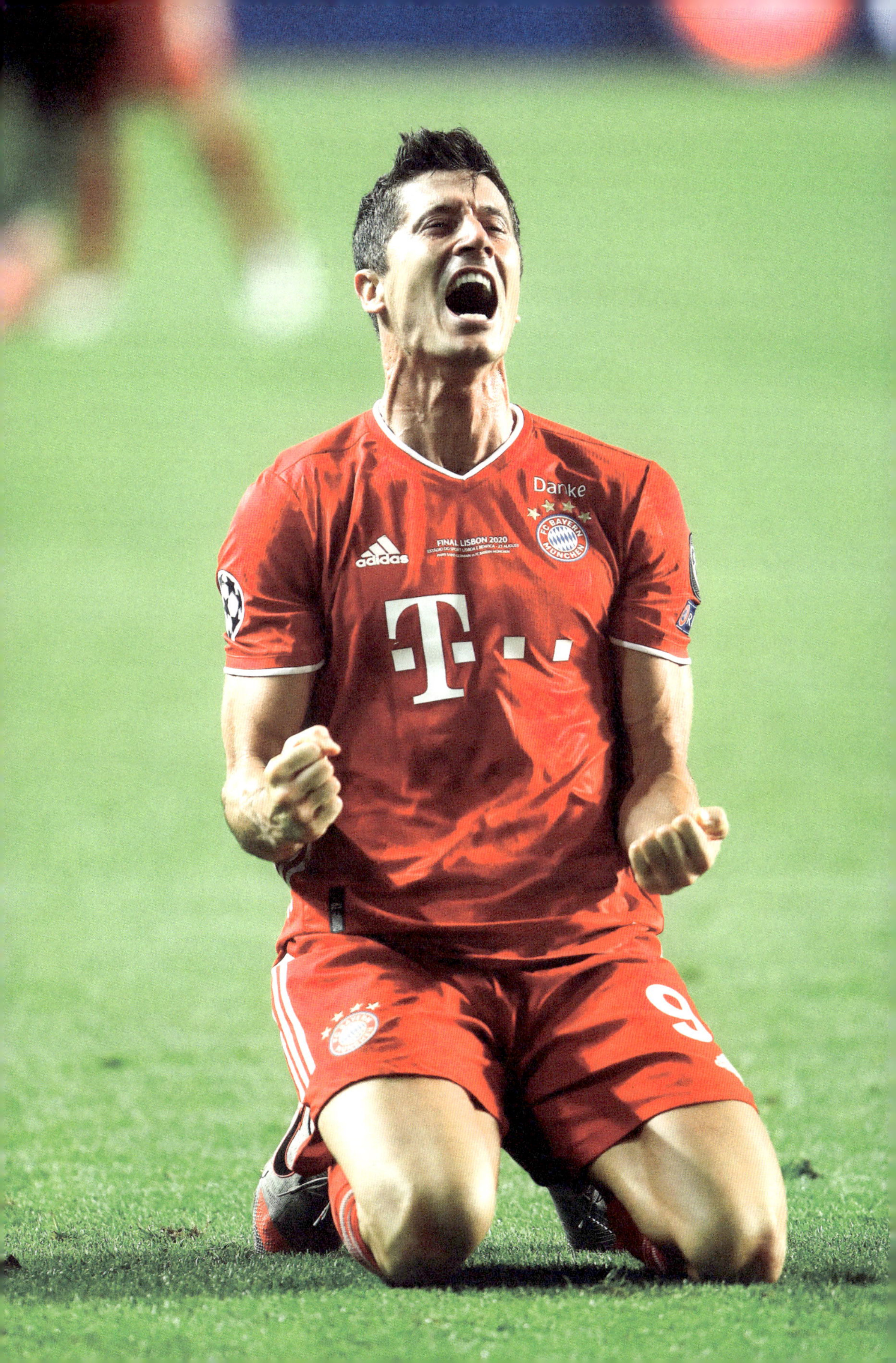
Danke
FINAL LISBON 2020
adidas

莱万多夫斯基一举创下4项吉尼斯世界纪录：德甲最快"帽子戏法"（3分22秒）、德甲最快"大四喜"（5分42秒）、德甲最快单场5球（8分59秒）、德甲替补出场球员单场进球最多（5球）。

当莱万多夫斯基打进第5球时，站在场边的瓜迪奥拉瞪大了眼睛，难以相信眼前发生的一切。

莱万多夫斯基在这9分钟内抓住了所有的进攻机会，他所有的射门均制造威胁，命中率86%、进球转化率83%，只一脚射中目标的射门被扑出，还有一脚射门击中立柱。

现场球迷是幸福的，他们亲眼看见了这一超越人类运动范畴的超级表演，莱万多夫斯基创造了神迹。

梅西和C罗均有过单场进5球神迹，但无一人如莱万多夫斯基这般神速，也包括贝利、马拉多纳、盖德·穆勒、罗纳尔多等史诗级传奇，9分钟5球，这项五大联赛的世界纪录，恐怕很长一段时间都无人能够打破。

瓜帅感叹："无论作为球员还是教练，我都没见过9分钟进5球这样的情况，莱万多夫斯基真是个现象级球员。"

德国媒体《图片报》赛后撰文："瓜迪奥拉一直双手抱头显出惊奇的神情，他不停地摇头并伸出5个手指。这真是一场疯狂的比赛，那9分钟堪称德甲最疯狂时刻。"

在完成9分钟5球神迹后不久，美国吉尼斯公司还为莱万多夫斯基颁奖，他的神迹被列入《吉尼斯世界纪录大全》。

至今，莱万多夫斯基都感觉那一晚像做梦一样："我会经常回看这些进球，每一次我都很激动，起鸡皮疙瘩。那是一个令人难以置信的夜晚。当时我没有注意我身边发生了什么，我只是全力专注比赛，甚至有些恍惚了。直到现在我都很难相信那9分钟。我之前从来没有想过，也从来没有人做到过。如果能够保持这项纪录，不仅是在德国，而且是在整个世界上，那我会很高兴。"

切尼：戴手套的罗纳尔多

一个门将，职业生涯打进了多达 131 球，这就是活生生的神迹，他就是巴西传奇门神切尼。

切尼的整个职业生涯都在巴西豪门圣保罗队，在少年时代，他就进入了圣保罗队青训营，继而成为职业球员。从第一份职业合同开始，他为巴西的圣保罗队奉献了全部的 22 年职业生涯，出场超过 1000 次，多次拿到过巴西全国联赛冠军、巴西圣保罗州冠军、南美解放者杯冠军、南美杯冠军、丰田杯冠军、世俱杯冠军等，还随队获得了 1997 年联合会杯冠军和 2002 年世界杯冠军，总计 18 次站上冠军领奖台。

切尼被称作"戴手套的罗纳尔多",虽然不会像罗纳尔多一样用盘带技术来戏弄对方球员,但定位球是他的绝活。

1997年2月15日,在巴西圣保罗州锦标赛中,圣保罗队2:0击败圣若昂队,切尼直接任意球破门,这是他职业生涯第一个进球。在当时,门将进球是稀罕事情,从此,切尼一发不可收拾,成为小有名气的进球门将。说他小有名气,那是因为在南美足坛,还有奇拉维特、坎波斯、伊基塔等名字。不过,切尼后来超越了这些名字。

2005年世俱杯决赛,圣保罗队面对上演伊斯坦布尔奇迹的利物浦,这场比赛,切尼成就经典,他高接低挡,不断救险。最终,切尼成为世俱杯最佳球员,率队1:0登顶世俱杯冠军。

2005年,切尼单赛季完成21个进球,这样的数字,恐怕很多顶级前锋都要望尘莫及。当赛季射手榜,切尼高居第二,排名第一的是罗马里奥,仅比他多进3个球。

切尼也曾入选过巴西国家队,1997年开始断断续续入选巴西队,9年巴西队生涯一共只出场16场比赛。他曾跟随巴西队赢得了2002年世界杯冠军。2006年世界杯,巴西队对阵日本队的比赛,切尼完成了自己的世界杯首秀,他替换迪达登场,这也是他在巴西国家队的最后一场比赛。

2006年8月20日,在巴甲联赛中,圣保罗队2:2战平克鲁塞罗队,切尼梅开二度,他超越巴拉圭的神奇门将奇拉维特,成为世界上进球最多的门将,而在以后的9年间,他一次次的超越自己的纪录。

在圣保罗队历史上,诞生过很多优秀的球星,例如卡卡、帕托、小卢卡斯等,但没人比得了切尼。

2011年3月27日,在巴西圣保罗州锦标赛上,圣保罗队2:1击败科林蒂安队,切尼标志性任意球破门,这是他职业生涯第100球,他脱衣疯狂庆祝,成为世界足坛第一位进球达到100个的门将。

2015年8月26日,巴西圣保罗州锦标赛,圣保罗队3:0击败塞阿拉队,切尼罚进一粒点球,这是他职业生涯第131球,也是最后一球。

最终,切尼整个职业生涯期间一共为圣保罗队出场1256场比赛,打进了131粒球。

盖得·穆勒：进球机器

盖德·穆勒，德国足球乃至世界足球史上最伟大的前锋之一，集体以及个人荣誉全满贯得主，绰号"轰炸机"，职业生涯打进1461球（正式比赛700多个），是世界杯和欧战历史前总射手王。

盖德·穆勒参加过两届世界杯共13场比赛就攻进了14球，这一世界杯总进球纪录保持了长达32年，直到21世纪才被两位出众的后辈所企及。他的进球数和进球效率无可匹敌，至今仍是所有前锋仰望的终极目标。1981年，盖德·穆勒宣布退役。1998年他被授予国际足联金质勋章。2000年FIFA国际足联授予他"世纪金靴"大奖。欧洲权威体育媒体法国《队报》也将他评选为足球历史最伟大的十位巨星之一。2011年首批入选国际足球名人堂。

1. 他是足球史上唯一夺得大满贯（世界杯、欧洲杯、欧冠、世俱杯、联赛、杯赛等等），在决赛中都有进球且荣获过所有赛事金靴加创造当时赛会进球纪录的球员。

2. 1971-1972赛季，他创造了德甲单赛季进球纪录——40球，直到2020-2021赛季才被莱万多夫斯基以41球超越。

3. 在他效力于拜仁期间，他每年都是队内的最佳射手。

4. 1972年，穆勒创造了自然年总进球数85球的纪录，直到2012年才被梅西超越。

5. 足球历史上唯一在重大比赛决赛上保持全胜的球员

6. 总进球数1461球，历史第一，进球率1.20，排在历史射手第三位，荣获世纪金靴奖。

7. 七次荣获德甲联赛最佳射手，历史第一。

克洛泽：世界杯历史最佳射手

克洛泽，或许他的名字不如梅西、C罗般闪耀，但在世界足坛史上，克洛泽已经把自己的名字载入史册，并且连梅西、C罗、贝利、马拉多纳等传奇人物都望尘莫及。因为克洛泽在世界杯上一共打进16球，成为历史第一人。

克洛泽不是豪门出身，没有天赋异禀，也并不一帆风顺，他的成功甚至没有一点机缘巧合的成分。克洛泽的足球生涯起步于德国第七级别的地区联赛，后来进入德甲的凯泽斯劳滕队。过了两年，德国国家队主帅沃勒尔向他抛出橄榄枝，不过也只是想让他为比埃尔霍夫、扬克尔等一干老将做替补。但不管怎样，克洛泽距离属于他的世界杯舞台又近了一步。

2002年韩日世界杯，24岁的克洛泽迎来自己的世界杯首秀，最终一鸣惊人。小组赛首战，德国队8∶0横扫沙特队，克洛泽上演帽子戏法；随后，德国队1∶1战平爱尔兰队、2∶0击败喀麦隆队，克洛泽又打进2球。不过，当届世界杯最闪耀的是罗纳尔多，后者最终打进8球，加冕金靴。而克洛泽小组赛打进5球，此后便没有进球。

2006年，世界杯来到德国本土，揭幕战，德国队4∶2击败哥斯达黎加队，克洛泽梅开二度；德国队3∶0大胜厄瓜多尔队的比赛，克洛泽再次梅开二度；1/4决赛，德国队苦战点球大战淘汰阿根廷队，克洛泽也有1球进账。最终，德国队拿到季军，克洛泽单届比赛再次打进5球。

2010年南非世界杯，小组赛德国队4∶0大胜澳大利亚队，克洛泽打进1球；1/8决赛，德国队4∶1击败英格兰队，克洛泽又有进球斩获；1/4决赛，德国队4∶0击败阿根廷队，克洛泽梅开二度。

也就是说，三届世界杯，克洛泽已经打进了14球。当时，世界杯进球纪录是罗纳尔多的15球，并且定格在了南非世界杯。

2014年，世界杯来到巴西，罗纳尔多已经变成了解说嘉宾，而克洛泽也不是德国队的主力了，小组赛德国队2∶2战平加纳队，克洛泽打进1球，他就此追平罗纳尔多的15球纪录。

半决赛，德国队7∶1大胜巴西队，克洛泽锦上添花打进1球，但就是这一球让克洛泽一举超越罗纳尔多，成为世界杯历史上第一射手。最终，德国队如愿捧起大力神杯。

　　总体来说，2002年时，他的5个进球全部是头球，在一鸣惊人的同时，人们也诟病他只会对弱队进球，只会头球破门。到了2006年世界杯，他不仅能在小组赛进球，还在八强战对阿根廷队的关键一战中头球扳平比分，为德国队争取到了晋级的机会。2010年世界杯，他的4个进球有3个来自淘汰赛，对手分别是英格兰队和阿根廷队。巴西世界杯，36岁的他已经无法满场飞奔，但在有限的时间里，他依然展现了威力，小组赛对加纳队，在球队1:2落后的情况下，他扳平比分，后来，面对五星巴西队，他又成为真正的王者。

　　历史总是惊人的相似，2006年德国世界杯，罗纳尔多超越了盖德·穆勒的14球，在德国把自己在世界杯上的进球数最终定格在了15个，成为当时的第一。2014年，克洛泽在巴西这片热土上，在对阵巴西队的这一场比赛中，超越了罗纳尔多的纪录——克洛泽脚踩着巴西队冰冷的"躯体"，超越了罗纳尔多神一样的纪录！冥冥之中似乎上天早已经注定，似乎这一刻早就预定给了克洛泽。

　　对于自己打破纪录，克洛泽很淡定："罗那尔多是到目前为止最为全面的前锋，他是一名十分伟大的球员。当我打入第15球的时候，他给我送来了祝福。现在我只能说，欢迎进入16球俱乐部，我欢迎所有人。"

　　放眼整个职业生涯，克洛泽从来都不是超级巨星，但在世界杯历史射手榜上，克洛泽是第一，身后的名字分别是罗纳尔多、盖德·穆勒、方丹和贝利。

　　克洛泽为国家队出场137次、贡献71球、连续参加4届世界杯，16粒进球让他成为当之无愧的世界杯历史上最佳射手。而71粒国家队进球，也让他毫无争议地成为德国国家队历史第一人。

　　一路走来，克洛泽向人们展现了一出活生生的凡人神话，他向世人证明：只要脚踏实地，只要追求永不止步，一切皆有可能。

方丹：单届世界杯 13 球

世界杯的历史上，伟大的传奇巨星层出不穷。然而无论贝利、马拉多纳，还是罗纳尔多、齐达内，他们都无法赶超一人的辉煌。法国队射手方丹，他在1958年瑞典世界杯上，6场比赛共为法国队打入13球，不仅成为该届世界杯的金靴奖得主，而且成为世界杯历史上单届进球最多的人，这一纪录迄今无人能够企及。

方丹出生于1933年8月18日，他的出生地是摩洛哥，不是法国。幼年时，方丹的父亲希望方丹能学习机械、学打篮球、练习田径。但方丹迷上了足球，并加入了摩洛哥当地的马拉科什队，在第一年就夺得了全国少年足球冠军。随后方丹转入卡萨布兰卡队，成了摩洛哥第一射手。20岁时，方丹奔赴法国。

1953年，方丹加盟尼斯队，一年后方丹帮助俱乐部获得了法国全国联赛冠军。1955年，方丹转会到兰斯队，他共为兰斯队夺得两届全国联赛冠军（1958年、1960年）和两届欧洲冠军杯赛亚军（1956年、1959年）。

作为前锋，方丹特点全面，他技术精湛、动作敏捷、控球娴熟、速度快、突破能力强、射门果断准确，尤其精于远射。当年法国媒体曾经评价道，方丹是一位几乎没有任何缺点的前锋，他具备了一切的优秀要素，几乎无解。

1958年世界杯到来前，方丹只是在法国和欧洲小有名气，但世界杯后，他成了家喻户晓的人物。

世界杯首战，法国队7∶3击败乌拉圭队，方丹开始展现自己的攻击才华，他轻松上演帽子戏法。

随后和前南斯拉夫队的交锋中，法国队2∶3惜败，但方丹包办了两个进球。

第3场比赛，方丹再进一球，帮助法国队2∶1力克苏格兰队。

进入1/4决赛，法国队的对手是北爱尔兰队，方丹轻松梅开二度，法国队4∶0大胜对手。

半决赛，法国队遇到势头强劲的巴西队。当时的巴西队有加林查、贝利、迪迪、瓦瓦和扎加洛等超一流球星，阵容豪华，势不可当。方丹和队友们在强敌面前没有胆怯，而是全场与巴西队展开对攻。虽然方丹和队友安托尼各进一球,但最终没能取胜,以2∶5败下阵来。

最后一场争夺季军的比赛,方丹将所有的激情全部"发泄"到了对手联邦德国队的身上,他上演神奇"大四喜",最终法国队6∶3大胜,获得世界杯季军。至此,方丹在瑞典世界杯上一共打入13球,轻松获得金靴奖。

方丹是单届世界杯进球最多的球员,这一神迹至今无人能够超越,排名第二和第三的分别是柯奇士(11球)和盖德·穆勒(10球)。

更加神奇的是,方丹打进13球所穿的球鞋不是自己的,当时法国队并没有赞助商,而方丹唯一的球鞋开赛不久就坏了。随后方丹穿着队友布鲁伊的球鞋创造了13球的辉煌,他甚至开玩笑说道:"也许我能进那么多球的原因是两个人穿着一双鞋在比赛。"

当时,世界杯没有设置金靴奖,后来,方丹为了鼓励后辈打破他的13球纪录,他自己设立了一笔1000美元的奖金,只要有人在世界杯上打破他的纪录,他私人奖励1000美元。然而,这么多年过去了,这1000美元的奖金至今没有发出去。

方丹职业生涯只参加过一次世界杯,不过这却让他进入了世界杯历史总射手榜前四位,仅次于克洛泽(16球)、罗纳尔多(15球)和盖德·穆勒(14球),超过了12球的贝利和11球的克林斯曼。

方丹的杰出贡献是创造了法国足球史上的第一个鼎盛时期。

令人唏嘘的是,方丹的辉煌有些短暂,1960年,方丹在比赛中两次腿骨骨折,当时的医疗条件也有限,两次重伤让他的竞技状态严重下滑。最后在1966年,方丹挂靴,告别绿茵场。

方丹为法国国家队一共出场21次,打入30球。在2003年《法国足球》杂志评选的法国历史最伟大球员排名中,方丹位列第五,排在他身前的4人是普拉蒂尼、齐达内、科帕和布兰克。

方丹的职业生涯总共出场304次,攻入多达289球,这样的效率,令众多门将胆寒,场均0.95球的效率更昭示着他这位锋线杀手的本性。

2004年3月,国际足联评选出历史上125名最伟大球员,方丹名列其中。

没有人会忘记方丹创造的神奇,因为每一位参加世界杯的射手都会记得,在他们的身前,曾有一位无法超越的巨星。

萨连科：世界杯五子登科

世界杯历史上，个人单场五子登科的情况只出现过1次，创造者不是大名鼎鼎的巨星，而是俄罗斯人萨连科。

1994年6月29日，世界杯小组赛B组最后一轮，此前两战全负的俄罗斯队遇到仅积1分的喀麦隆队，一场几乎无关出线的无聊比赛却成为名局，俄罗斯射手萨连科充分展现杀手本能，反越位、抢点、捡漏、点球，上半场他就上演帽子戏法，下半场他再进两球，帮助俄罗斯队6:1横扫喀麦隆队，体面地出局。

再加上前一场与瑞典的点球破门，萨连科当届赛事打进6球，与斯托伊奇科夫并列，一同获得世界杯金靴奖。要知道，那年的世界杯赛场上，巴乔、罗马里奥、克林斯曼等巨星都在巅峰状态，但萨连科连小组都没出就把金靴抢走，他也是历史上唯一未晋级淘汰赛阶段的金靴得主以及单场独进5球的球员。

但是，1994年也成为萨连科职业生涯的分水岭。世界杯前，他在西甲单赛季打进16球；世界杯后，他加盟豪门瓦伦西亚队，但单赛季仅仅打进7球。此后，萨连科又辗转在苏格兰、土耳其联赛效力，但状态明显下滑。

2000年，萨连科曾来到中国试训，但状态糟糕的他没能留下。

2001年，32岁的萨连科宣布退役。

萨连科至今仍然保持三个纪录：唯一只参加小组赛就获得世界杯最佳射手的球员；世界杯决赛圈单场进球最多的球员（5球，在1994年6月28日俄罗斯队6:1击败喀麦隆队的小组赛中创造）；唯一获得过世青赛和世界杯最佳射手的球员。

伊布：马中赤兔，人中奉先

在整个职业生涯中，伊布无时无刻不在展现他的个性，他也打进了不少神仙球。

2004年的欧洲杯上，伊布一战成名，他在面对意大利队的比赛中表现极为出色。比赛的最后时刻，伊布抢在出击的布冯之前，背对球门用右脚外侧将球撩向球门，球越过补防的维埃里的头顶，落入空门，凭借这粒蝎子摆尾的神作，瑞典队追平了比分。从那时起，越来越多的人开始知道这个名叫兹拉坦·伊布拉西莫维奇的大高个。

2008年的欧洲杯上，在瑞典队对阵西班牙队的比赛中，伊布在对方禁区停球后顺势向右一拨，将前来补防的拉莫斯晃倒在地，随后推射将球打进卡西利亚斯把守的大门。在对阵希腊队的比赛中，伊布接队友传球后不停球直接大力抽射，球直挂球门死角。

2012年欧洲杯的小组赛上，擅长高难度射门的伊布再献惊人之作：队友右路传出一记弧度很高的传中球，按常理说伊布应卸球后再觅良机，可是禁区内的伊布腾身跃起打出一记难度超高的侧身扫射，球应声入网。

伊布最经典的进球是在2013年对阵英格兰队的热身赛上打进的，比赛进行到第91分钟时，瑞典队后场开出大脚，乔·哈特先出一头将球解围，球正好落在背对球门的伊布身旁，此时他距球门远达33米，"瑞典神塔"不等球落地，直接来了一记侧凌空倒钩，球划出一记刁钻的弧线直奔球门死角。这是一粒无须赘言的永恒传奇进球，赢得了当年的普斯卡什奖。

事后，伊布回忆："对英格兰队的这个进球非常好。因为英国人自以为很了解我，但显然他们没有，所以我用这个球告诉他们我是谁。这是特别的进球，因为这是对英格兰队时打进的。多年来英国记者和英国人总是在谈论我，说我自命不凡，只关注我的长发或者其他什么。这很有趣，因为这激励了我，我认为这是个挑战，让我充满动力继续前进，让我想要更努力工作。"

当时，对手杰拉德叹服："这是属于伊布的夜晚，这是我生涯中见过的最佳进球之一。"

鲁尼：惊天倒钩，英超最佳进球

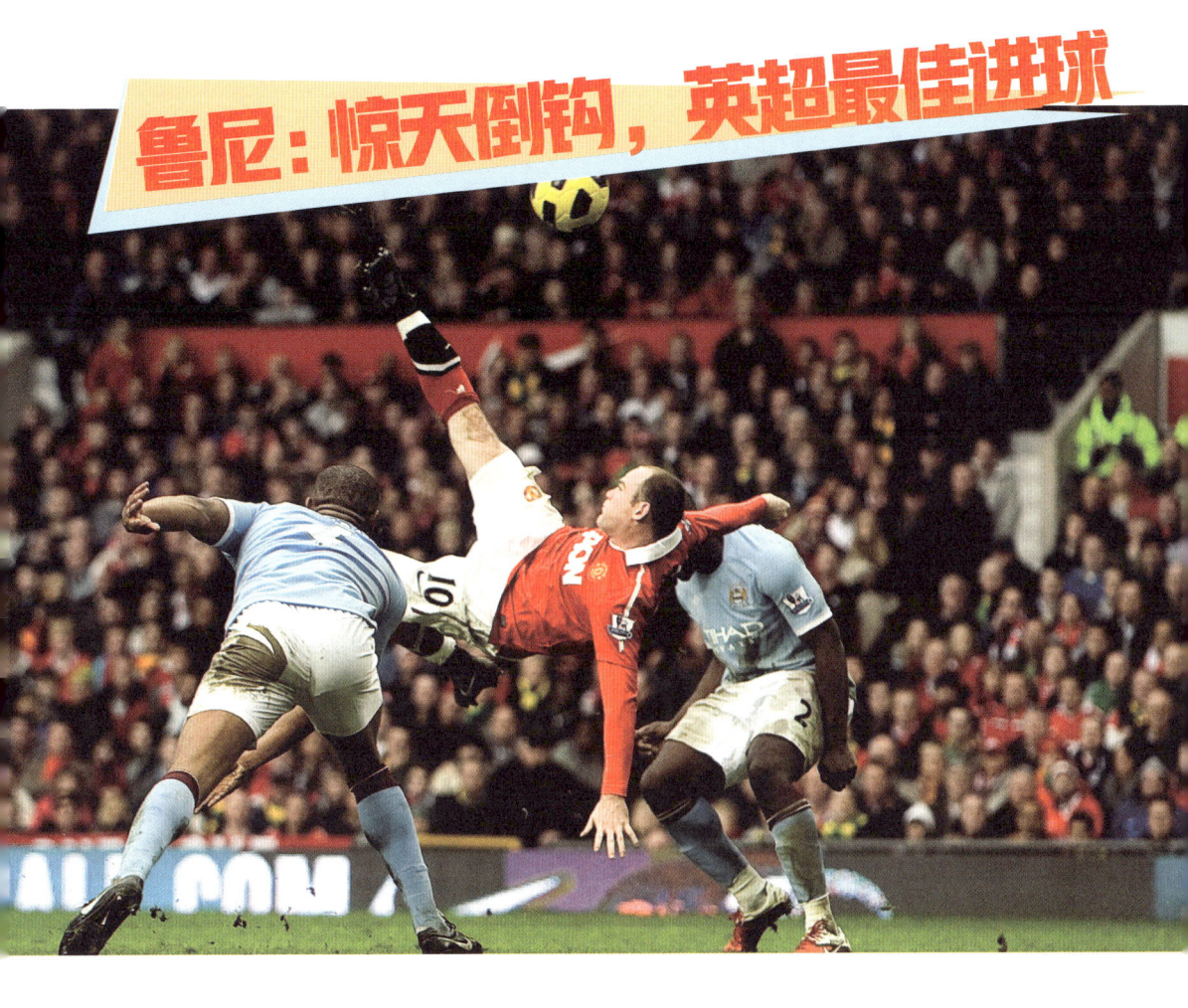

  2011年2月12日，曼联在梦剧场迎来曼市德比，这是当赛季英超争冠大战，赛前曼联少赛一场，领先曼彻斯特城队（以下简称"曼城"）5分领跑积分榜。

  上半场，第41分钟，范德萨后场开球，鲁尼争夺造成对方失误，老将吉格斯送上直塞，纳尼在萨巴莱塔的紧逼下左脚推射破门，打入个人赛季第10球，曼联1∶0领先。

  下半场，第65分钟，哲科门前扫射，打中大卫·席尔瓦身体偏转入网，比分变成1∶1。

  点燃全场的时刻在第78分钟到来，斯科尔斯分球右路，纳尼右脚传中，鲁尼禁区内腾空跃起倒钩破门，乔·哈特无能为力，老特拉福德瞬间陷入山呼海啸的世界。

凭借此球，曼联2∶1绝杀曼城，"红魔"少赛一场领先"蓝月亮"8分继续领跑。赛季结束时曼联领先切尔西和曼城9分，顺利夺得第12座英超冠军，也是队史第19个顶级联赛冠军，正式超越利物浦的18冠纪录。

　　2012年，英超联盟官方宣布20年最佳进球，鲁尼的神奇倒钩力压"冰王子"博格坎普的华尔兹舞步当选。据悉，鲁尼的倒钩共获得26%的选票，博格坎普的华尔兹舞步获得了19%的选票，排名第三的是亨利对曼联的凌空弹射，这个进球获得了15%的选票。

　　对此，鲁尼表示："我从小就看英超，因此我的进球当选英超历史最佳进球是一种特殊的感觉，候选榜单上有那么多精彩进球，阿兰·希勒、迪马尼奥、叶博亚、贝克汉姆，能和他们竞争并获胜，我非常自豪，并想感谢所有投票给我的球迷。"

　　鲁尼生涯至今的300多个进球中，这很可能是最具代表性的进球。比赛的重要程度，进球的难度和观赏性，赋予此球超出一般的地位。

贝尔欧冠决赛倒钩成就皇马三连冠

2018年欧冠决赛，皇马3:1击败利物浦，成就欧冠三连冠，替补登场3分钟的贝尔打进精彩倒钩，成为欧冠史上最经典之一的进球。

双方上半场互交白卷，直到下半场，本泽马为皇马打进一粒进球，随后，马内的进球为利物浦扳平了比分，不到3分钟，替补出场的贝尔发现他在禁区内无人盯防。马塞洛的传球落在他身后，于是他换了个姿势，腾空而起，用左脚打进了一个精彩的倒钩。

场边的齐达内都对这脚世界波震惊不已，他难以置信地摸了摸自己的光头，然后甩了甩手。在C罗打进对阵尤文图斯的那记倒钩时，齐达内就有过类似的夸张反应。要知道3分钟前，贝尔才刚刚替补伊斯科上场，而他的第一脚射门就为皇马带来了优势。这记进球也足以被载入欧冠决赛的历史！

事后，贝尔回应："我想要上场，并产生影响，这就是我所做的。"

皇马队友纳乔感叹："决赛上贝尔的倒钩进球非常漂亮，当时没有人想到贝尔会用那样的方式接应马塞洛的传中，尤其是在这样的比赛，完全就是1/10秒的时间，这是我在皇马见过最漂亮的进球之一。这个进球给了我们动力，让我们拿下了艰难的胜利。"

吉格斯谈到贝尔这场比赛的惊世倒钩时说道："球队和所有职员都在看这场比赛，当他倒钩破门时，整个房间像要爆发了，这是令人惊讶的场景，所有球队都想看到这样的进球，想一起庆祝。这样的进球你只会情不自禁'哇'的一声叫出来，这是欧冠或冠军杯历史最佳进球之一。这很惊人，但另一方面你不会惊讶，因为贝尔有这样的能力，他已经做到过。"

绿茵故事

足球,你不知道它的魅力到底有多大。但是在它身上,我们有时候可以领悟到:什么是坚持,什么是执着,什么是永不放弃,什么是不可思议,什么是永恒经典!

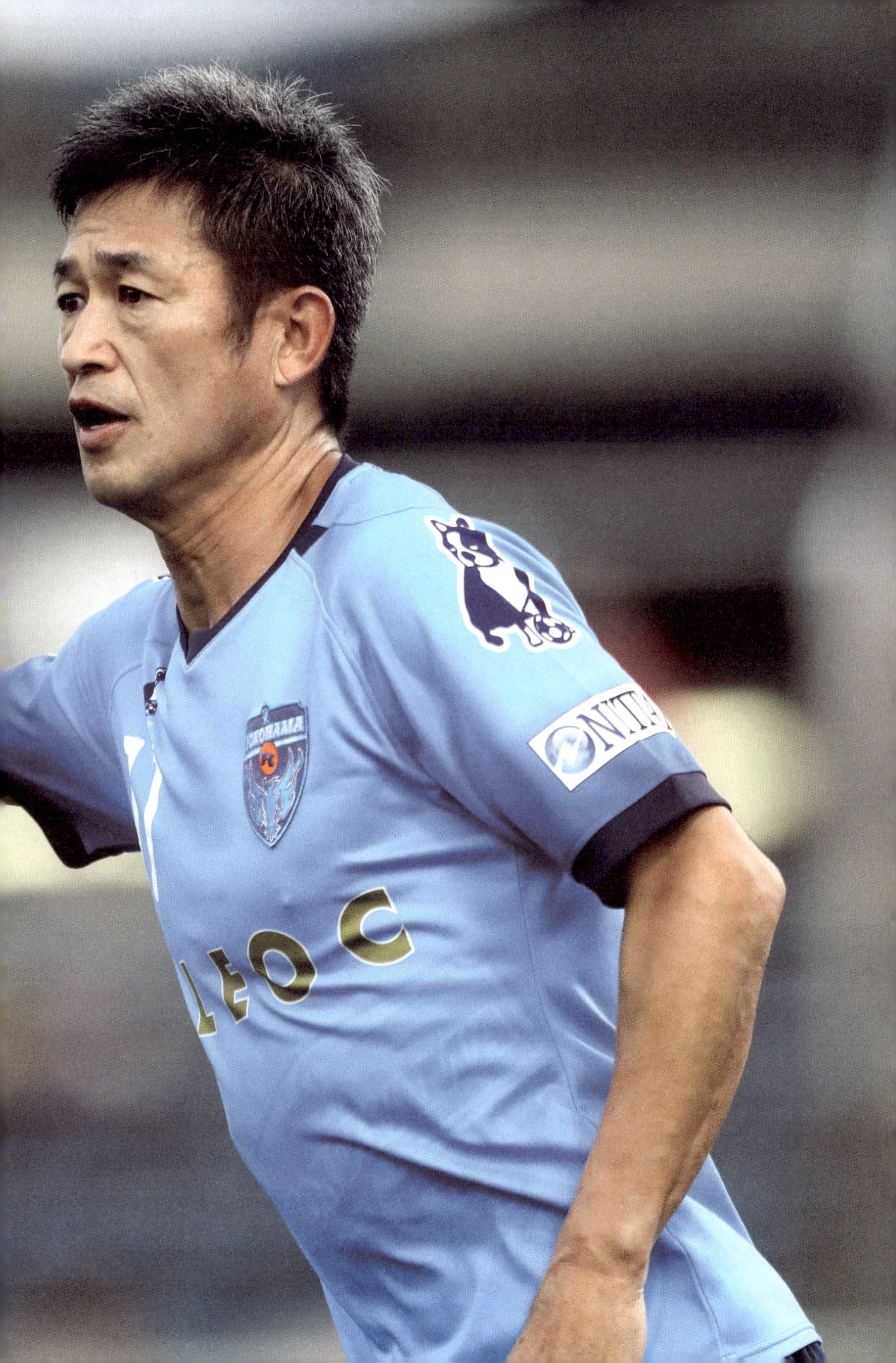

三浦知良：足坛活化石

三浦知良，亚洲足坛活化石，2020年12月19日，53岁的他又创造了一项纪录。横滨FC队在最后一轮主场的比赛中3∶1击败横滨水手队，就此拿下横滨德比，三浦知良在第90分钟替补出场，再次刷新日本J1联赛最年长出战纪录（53岁9个月零23天）。职业生涯，三浦知良无比辉煌，他当选过亚洲足球先生，也征战过意甲。如今，他还在绿茵场上延续着自己的梦想。三浦知良的故事，要从1970年世界杯说起。

1967年，三浦知良出生在足球世家，他的父亲是狂热球迷，哥哥三浦泰年也曾是一名职业球员。

三浦知良的幸运来自他的父亲，因为父亲曾去墨西哥观看了1970年世界杯，亲眼看见了贝利的表现，此外，父亲还用摄影机将比赛录了下来。

1970年，三浦知良才3岁，就是在父亲记录的影像中，三浦知良埋下了足球的种子："我是看父亲拍的影片长大的。从小时候开始，我就想成为一名职业球员。"

靠着父亲的人脉和关系，15岁时三浦知良去到巴西学习。当然，成功总是不易。三浦知良曾回忆自己的巴西留学时光："头三个月真的很艰难，我听不懂那里的语言，而且文化习惯也不一样，所以很自然地，我感到孤单。"

因为是日本人，三浦知良经常被队友恶意捉弄，比如偷走他的私人物品、往他的饭菜里放润滑油、在洗澡时往他身上扔虫子等等。在球场上，因为身体瘦小，他经常被巴西球员撞得鼻青脸肿，连球都碰不着。就连他的教练也告诉他，因为你是日本人，所以你踢不好足球。

初到巴西的五年间，三浦知良一事无成，就连他自己都准备放弃足球梦回日本的时候，一天晚上，他在里约热内卢的一个公园里看到一群流浪汉在踢球。那些流浪汉在月光下，光着脚把一个已经破得不成样子的球踢来踢去，并伴着欢声笑语，这让三浦知良当场泪流满面。

三浦知良给母亲打电话说："和他们相比，我还有球鞋，我还能吃饱饭，和他们比我的生活太奢侈了，我不能放弃，我不回日本了。"

1990年，三浦知良"学有所成"回到日本，实力在国内明显技高一筹。

1992年，三浦知良率领日本队问鼎亚洲杯冠军。小组赛第3场关键比赛，在日本队打平就出局的情况下，三浦知良在第87分钟完成绝杀！

1993年，J联赛的第一个赛季，三浦知良当选最有价值球员，压倒了包括英格兰前国脚加里·莱因克尔在内的其他球星。并且，三浦知良帮助川崎绿茵队拿到冠军，并获得最佳射手以及年度MVP。同一年，三浦知良获得亚洲足球先生荣誉。

1994年，三浦知良在日本赞助商的帮助下加盟意甲球队热那亚队，成为第一位赴意甲踢球的亚洲球员。

足球记者卡罗尔曾如此描述三浦知良："他和日本足球紧密相连，就像马拉多纳和阿根廷一样。有整整一代的职业球员，或者甚至两代，都会说他是他们小时候的榜样。"

1998年，三浦知良已经31岁了，他再次留洋，加盟克罗地亚豪门萨格勒布迪纳摩队，还参加了欧冠比赛。

2005年，38岁的三浦知良加入横滨FC队，当时的日本J2联赛球队，后来又短期被租借到悉尼FC队。

2006年的时候，日本媒体进行20世纪最伟大的日本球员评选，结果三浦知良击败了日本留洋始祖釜本邦茂。

可能当时，球迷认为三浦知良就要退役了。

但谁能想到，过去了15年，三浦知良仍活跃在职业足球的绿茵场上。

2020年12月19日，横滨FC队在最后一轮主场的比赛中3∶1击败横滨水手队，三浦知良在第90分钟替补出场，再次刷新J1最年长出战纪录（53岁9个月零23天）。

2020赛季是三浦知良的第35个赛季，在联赛中因为无缘进球，他没能打破巴西前传奇球星济科保持的日本J1联赛年最年长进球纪录（41 岁 3 个月零 12 天）。

2020 赛季，三浦知良共出场 4 次，其中首发出场 1 次，替补出场 3 次，总出场时间为 67 分钟。另外，他职业生涯的日本 J1 联赛总出场场次为 324 场，共打入 139 球。

在日本足坛，三浦知良备受尊敬，只要他想踢下去，就会有球队为他提供合同。

据悉，三浦知良每天都是早上 5 点 20 分起床，做完准备活动后去训练场晨跑，然后吃早餐。随后赴足球场训练，午饭过后，三浦知良会去健身房进行力量训练，晚餐后再去游泳完成恢复训练。三浦知良的一日三餐由营养师负责打理，训练时，他专门聘请了按摩师进行恢复、放松。

三浦知良经常被问到他职业生涯中的"秘诀"是什么，他坚持说，除了努力和投入之外，没有秘诀。"如果你们问我，我踢到这个岁数是不是有什么秘密，其实没有什么秘密，重要的就是要照顾好自己的身体，努力坚持训练。"

不过，他无意间的一句话已经透露了秘诀："我仍然享受踢足球的每一刻。我选择继续踢球，是因为我内心中的那种雄心从未曾减弱。"

因此，三浦知良的故事，未完，继续……

马塔：穿裙子的贝利

男足世界杯进球纪录，曾是属于罗纳尔多，后来属于克洛泽；而女足世界杯的进球纪录则属于玛塔。这位少年时代一度没有"户口"，坐20多个小时大巴参加试训，出道19年漂泊10支球队的"穿裙子的贝利"，无疑是女足世界无人可及的传奇。

玛塔出生在仅有一万余人口的小城多伊斯·里亚索斯，这是巴西最贫穷的地区之一。和众多来自贫民窟的孩子相似，童年玛塔最大的玩伴就是破烂的足球。在当地的弗雷塔斯小学校队，玛塔是守门员。

当玛塔一次次在足球场上展现神奇的左脚时，阻力却接踵而至。身为足球王国，巴西却直到1979年才废除女性参加足球运动的禁令。在玛塔的童年，代表小学队参赛时，时常是球场上乃至整届赛事唯一的女孩。在她参加比赛期间,一支球队主教练听说有女孩参赛,立刻表示要退出赛事:"这可不是给女人准备的。"

1999年,13岁的玛塔进入里亚索斯CSA队。1994年,她坐了20多小时的大巴,前往瓦斯科·达伽马队的女足梯队试训。

成为职业球员的初期,玛塔的月薪和其他女孩一样,只有200雷亚尔,约合800元人民币,每月还要往家里寄生活费。球队没有宿舍、没有固定训练场地,甚至时常没有专职教练。

但天道酬勤,玛塔很快成为女足世界的巨星。

2003年美国女足世界杯,年仅17岁的玛塔继承了茜茜留下的10号黄衫。同年,她率领巴西女足夺得泛美运动会金牌。2004年雅典奥运会,巴西女足夺得银牌,那是巴西女足在奥运会历史上第一次杀进决赛。

2007年中国女足世界杯,巴西女足在半决赛4∶0大胜美国队,报了雅典奥运会失金的一箭之仇。但在决赛上,巴西女足0∶2不敌德国队,再度功亏一篑,夺得赛事金靴的玛塔,遗憾地射失了一粒点球。

2008年北京奥运会,巴西女足0∶1输给美国队,再度屈居亚军。2011年女足世界杯1/4决赛,巴西女足1∶1与美国女足战平,点球大战3∶5告负。2012年伦敦奥运会,巴西女足0∶2输给日本队。2015年女足世界杯,巴西女足则在1/8决赛中被澳大利亚队淘汰。2016年里约奥运会,东道主是夺冠最大热门,但巴西女足只拿到第4名。

职业生涯从未为巴西队夺得大赛冠军,成了玛塔最大的遗憾。

2019年法国女足世界杯,玛塔的世界杯总进球数达到17粒,超越了16球的德国男足传奇前锋克洛泽,成为男女足世界杯的历史射手王。与此同时,她完成了连续5届世界杯进球的壮举。这无论在男子还是女子世界杯历史上,都是前无古人的成就。

2006年首次夺得"世界足球小姐"后,玛塔回到家乡时被父老乡亲夹道欢迎。后来,"世界足球小姐"这一荣誉,她拿到了6次,其中包括从2006年到2010年恐怖的"五连庄"。

谈到自己,玛塔曾表示:"外界的忽视和人们的嘲笑让我变得更强大。我是一名战士,这一切只能激励我向上。"

米拉大叔：神奇替补

谁是世界杯历史上最神奇的替补？答案是"米拉大叔"。

在1990年世界杯上，米拉5场比赛全部是替补出战，但他打进4球，有2场比赛还是独中两元。在小组赛同罗马尼亚队的比赛中，米拉替补出场后独中两元，他跑到角旗边跳起了扭胯舞，这成为那届世界杯的经典镜头之一。

小组出线后，喀麦隆队与哥伦比亚队遭遇，米拉又是替补出场，并打进了关键的两球。加时赛中，他从对方"疯子门将"伊吉塔脚下断球后破门，率球队打进了八强。虽然在1/4决赛中负于英格兰队，但喀麦隆队还是创造了非洲球队在世界杯上的最好成绩。

1994年，米拉不可思议地再度参加世界杯，这个时候他已经42岁了。在同俄罗斯队的比赛中，米拉抓住机会打进1球，这使他成为世界杯历史上最年长的进球者——42岁零39天。

莱因克尔：足球绅士

他的职业生涯中从来没有获得过一张红黄牌，他是英格兰足球史上穿走世界杯金靴的唯一球员，他就是莱茵克尔。

莱因克尔效力过莱斯特城队、埃弗顿队、巴萨队、托特纳姆热刺队和名古屋鲸八队，他在整个职业生涯中取得了很多荣誉，最突出的一点是在460场俱乐部比赛，81场国家队比赛共计541场比赛中，从未吃牌，连一张黄牌也没有，因此被誉为"足球绅士"。你不敢想象在如此激烈的足球比赛中，莱因克尔是怎样控制自己情绪的，这让人叹为观止。

贝克汉姆：价值数亿英镑的进球

历史就像一部照相机，能让那些值得记忆的时刻和故事定格。而对于很多英格兰队球迷来说，他们最愿意定格的那一刻可能出现在 2001 年的 10 月 6 日，也就是英格兰队和希腊队的世界杯预选赛的第 93 分钟。

2002 年世界杯欧洲区预选赛第 9 小组最后一轮，英格兰队对阵希腊队，三狮军团开局不利，在比赛的第 36 分钟，他们就先丢一球。

虽然随后谢林哈姆扳平比分，但是顽强的希腊队马上将比分再次超出，随着比赛时间的流逝，常规 90 分钟已经走完，三狮军团仍然落后，如果维持这个比分，他们就将失去直通世界杯的资格。

到了伤停补时的最后时刻，英格兰队获得任意球机会，贝克汉姆站了出来，一记贝氏圆月弯刀攻破球门，英格兰队绝平希腊队，以净胜球优势获得小组第一直接出线！

当时，谢林汉姆本想主罚这个任意球，但贝克汉姆拒绝了他。谢林汉姆始终在坚持，但贝克汉姆也不愿放弃这样的机会。"谢林汉姆想把球拿走并摆好自己来罚。但没什么能够阻止我去踢那个任意球。那一刻我非常自信、冷静且确定。我知道我能把球踢进去。"贝克汉姆在赛后这么解释道。

最终，谢林汉姆将这个机会让给了贝克汉姆，那个时候，时间已经来到了第 93 分钟。

在片刻的屏息凝神之后，球场内压抑的情绪突然爆发了。

贝克汉姆张开双臂像雕像一样站在那里，队友们则纷纷跑来跳到了他的背上。贝克汉姆的工作完成了，历史也永久地记录下了这一刻。那一刻，所有的情绪都宣泄了出来，不管是英格兰队的球迷还是球员都无须再隐藏什么,因为所有人都知道,是贝克汉姆的那一脚堪称其职业生涯最精彩的任意球破门帮助英格兰队拿到了通往韩日世界杯的门票。

1998年,贝克汉姆在世界杯上"染红",他成了全民公敌。但打进这粒救赎进球之后,贝克汉姆成为英雄。"这个进球会让4年前发生的一切彻底成为过去。这4年太苦涩了,很多英格兰球迷在我为国出战的时候会对着我喊一些难听的话,这真的很伤人。"

贝克汉姆这一脚,用"价值千金"来形容真的毫不为过。据当时《每日电讯报》的报道,进入世界杯决赛圈,主帅埃里克森可以获得100万英镑的奖金,小贝和他的队友们一共可以得到500万英镑,而世界杯还将为英格兰队带来巨大的轰动效应和各种收入,这是一粒价值数亿英镑的进球。

载入史册的千里走单骑

韩国球星孙兴慜可谓当今亚洲足坛的一哥，在英超球队热刺效力的他也被挑剔的外国记者誉为"亚洲之光"。2019-2020赛季，孙兴慜在英超第16轮热刺对战伯恩利队一战中打进惊世骇俗的一条龙奔袭进球。

当时，比赛进行到第30分钟的时候，热刺主场2∶0领先，伯恩利队的一次进攻被断，孙兴慜在己方禁区前拿球。

他带球向前，一边前进一边观看场上的局势，在发现没有好的出球路线后，直接开启加速模式，他的加速以及变向衔接良好，先是从伯恩利队的6人防守圈杀出重围，随后在最后两名伯恩利队球员之间穿过，杀入禁区后面对门将轻松推射得分。整个进攻由发起到进球总共用时12秒，奔袭的距离达到73米，整个过程，孙兴慜平均时速为22千米。

这个进球入选了2020年的普斯卡什奖的候选名单，并最终获得了普斯卡什奖，他也是第二位获得该荣誉的亚洲球员。之前，首位获得普斯卡什奖的亚洲人是马来西亚球员苏布里。

在接受韩国媒体采访的时候，孙兴慜表示："一开始，我放慢了速度，是想把球传给阿里的。但是，我并没有机会把球传给他。我只能继续带球，然后我把球送进了球门。我很幸运。说实话，我一开始真的没想到会这样进球。"

穆里尼奥在赛后夸赞孙兴慜是"孙纳尔多"，还有媒体称孙兴慜像极了巅峰时期的卡卡。"我记得我在巴萨时和罗布森爵士还有大罗进了一球和孙兴慜这球很像。这球不可思议，我知道他将面对门将，而他的控球无法阻挡。对面门将也不错，但孙兴慜把球打进了。"

对此，孙兴慜谦逊地说道："感谢你们对我的夸赞，但是我认为我这个进球有运气的成分。这并不是我擅长的进球方式，我很幸运，能突破过了那么多人。其他队员帮我拉开了空间，帮助我取得了进球。我还要感谢球迷对我的欢呼。"

《天空体育》后来评选，孙兴慜的进球力压鲁尼的倒钩破门，成为英超历史最佳进球。

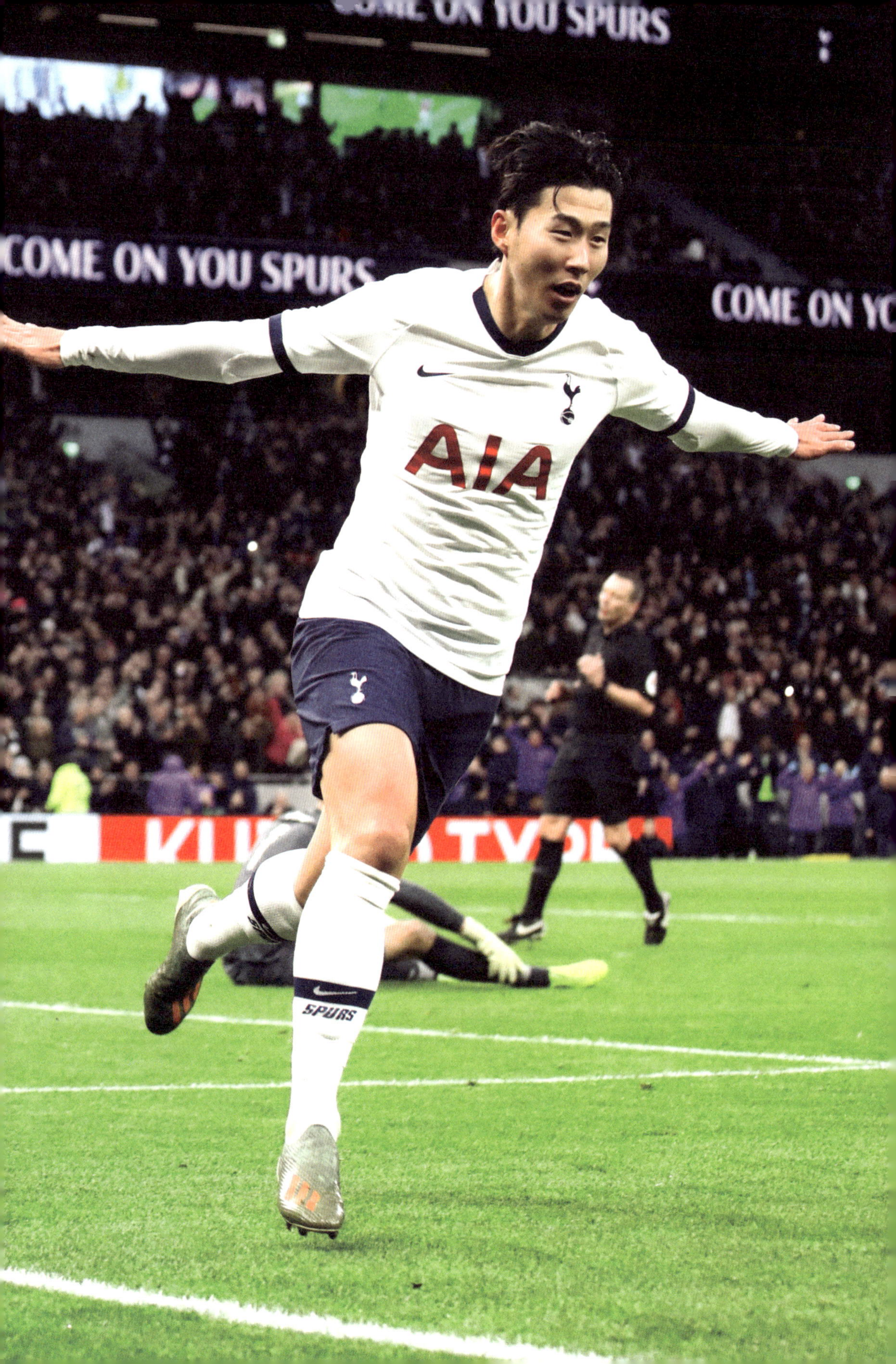
COME ON YOU SPURS
COME ON YOU SPURS
AIA
SPURS

十大千里走单骑

· 亨利千里奔袭

2002年11月15日，阿森纳与托特纳姆热刺队（以下简称"热刺"）的北伦敦德比在阿森纳主场海布里球场打响。阿森纳前锋亨利半场长途奔袭千里走单骑，连过热刺三名防守球员，打进一粒进球，可谓惊世骇俗。在进球后，亨利还在热刺球迷看台前具有挑衅意味的进行滑跪庆祝，10年之后亨利的这个经典动作被塑成雕像安放在酋长球场外。

· 卡卡一骑绝尘

2006-2007赛季欧冠半决赛，AC米兰对阵曼联的首回合客场比赛中，卡卡接应迪达的长传，先是抢在弗莱彻之前将球一顶，随后大幅度变向横切挑过海因策，面对埃弗拉再次迅速把球向前顶出，让埃弗拉和海因策撞了个满怀。面对范德萨，卡卡冷静轻推破门，整个老特拉福德似乎都被这个球震慑到了。

· 维阿独闯龙潭

作为历史上第一个获得欧洲金球奖以及"世界足球先生"的非洲球员，维阿在AC米兰所取得的成就堪称无与伦比，而且在这期间他还曾创造了世界足坛历史上最为"漫长"的一次独闯龙潭。

当时，在意甲联赛对阵维罗纳队的比赛当中，在本方底线区域截获对方角球的维阿想都没想就开始带球急进,而在迅速通过半场之后,这位利比里亚巨星也是根本无法阻挡。所以在这样的情况下,维罗纳队众多后卫也只能眼睁睁地看着维阿狂奔90米之后把球送入了自己的球门。

·世界认识欧文

1998年世界杯,在英格兰队与阿根廷队的比赛中,迈克尔·欧文在接到贝克汉姆传球后,他充分展现出自己速度上的优势,接连摆脱阿根廷队后卫的防守,包括利用速度骗过阿根廷队著名后卫阿亚拉,随后将球送入球门!

这是欧文职业生涯最精彩的进球之一!全世界都在为欧文鼓掌!从此,"追风少年"的称号享誉世界足坛。

·吉格斯戏耍"枪手"后防线

1998-1999赛季是属于曼联的伟大赛季,"红魔"一举夺得英超、足总杯和欧冠三个冠军,达成三冠王伟业。本赛季足总杯半决赛,吉格斯在与阿森纳的比赛中留下那粒著名的千里走单骑进球。

在足总杯半决赛加时赛最后时刻,阿森纳中场传球失误,吉格斯断球后高速突进,威尔士人穿过阿森纳整条后防线,随后左脚抽射破门。吉格斯的这个精彩进球永远载入了曼联史册,而这场比赛也成为曼联那个赛季最经典比赛之一。

·"忧郁王子"惊艳亮相

1990年世界杯小组赛，意大利队与捷克斯洛伐克队的比赛中，当时梳着"马尾辫"的罗伯特·巴乔首次代表意大利队出场。下半场第78分钟，巴乔先是与贾尼尼做了一个二过一配合，随后他带球摆脱两名防守球员，突入禁区右脚扫射破门！这粒进球让全世界球迷记住了罗伯特·巴乔，这粒进球也成为世界杯历史上精彩绝伦的进球之一。

·范尼斯特鲁伊半场奔袭

2003年3月22日，英超联赛第31轮，曼联与富勒姆队下半场第68分钟，范尼斯特鲁伊在中圈附近背对防守球员接球，随后荷兰人转身带球长驱直入。在大踏步奔袭了半场之后，范尼斯特鲁伊在禁区左侧距球门9米处右脚推射远角破门。

在进球之前，范尼斯特鲁伊一共摆脱了5名防守球员！这是范尼斯特鲁伊在曼联效力期间最精彩的一个进球，弗格森表示这粒进球让他想起了吉格斯在1999年足总杯对阿森纳时那个匪夷所思的进球。

·奥维兰闪耀世界杯

1994年世界杯小组赛沙特阿拉伯队与比利时队的

比赛中，奥维兰成了沙特阿拉伯队球迷心目中的英雄。

当时，奥维兰在后场得球后一路长途奔袭，在狂奔了约 70 米之后，奥维兰铲射将球送入球门。日后，这个精彩的进球被国际足联评选为世界杯十大精彩进球之一。

· 贝尔传给 3 秒后的自己

2013-2014 赛季国王杯决赛，皇马对阵巴萨的比赛中，贝尔上演了"传给 3 秒后的自己"的经典绝杀，帮助皇马 2∶1 战胜巴萨夺得国王杯冠军。

比赛最后时刻，贝尔接到科恩特朗传球后，他把球往前一趟，巴尔特拉在转身追球的过程中牢牢占据了身位位置，但贝尔以绝对的速度从外线超过了他，并把球捅入巴尔德斯把守的大门，上演经典的"超车"绝杀。

· 姆巴佩"犯罪式"过人

2020 年 3 月 5 日凌晨的法国杯半决赛中，巴黎圣日耳曼 5∶1 大胜里昂队晋级决赛，姆巴佩上演帽子戏法，其中一次半场奔袭破门尤为精彩。

比赛第 70 分钟，姆巴佩在中场得球，随后一条龙突入禁区，扣过对方后卫马塞洛·安东尼奥，推射破门。

这个进球的过人动作与梅西当年的"犯罪式"过人非常相似，只不过里昂后卫马塞洛·安东尼奥保持住了身体平衡，没有像博阿滕一样摔倒。

运筹帷幄

　　一支球队要取得成功,需要能征善战的球员,但主教练也是重中之重。有的教练能够点石成金,化腐朽为神奇;而有的教练,即使给他再强大的阵容,他也能将航母开翻。正所谓:运筹帷幄之中,决胜千里之外。

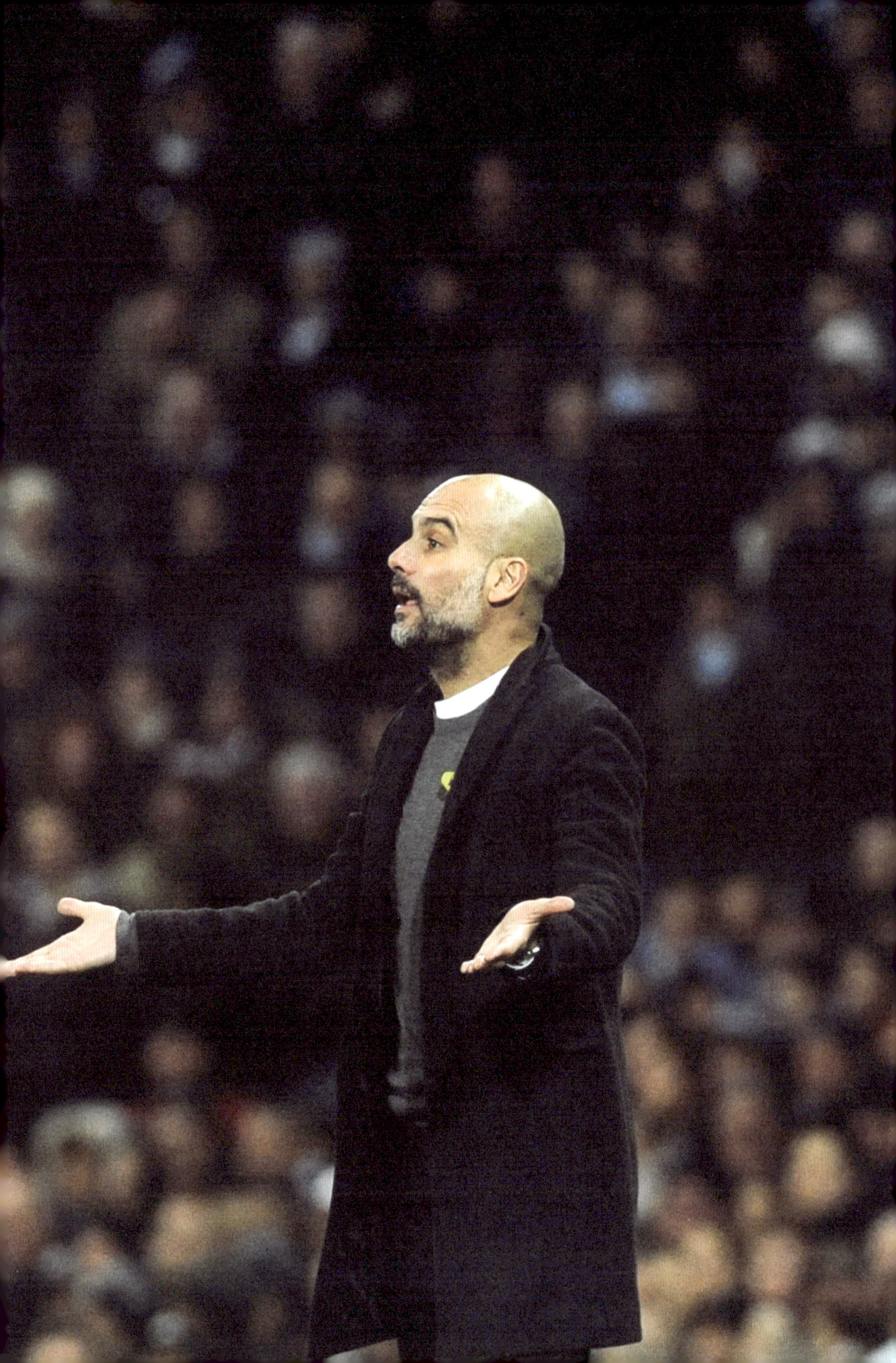

神迹：这样的足球你怎能不爱

穆里尼奥：9年主场不败

穆里尼奥，当今足坛话题度最高的主教练，曾在波尔图、切尔西、国际米兰、皇马取得巨大成功，其中，穆里尼奥在波尔图和国际米兰都拿到过欧冠冠军。尤其是在国际米兰，穆里尼奥率队在2009-2010赛季成就三冠王伟业，至今，意甲球队能够做到这一点的只有国际米兰。

从波尔图到切尔西，再从国际米兰到皇马，穆里尼奥留下了恐怖纪录。

自从2002年2月23日率领波尔图在主场2：3输给贝拉马尔队后，葡萄牙人就再也没有让自己的球队在联赛中倒在主场球迷的视线之下，不败的场次达到150场，战绩是125胜25平，时间跨度刚好超过9年。在这9年中，从穆里尼奥的不败金身中受益的球队分别是波尔图、切尔西、国际米兰和皇马。事实上，即便算上欧冠，穆里尼奥的主场也只出现过3次失守，分别是波尔图时代输给皇马、切尔西时代输给过帕纳辛纳科斯和巴萨。

2001-2002赛季，当时狂人还在波尔图执教，在巨龙球场倒数第5个主场比赛中遇到阿尔维卡队，双方战成0：0平，而这也是穆里尼奥联赛主场不败的开始。随后，波尔图在其余的3个主场不败；2002-2003赛季，波尔图17个主场不败；2003-2004赛季，波尔图再次打出17个主场不败的神奇战绩。

2004-2005赛季，穆里尼奥转战英超执教切尔西，三个赛季中，切尔西的57个联赛主场全部不败，创造英超神话般记录；2007-2008赛季的前3个主场，切尔西2胜1平之后穆里尼奥下课，留下了联赛连续60个主场不败的纪录。

2008-2009赛季，穆里尼奥出任国际米兰主帅，两个赛季的意甲执教生涯，狂人继续着自己的神奇纪录，38个主场保持不败，在带给国际米兰"三冠王"的同时，也进一步刷新着自己的联赛主场不败纪录。

2010-2011赛季，穆里尼奥成为皇马主帅，在2：0击败赫莱库斯后，穆帅当赛季率领皇马在联赛主场豪取14连胜。至此，穆里尼奥执教，联赛主场9年不败。

击败赫莱库斯的下一场比赛，皇马主场 0∶1 不敌希洪竞技，爆出大冷门，主场 150 场不败纪录终结。

具体战绩：
波尔图 38 场——36 胜 2 平
切尔西 60 场——46 胜 14 平
国际米兰 38 场——29 胜 9 平
皇马 14 场——14 胜 0 负

穆里尼奥带队连续 3 次在欧战决赛零封对手。"狂人"4 次带队进入欧战决赛，其中 2 次欧冠、2 次欧联。除了 2002-2003 赛季欧联杯决赛，波尔图队 3∶2 击败凯尔特人队的比赛中穆帅的球队丢球以外，其他三次欧战决赛全部零封对手。2003-2004 赛季欧冠决赛，波尔图队 3∶0 击败摩纳哥队；2009-2010 赛季欧冠决赛国际米兰 2∶0 击败拜仁；2016-2017 赛季欧联杯决赛，曼联 2∶0 击败阿贾克斯。连续三次欧战决赛零封对手，这在足坛历史上也是独一家。

瓜迪奥拉：追求极致的完美主义者

在2007-2008赛季中，巴萨"梦二队"彻底崩盘，里杰卡尔德的球队在欧冠中无缘四强，联赛中更是以18分的巨大分差落后于皇马，屈居第三。2008年夏天，瓜迪奥拉由巴萨B队主帅升任一队主帅，他交易走德科和罗纳尔迪尼奥，并且以哈维和梅西为核心打造球队，皮克、阿尔维斯的加盟，布斯克茨等拉玛西亚青训球员的涌现也都被证明为绝妙手笔。

尽管联赛开局1平1负饱受质疑，但"瓜氏巴萨"很快就彻底走出了阴影。在瓜迪奥拉执教的处子赛季中，巴萨就取得了巨大的成功。在西甲联赛中，巴萨在客场6∶2血洗皇马之后提前锁定了联赛冠军奖杯。

之后，伊涅斯塔的"天外飞仙"又把巴萨送进了欧冠决赛，"红蓝军团"最终2∶0轻取曼联夺冠，瓜迪奥拉成为欧冠史上最年轻的冠军教头。在国王杯中，巴萨又以4∶1的比分逆转毕尔巴鄂竞技队。在执教巴萨的第一个赛季中，瓜迪奥拉就让"梦三队"成为西班牙足球史上第一支三冠王。

2009-2010赛季，在赛季初，巴萨两回合以5∶1的比分双杀毕尔巴鄂竞技队赢得西班牙超级杯，佩德罗的进球又让巴萨赢得了欧洲超级杯，佩德罗成了"梦三队"在该赛季最大的收获。在2009年底的世俱杯中，巴萨加时赛2∶1险胜大学生队。在终场哨响的那一刻，瓜迪奥拉激动得泪流满脸。足球史上第一支六冠王球队诞生了，那就是2009年的巴塞罗那！

2010-2011赛季，是巴萨的又一次大丰收。在赛季前，巴萨在西班牙超级杯中5∶3逆转塞维利亚队夺冠。在西甲联赛中，巴萨主场5∶0痛宰皇马，皮克亮出了经典的五指山手势，瓜迪奥拉又将对皇马的纪录提升为5连胜。

在西甲联赛中，巴萨提前两轮夺冠。在欧冠中，巴萨决赛3∶1轻取曼联夺冠。相比决赛，半决赛的伯纳乌之战更加荡气回肠。穆里尼奥的三后腰铁桶阵，因佩佩的红牌土崩瓦解，梅西打进了两个极为经典的进球。遗憾的是，巴萨没能再次包揽三冠王，在国王杯决赛中，C罗在加时赛中利用头球打进了全场唯一进球。

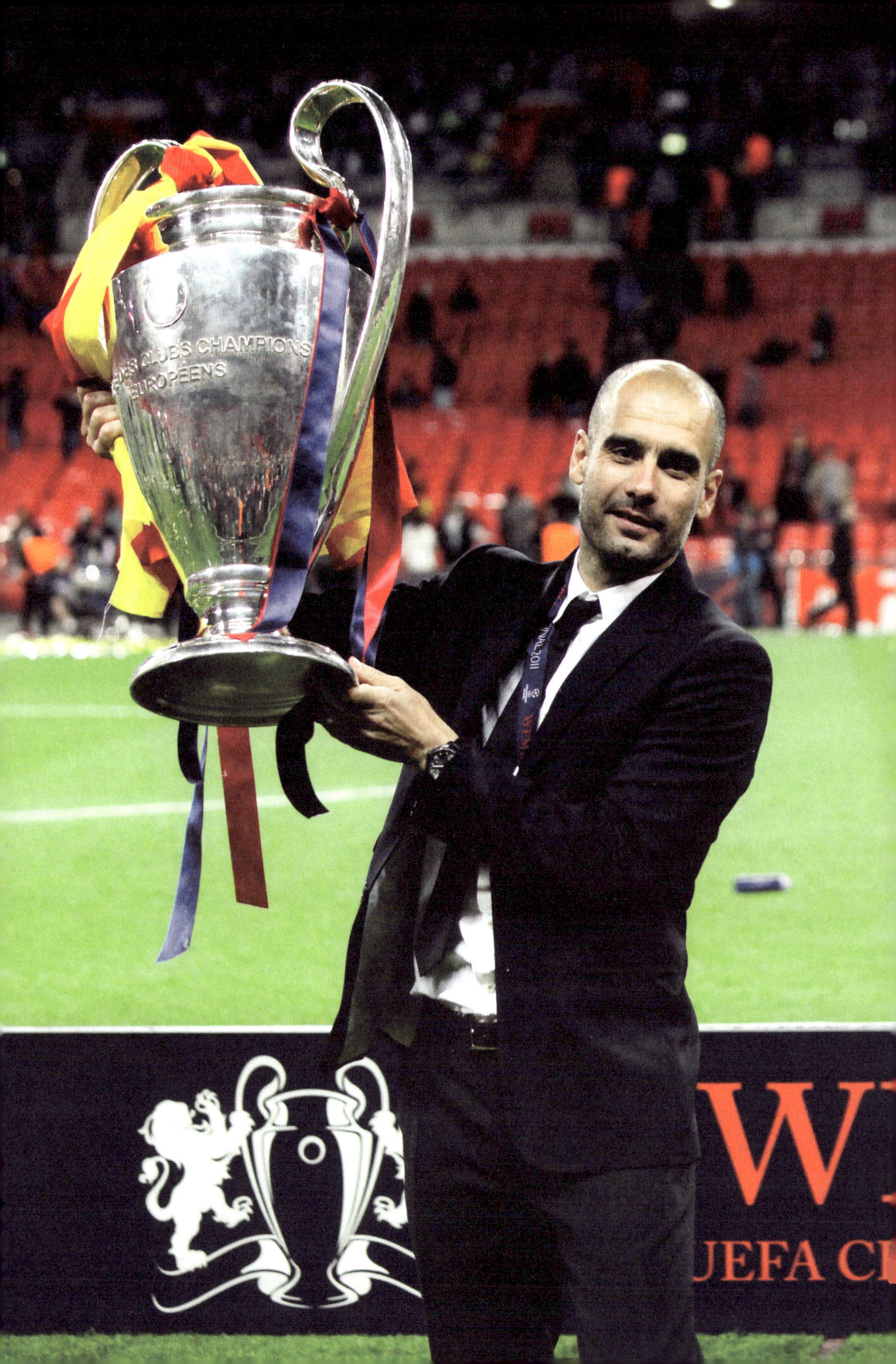
CLUBS CHAMPIONS
UEFA

在 2011 年夏天，瓜迪奥拉买来了他梦寐以求的法布雷加斯和阿莱克西斯·桑切斯。在西班牙超级杯中，巴萨以 5∶4 的总比分战胜皇马。在欧洲超级杯中，巴萨以 2∶0 的比分挑落波尔图。在世俱杯决赛中，巴萨以 4∶0 的比分大胜桑托斯，成为五冠王。

2013-2014 赛季，当时的拜仁状态出色，他们创造出了长达 19 场比赛的连胜纪录，而当时的主帅也正是瓜迪奥拉。不过在冲击第 20 场连胜时，拜仁被霍芬海姆队 3∶3 逼平。此外，拜仁还创造了连续 53 场不败的战绩，再次刷新了德甲联赛的历史。

2017-2018 赛季的曼城同样势不可当。自 2017 年 8 月至 12 月，曼城在此期间夺得了 18 场比赛连胜，瓜迪奥拉在英超创造历史。

2020-2021 赛季，瓜迪奥拉的曼城从 2020 年 12 月至 2021 年 3 月保持了连续 82 天的连胜纪录，且打破了顶级联赛球队的连胜场次纪录（21 连胜），追平了自己各项赛事的不败纪录（28 场）。

属于瓜迪奥拉的纪录还有很多，追求极致的他堪称一个完美主义者。

弗格森：49 座冠军奖杯

弗格森是足坛历史上最受人尊重的主帅之一，他一共拥有 49 座冠军奖杯，在曼联他拿下了包括 2 次欧冠冠军和 13 次英超冠军在内的 38 座奖杯，此外他早期还在阿伯丁拿下了 3 座苏超冠军、1 座欧洲优胜杯冠军等 10 个冠军，而他的第一座奖杯是在圣米伦拿到的苏甲冠军。

执教曼联，弗格森拿到了 13 个英超冠军，这一纪录恐怕很难有人可以打破。

欧冠最长不败纪录也是弗格森创造的。2007-2008 赛季欧冠，曼联以 13 战 9 胜 4 平的不败战绩夺冠，2008-2009 赛季他们又以不败战绩杀入决赛，可惜输给巴萨，差点完成连续两年不败夺冠的神迹，但连续 25 场不败已经够后人追很久了。

诸神篇

弗格森带队连续 22 年联赛前三，在弗格森时代，争四跟曼联基本没有什么关系。从 1991-1992 赛季一直到弗格森 2013 年退休，曼联在这漫长的 22 个赛季里，最差的战绩是联赛第三，任其他豪强起起伏伏换了一代又一代，弗格森的曼联永远有着很高的下限。而在弗格森退休之后，曼联倒是把第 4、5、6、7 名都拿了个遍，很多东西都是失去了才知道可贵，弗格森的伟大无须多言。

执教球队	所获荣誉	次数	时间
圣米伦	苏格兰甲级联赛冠军	1 次	1976-1977 赛季
阿伯丁	苏超冠军	3 次	1979-1980 赛季、1983-1984 赛季、1984-1985 赛季
阿伯丁	苏格兰足总杯冠军	4 次	1981-1982 赛季、1982-1983 赛季、1983-1984 赛季、1985-1986 赛季
阿伯丁	苏格兰联赛杯冠军	1 次	1985-1986 赛季
阿伯丁	欧洲优胜者杯冠军	1 次	1982-1983 赛季
阿伯丁	欧洲超级杯冠军	1 次	1983 年
曼联	英超冠军	13 次	1992-1993 赛季、1993-1994 赛季、1995-1996 赛季、1996-1997 赛季、1998-1999 赛季、1999-2000 赛季、2000-2001 赛季、2002-2003 赛季、2006-2007 赛季、2007-2008 赛季、2008-2009 赛季、2010-2011 赛季、2012-2013 赛季
曼联	足总杯冠军	5 次	1989-1990 赛季、1993-1994 赛季、1995-1996 赛季、1998-1999 赛季、2003-2004 赛季
曼联	联赛杯冠军	4 次	1991-1992 赛季、2005-2006 赛季、2008-2009 赛季、2009-2010 赛季
曼联	社区盾杯冠军	10 次	1990 年、1993 年、1994 年、1996 年、1997 年、2003 年、2007 年、2008 年、2010 年、2011 年
曼联	欧冠冠军	2 次	1998-1999 赛季、2007-2008 赛季
曼联	欧洲优胜者杯冠军	1 次	1990-1991 赛季
曼联	欧洲超级杯冠军	1 次	1991 年
曼联	丰田杯冠军	1 次	1999 年
曼联	世俱杯冠军	1 次	2008 年

温格：单赛季不败夺冠

温格，阿森纳史上最佳主帅，英超传奇名帅，他最耀眼的纪录就是英超单赛季不败夺冠，以及连续49场联赛不败。

2003年5月4日，阿森纳在主场输给利兹联队，曼联提前夺冠。5月8日凌晨，一个普通得不能再普通的日子，阿森纳从头再来，6∶1血洗了南安普敦队。没有人想到这会成为足坛史上无比伟大传奇之一的序幕。5月11日，阿森纳客场再胜桑德兰队，结束了2002-2003赛季的征程。

接下来的2003-2004赛季，阿森纳王者归来，席卷英伦，所过之处无人可敌。揭幕战，阿森纳2∶1轻取埃弗顿。2003年9月20日，阿森纳客场对阵曼联，这场比赛应该是阿森纳不败历程中最惊险也是最苦难的一场了。第81分钟，维埃拉被罚下。最后时刻，曼联获得点球，范尼主罚。幸运的是，荷兰人的点球打在了门柱上，阿森纳死里逃生。此后，阿森纳保持了稳定的状态，进攻犀利，防守稳健，一路过关斩将。2004年4月9日，阿森纳主场对战利物浦，上半场他们1∶2落后，但皮雷下半场的世界波吹响了"枪手"反攻的号角。此后，亨利再进2球，阿森纳4∶2逆转。4月25日，阿森纳2∶2战平死敌热刺，提前4轮夺冠。随后的4轮联赛，阿森纳没有放弃，继续保持不败。

整个2003-2004赛季，阿森纳取得26胜12平的惊人战绩，打进73球，丢26球，净胜球47个，力压切尔西夺得冠军，整个足坛为之震动。英超历史上，此前从未有一支球队可以不败夺冠，但阿森纳做到了。在英国足球历史上，上一个不败夺冠的球队还是19世纪的普林斯顿队。

接下来，阿森纳还有更大的目标，他们要挑战诺丁汉森林队保持的42场不败纪录。2004年8月25日，阿森纳主场击败布莱克本队，主场的37496位球迷一同见证了"枪手"的连续第43场不败。10月16日，阿森纳主场3∶1击败阿斯顿维拉队，将不败的场次扩大到49场。10月24日，阿森纳客场0∶2输给曼联（这场比赛中的点球很有争议），纪录被终结。至此，阿森纳的不败纪录定格在了49场。

回首温格执教阿森纳的岁月，49场不败是他最辉煌的时刻。在这波49场不败的历程中，阿森纳36胜13平，攻入147球，场均轰进3球。其中，阿森纳主场比赛20胜5平，客场16胜8平。49场不败历时539天（77个星期）。

米卢：神奇教练的神奇纪录

提起米卢，中国球迷无人不知，国足迄今唯一一次亮相世界杯正是他带队实现的。而除了中国队之外，米卢此前还曾带领过4支不同的国家队打进世界杯，而且这4支球队都杀入了16强。

1986年世界杯，米卢率领墨西哥队历史性首次打入八强。

1990年的意大利世界杯上，他又率哥斯达黎加队创造了进军16强的神话。

1994年，米卢带领美国队首次进军世界杯16强。

1998年法国世界杯，米卢率领的尼日利亚队也成功打入了16强。

至此，米卢成为世界足球史上唯一连续四届率领不同的国家队进入世界杯16强的"神奇教练"。

其实相比于连续将5支球队带入世界杯，连续带领4支非世界顶级球队打进16强的纪录更难以打破，只可惜中国队没能让这个纪录数字变成5。

不过，米卢已经是中国足球的英雄，2001年10月7日，米卢率领的中国国家队圆了44年的世界杯之梦，首次进军世界杯正赛阶段的比赛！

2002年韩日世界杯结束后，米卢卸任，之后历任洪都拉斯、牙买加、伊拉克等国家队主教练。

里皮：冠军教头

里皮，绰号"银狐"。球员时代，里皮平淡无奇，但作为教练，他相当成功。

教练生涯早期，里皮在锡耶纳队、切塞纳队、亚特兰大队、那不勒斯队等球队执教。1994年，里皮出任尤文图斯主帅，之后5年，里皮帮助尤文图斯3夺联赛冠军、1次拿到欧冠冠军。1999年，里皮成为国际米兰主帅。2001年，里皮重返尤文图斯，率队两夺意甲冠军。

2004年夏天，里皮成为意大利国家队主帅，2006年夏天，里皮率领意大利国家队问鼎世界杯冠军。

2012年5月，里皮来到中超，执教广州恒大队。2013年，里皮率领广州恒大队夺得亚冠冠军。2014年，里皮在广州恒大队实现了个人执教中超联赛的三连冠，他是第一个率队同时拿到世界杯冠军和亚冠冠军的主帅。

2016年10月，里皮首次出任国足主帅，虽然未能帮助国足打进俄罗斯世界杯，但他一度率队击败韩国队，赢得了国足球迷的信任。2019年亚洲杯，里皮率领国足打进八强。此后，里皮与国足合同到期，2019年5月，足协请回了里皮，但这一次里皮的神奇不在，国足在40强赛前4场拿到2胜1平1负后，里皮主动走人。此后，他一直赋闲。

不过，里皮执教生涯拿到欧冠冠军、世界杯冠军、亚冠冠军等荣誉，已经足够了不起！

adidas
FIFA
DEUTSCHLAND VS ARGENTINIEN
13. JULI 2014
RIO DE JANEIRO
7

国家队篇

激情欧罗巴

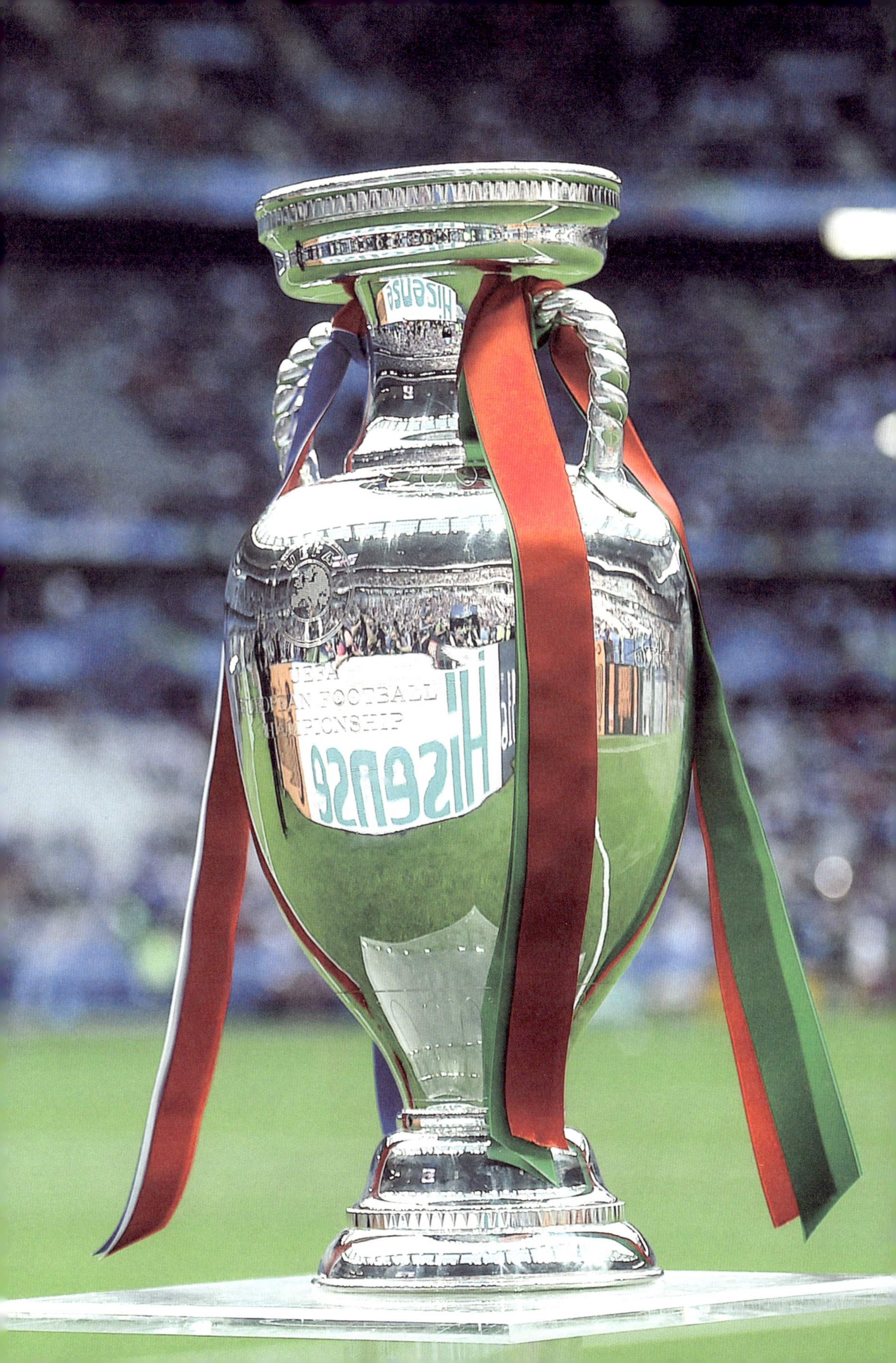

神迹：这样的足球你怎能不爱

丹麦的童话故事

1992年欧洲杯在瑞典举办，瑞典近邻丹麦队本来没有资格参加决赛圈比赛，但因为南斯拉夫队受到国际制裁而被禁赛，改由预选赛与南斯拉夫队同组的第二名丹麦队递补。就是这样一个小小的变动，却改变了世界足坛历史。

作为替补身份参赛的球队，丹麦队自然是最不被看好的。更何况在收到递补通知时，丹麦队只有两周时间准备比赛，球员们基本都在度假，主帅内尔森还在装修厨房。关键是中场指挥官米歇尔·劳德鲁普（大劳德鲁普）因为他和主帅内尔森因战术分歧闹翻而退出了国家队。作为当时球队核心，他的缺席自然会影响丹麦队的实力。

就是这样一支"临时工"组成的丹麦队，怎么可能在欧洲杯掀起风浪呢？小组赛，丹麦队和英格兰队、瑞典队、法国队同组。这样的小组赛，丹麦队压力很大。他们首战0:0战平英格兰队，次战0:1负于东道主瑞典队，当时瑞典队传奇球星布洛林打进精彩进球。此时的丹麦队看上去只是陪太子读书的角色，并没有成为"黑马"的迹象。最后一轮，丹麦队只有战胜强大的法国队才能晋级。

然而丹麦队却做到了，他们爆冷2:1击败法国队，当时法国队主帅正是传奇球星普拉蒂尼，后者率领法国队在1984年夺得欧洲杯冠军。由于瑞典队战胜英格兰队，这样丹麦队成功逆袭，以小组第二身份晋级半决赛。半决赛中，丹麦队的对手是上届冠军荷兰队。

面对实力更为强大的"橙衣军团"，丹麦队正式开启自己的奇迹之路。此战比赛非常精彩，拉尔森接到"小劳德鲁普"的传球头球攻门首开纪录，"冰王子"博格坎普火速帮助荷兰队扳平比分。第33分钟，拉尔森梅开二度，丹麦队2:1领先。直到终场前两分钟，"荷兰三剑客"之一的里杰卡尔德挽救荷兰队，双方2:2进入加时赛。而加时赛中双方均无建树，比赛进入残酷的点球大战。

在神话缔造过程中，又一个关键角色出现了。世界足坛历史上的传奇门将舒梅切尔在点球大战中，扑出另外一个"剑客"范巴斯滕的点球，丹麦队奇迹般晋级决赛。而由"三剑客"领衔的上届冠军荷兰队，则遗憾地无缘决赛。连胜1984年欧洲杯冠军和1988年欧洲杯冠军后，丹麦队又在决赛遇到1980年欧洲杯冠军、1990年世界杯冠军——德国队。

当时的德国队堪称世界足坛的顶级存在之一，在克林斯曼、布雷默等巨星的加持下，赛前，几乎没有什么人看好丹麦队。然而，童话就真实地在1992年6月26日发生了，延森抽射首开纪录，这仅仅是他48场国家队比赛里的第二个进球。随后，舒梅切尔继续着自己的神奇，高接低挡只手遮天。第78分钟，丹麦队另外一名球员维尔福特破门，2∶0。而维尔福特背后的故事让人动容，欧洲杯期间，维尔福特的女儿身患白血病，他曾在比赛期间几次回国探望，这场决赛丹麦人为维尔福特的女儿而战。

当主裁判吹响终场哨音，安徒生童话变成现实，丹麦队2∶0击败德国队。丹麦队队长奥尔森高举德劳内杯，他们成为历史上第8支欧洲杯冠军球队。**对于"丹麦童话"有一句经典评价：丹麦人最后一个来到晚宴，却带走了所有的蛋糕。**就像丹麦队门将舒梅切尔后来所说："丹麦童话永远定格在历史长河中，丹麦人民经历了非凡时刻，即便过去这么多年，人们依旧清晰记得，丹麦队夺冠时，他们和谁在一起。"

1992年欧洲杯最佳阵容

- 舒梅切尔（丹麦）
- 布雷默（德国）、布兰克（法国）、科勒尔（德国）、安格洛马（法国）
- 布莱恩·劳德鲁普（丹麦）、埃芬博格（德国）、哈斯勒（德国）、古力特（荷兰）
- 巴斯滕（荷兰）、博格坎普（荷兰）

丹麦队仅两人进入最佳阵容，分别是"小劳德鲁普"和舒梅切尔。作为冠军，仅有两人入围最佳阵容，就可以一窥丹麦队夺冠依靠的是团队作战。从奇迹般获得决赛圈参赛资格到小组赛起死回生，再到连续制造奇迹，丹麦队的1992年欧洲杯夺冠童话永载史册。

奥托大帝的希腊神话

2004年欧洲杯，希腊队当时是最不被看好的4支球队之一，他们和保加利亚队、拉脱维亚队、瑞士队同在第4档次。那届欧洲杯，法国队是上届冠军，葡萄牙队是东道主，英格兰队、德国队、荷兰队、意大利队都颇具实力。赛前，人们谈论的是哪位超级球星和他的球队将成为最后的胜利者。结果，最没有人关注的一群球员爆出了欧洲杯史上的超级冷门，神迹诞生。

小组赛，希腊队和葡萄牙队、西班牙队、俄罗斯队同组。第一场，希腊队就爆出大冷门，2∶1击败东道主葡萄牙队；第二场，希腊队的表现同样可圈可点，1∶1战平西班牙队；第三场，希腊队1∶2不敌俄罗斯队。小组赛战罢，希腊队和西班牙队同积4分，并且净胜球都是0个，但是，希腊队进球数4个，西班牙队2个，希腊队力压西班牙队以小组第二的名次出线。

1/4决赛，希腊队的对手是世界冠军法国队。希腊队球员查里斯特亚斯在比赛进行到65分钟时头球破门，打进全场唯一进球。

赛后，《法新社》如此评论："德国籍教练雷哈格尔主演了一出震惊世界的大捷，希腊人摧毁了法国队头上灿烂的光环，把法国人从王座上推了下来。"希腊媒体则惊呼："我们的球队就是上帝！"

进球功臣查里斯特亚斯说道："如果我们被淘汰是世界上最正常的事情了，可是能够击败法国队，那么在我们的心里我们就已经是欧洲冠军了，这太美妙了。"

但是，更大的奇迹还在等待希腊人。

半决赛，希腊队1∶0击败捷克队。比赛一开始，罗西基凌空射中横梁。第40分钟，内德维德因伤下场。90分钟，双方互交白卷。加时赛上半时补时阶段，察塔斯右侧开出角球，德拉斯抢在波博斯基之前，前点小角度头球攻门得分。因为比赛是银球制胜，加时赛上半场结束，比赛也结束了。

赛后，希腊媒体无比激动："希腊神话照耀欧洲！"

最后一战，希腊队的对手是东道主葡萄牙队。从实力上分析，葡萄牙队无疑占据明显优势，赛前，葡萄牙队主帅斯科拉里谦虚地表示："我想我们两队的胜率是50%。"

比赛开始后，光明球场的气氛明显变得凝重，当第 57 分钟查里斯特亚斯攻入一球后，光明球场的气氛已经近乎绝望。葡萄牙队一直在积极地寻找机会，5 分钟的补时对路易斯·菲戈、C 罗、鲁伊·科斯塔来说远远不够，球队未能在终场前扳平比分。

希腊神话诞生！

希腊队历史性地首次捧起欧洲杯冠军奖杯，雷哈格尔也成为欧洲杯历史上首位外籍冠军主教练。而葡萄牙队创造尴尬纪录，这是欧锦赛上东道主首次杀进决赛却未能捧杯的比赛。

希腊队进入决赛圈时被人们认为是弱旅，但很少有人注意到他们在预赛中的巨大进步。在预赛中，他们前两场比赛均遭失利，但接下来 6 场比赛全胜，而且 6 战不失一球。在葡萄牙队举行的为期一个月的足球盛宴中，注重整体、发挥稳定的希腊队踢出了自己的实力，一个接一个地跨越障碍，最终当之无愧地夺得了桂冠。

精明的雷哈格尔成功地将球队凝聚在一起，成为一支纪律严明的铁军。

希腊人的成功给全世界树立了一个榜样：只要努力、自信，加上必要的一些好运，以及永不屈服的精神，任何事情都有可能发生。

希腊队拿到 2004 年欧洲杯冠军，这是该国体育历史中的一大成就，并且在 2005 年劳伦斯世界体育奖中，希腊队获得了年度最佳体育团队奖。

C罗破茧成蝶的追逐

2016年欧洲杯，虽然葡萄牙队有C罗坐镇，但他们并不是夺冠热门，上届冠军西班牙队、世界杯冠军德国队、东道主法国队都比葡萄牙队更强。但最终，葡萄牙队在不被看好的情况下问鼎冠军。欧洲杯7战称王，葡萄牙队仅赢下一场90分钟内的比赛。

开赛前葡萄牙队被分在了实力相对较弱的F组中，当时很多球迷都认为葡萄牙队可以轻松晋级，可没想到葡萄牙队的发挥却非常不稳定：1∶1战平冰岛队、0∶0战平奥地利队、依靠C罗的力挽狂澜3∶3惊险逼平匈牙利队，这才磕磕绊绊地小组出线。

但正是这个小组第三给葡萄牙队带来了好运。当然，葡萄牙队要感谢冰岛队。

末轮比赛进行到第90分钟，葡萄牙队与匈牙利队各入3球，眼看两队就要携手以前两名身份分别进入上下半区，尤其是葡萄牙队正直奔"死亡半区"（包括德国队、意大利队、西班牙队、法国队和英格兰队），而同时进行的另外一场比赛，冰岛队在第94分钟压哨绝杀奥地利队，生生从C罗的球队手中抢走了小组第二，冰岛队代替葡萄牙队，一头扎进了死亡半区。F组第三名葡萄牙队所在半区中的强队是比利时队、克罗地亚队、威尔士队。

1/8决赛，面对克罗地亚队，葡萄牙队在90分钟内没能占到任何便宜，最终在加时第117分钟，才依靠夸雷斯马的绝杀惊险淘汰对手；1/4决赛又对上了实力相对较弱的波兰队，最终在点球大战击败对手；半决赛面对威尔士队，葡萄牙队以2∶0的比分晋级决赛。

另一个半区，对那些传统强队来说，每过一关都要掉一层皮。意大利队挑战上届冠军西班牙队。作为本届欧洲杯小组赛表现最好的球队，意大利队以一场2∶0送走上届冠军。接下来，"蓝衣军团"与"德国战车"杀得你死我活，120分钟难分胜负，点球大战德国人笑到了最后。但是，德国队损失了赫迪拉（受伤）、戈麦斯（受伤）、胡梅尔斯（停赛），让残破不堪的"德国战车"阻挡势头正猛的东道主法国队比较困难，最终德国队以0∶2不敌法国队，让法国队在58年来的大赛中首胜德国队。

到了决赛，C罗在第 25 分钟就因伤退场，结果葡萄牙队依靠顽强的防守和埃德尔的绝杀进球，惊险战胜了实力强大的法国队。

7 场比赛，常规时间内仅获得 1 胜，淘汰赛四场比赛三场打满了 120 分钟，其中一场进入了点球大战，葡萄牙队几乎用持续平局的方式夺得欧洲杯冠军，这绝对是世界足坛史上的一大奇迹。

值得一提的是，2016 年夏天，我们看到梅西失去美洲杯冠军后的悲伤，也见证了 C 罗拿到冠军后的喜悦。足球世界里的顶级巨星们可能命运各不相同，有喜有悲，但他们对于胜利和荣誉的执着追逐，无论放在喜的剧本里，还是悲的剧本里，都会让我们非常感动，这就是足球带来的魅力。

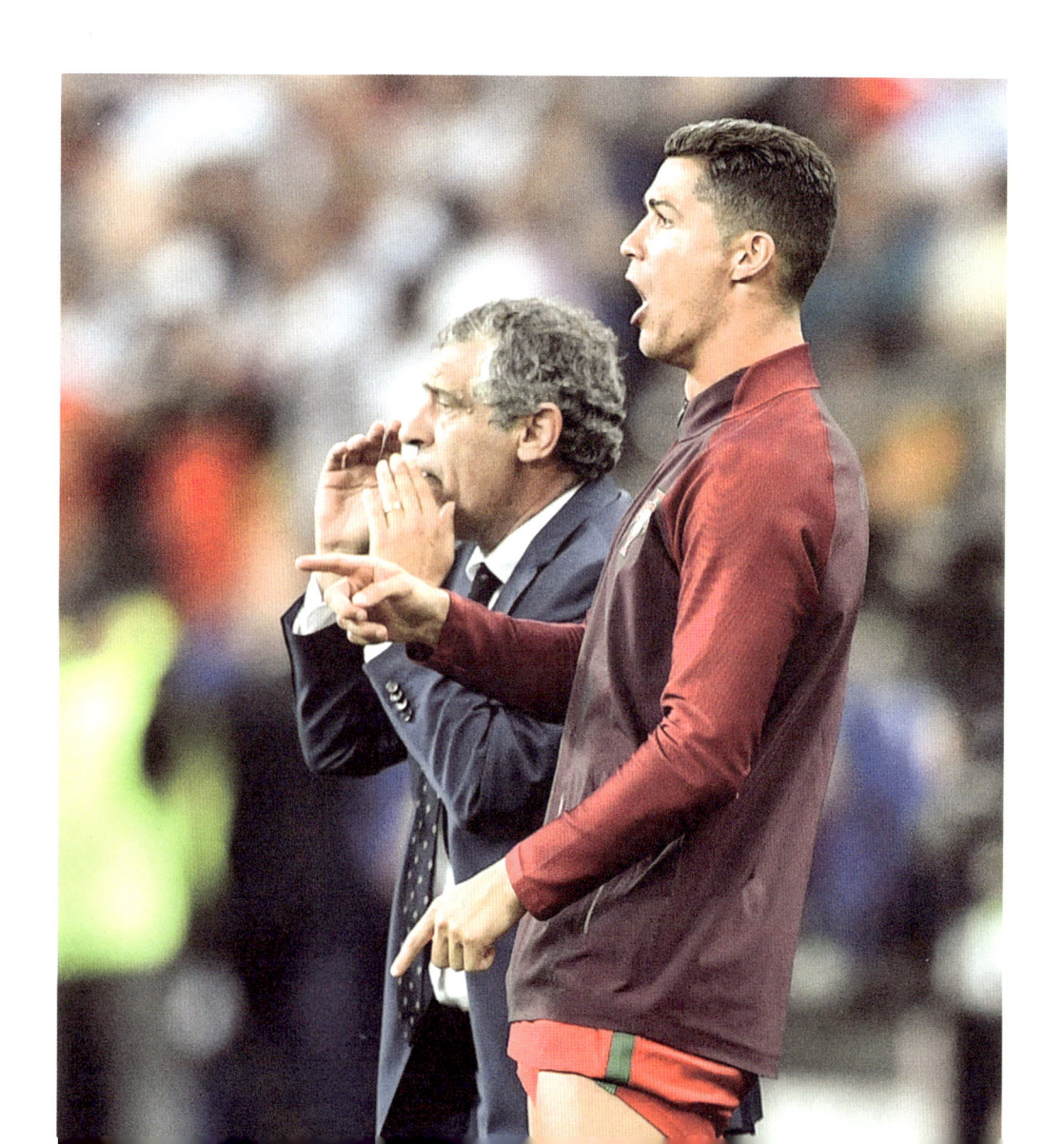

跳起的斗牛士之舞

在欧洲杯历史上，只有一支球队做到过成功卫冕，那就是2012年的西班牙队。

2008年欧洲杯，凭借托雷斯的制胜进球，西班牙队1∶0击败德国队，问鼎欧洲杯。两年后，他们历史上首次拿到世界杯冠军。2012年，西班牙队迎来巨大挑战。毕竟过去几年内，各国都对西班牙队的打法进行了透彻的研究，西班牙队想再次登顶并不容易。在西班牙队之前，欧洲杯历史上从未有球队能够卫冕成功。

首场比赛，西班牙队被意大利队1∶1逼平，虽然小组赛第二场4∶0轻取爱尔兰队，但最后一轮遇到了克罗地亚队的强烈阻击，输球就会让他们出局，但他们还是以1∶0赢下了比赛。

1/4决赛，面对哑火的法国队，西班牙队轻松过关。

但进了四强，他们的对手就是伊比利亚半岛的邻居葡萄牙队。保罗·内托和C罗率领的葡萄牙队给西班牙队造成了很大的麻烦，葡萄牙队有预感，如果比赛被拖入点球，那么他们很有可能会获得最后的胜利。果然，两队在120分钟内互交白卷，比赛进入点球大战。伊涅斯塔、皮克的点球命中，第四罚的拉莫斯用一个自信的勺子点球为西班牙队提振士气；最后出场的法布雷加斯一蹴而就，而葡萄牙队阿尔维斯的点球打偏，本来要最后一个主罚的C罗连出场的机会都没有就被淘汰出局，西班牙队最终闯进决赛。

决赛中，面对小组赛打平的对手意大利队，西班牙队大爆发，比赛第14分钟，大卫·席尔瓦就以一次罕见的头球为西班牙队打开了胜利的大门，阿尔巴在国家队的第一粒进球让意大利队心沉谷底。而"蓝衣军团"第三个替补出场的莫塔的受伤下场让他们不得不以10人应战。随后，托雷斯的一射一传彻底杀死比赛，4∶0，西班牙队再登欧洲之巅，成为欧洲杯历史上首支卫冕球队。

西班牙队也达成了史无前例的"冠军帽子戏法"，在2008年到2012年这4年之间，西班牙队毫无疑问是世界上最强大的一支球队，他们2次拿到欧洲杯、1次拿到世界杯。

真正的王中之王

要说欧洲杯历史上最成功的球队，还是德国队。

德国队一共6次打进欧洲杯决赛，分别在1972年比利时欧洲杯、1980年意大利欧洲杯和1996年英格兰欧洲杯上获得了冠军。

此外，德国队曾连续3届打进欧洲杯决赛：1972年比利时欧洲杯、1976年南斯拉夫欧洲杯和1980年意大利欧洲杯，其中1972年和1980年获得冠军。

1972年，德国队首次参加欧洲杯决赛圈比赛就夺得了冠军。舍恩领衔的这支德国队，被很多人认为是欧洲杯历史上最出色的冠军球队。他们拥有"足球皇帝"贝肯鲍尔、"轰炸机"盖德·穆勒，以及布赖特纳、赫内斯、内策尔等名将，本届欧洲杯最佳阵容11人中，德国队占据7席。这一年的金球奖，也被德国队的贝肯鲍尔、盖德·穆勒、内策尔包揽前三名。

1976年，德国队再次打进决赛，并与捷克斯洛伐克队一起创造了经典。决赛在贝尔格莱德进行，捷克斯洛伐克队攻势很猛，前25分钟就连下两城，德国队稳住阵脚由迪特·穆勒追回一球，第89分钟，霍尔岑贝恩接角球头球破门扳平比分！

双方加时赛均无建树，世界大赛中的首场点球决胜到来。双方连续罚中7粒点球，随后霍内斯踢飞，帕年卡用前无古人的勺子点球制胜，贝肯鲍尔则无缘主罚点球。

捷克斯洛伐克队首次登上欧洲之巅，勺子点球永载史册。

1980年，欧洲杯的决赛圈球队扩军至8支，决赛圈的8支球队被分成两个小组，赛制中取消了半决赛，两个小组第一名直接进入决赛，两个小组第二争夺三、四名。

"德国战车"强势前进，他们首轮1∶0复仇上届冠军捷克斯洛伐克队，随后3∶2击败了老对手荷兰队，最后一轮0∶0战平希腊队锁定了小组头名，晋级决赛。

德国队的决赛对手是比利时队，赫鲁贝施开场仅10分钟就为德国队首开纪录，这是他的国家队处子球。比利时队在下半场第75分钟获得点球机会，范德雷根一蹴而就扳平比分。第88分钟，日耳曼人再现铁血本色，鲁梅尼格发出左侧角球，赫鲁贝施头球破门完成绝杀，德国人没有再给比利时人机会，他们2∶1取胜，成为首支两次获得欧洲杯冠军的球队。

对于德国队球迷来说，印象最深的欧洲杯夺冠之战还是1996年的决赛。

当时，"德国战车"伤兵满营，福格茨赛前甚至说他曾经考虑过派替补门将卡恩和雷克上去踢前锋或者是后卫。欧足联甚至破例让德国队征召其他球员做应急准备，不过德国人并没有这么做。

捷克队门将库巴与德国队门将科普克都发挥不错，下半场第59分钟，波博斯基制造萨默尔犯规，但这却是一个争议的禁区外点球，博格一蹴而就帮助捷克队领先。第69分钟，德国队替补席上唯一非门将球员比埃尔霍夫替换绍尔登场，并且出场4分钟后比埃尔霍夫就头球扳平比分。

加时赛第5分钟，比埃尔霍夫强行转身射门，球经过了折射，库巴反应不及，球进了！捷克队突然死亡！

本届比赛首次引进金球制，即突然死亡法。比埃尔霍夫打进了第一粒金球，这也是国际大赛中的第一粒金球。

德国队6进决赛，3次夺冠。西班牙队也很成功，他们历史上一共参加过11次欧洲杯，其中有4次打进决赛，并且在1964年、2008年、2012年夺得欧洲杯的冠军。仅从决赛胜率来看，西班牙队还高于德国队。

欧洲杯冷门之战

1 载入史册的拉脱维亚

拉脱维亚，一个历史上几度被强邻征服的波罗的海小国，却在2004年欧洲杯中闯进了决赛圈，而且逼平夺冠热门德国队。

没有明星球员，所以赛前外界认为这支年轻的球队将成为小组赛中对手竞相羞辱的对象。但在首场小组赛一球憾负捷克队后，拉脱维亚队在与夺冠热门德国队的比赛中成功逼平对手，爆出当时一大冷门，虽然在小组最后一战中被荷兰人三球击败，这也创下了拉脱维亚队的最好成绩。

2 欧洲杯新军击败老大哥

1988年欧洲杯，首次打入欧洲杯决赛圈就和他们的"英伦老大哥"英格兰队在小组赛中狭路相逢，而且爱尔兰队还是一支所有球员都效力于英格兰联赛的欧洲杯新军。但比赛结果充分证明了爱尔兰人"师夷长技以制夷"的成功，凭借利物浦球星霍顿的进球，爱尔兰队一球战胜对手，给赛前不可一世的"三狮军团"沉重一击，直接导致对手在小组赛即遭淘汰。

3 维京战吼响彻世界

2016年欧洲杯，作为五支首次进军欧洲杯决赛圈的新军之一，冰岛队不仅从小组赛中突围，还在1/8决赛中击败了看似无比强大的英格兰队，打进8强。

赛后，在队长贡纳松的带领下，冰岛队的球员和球迷第一次让维京战吼响彻在国际大赛的舞台上，在这个人口30万的国家里，现场的球迷中不少都是球员们的亲人、朋友，此时此刻的他们用团结向世人展现了不一样的足球魅力。

冰岛球迷在鼓声的节拍下，高举双手，齐声击掌，并且伴随着浑厚洪亮的"呼"！每每看到此处，都会让人由衷地感到震撼。

这让中国球迷无法理解：为什么一个只有30多万人口的小国，成绩会这么出色？

4 世界重新认识威尔士

2016年欧洲杯，威尔士队第一次参赛，但他们就一举闯入了四强，成为继1992年的瑞典队后第一支首次参赛就杀入四强的球队。与此同时，这也是威尔士队在世界大赛当中的最好成绩。1958年，威尔士队曾在世界杯赛当中闯入了八强，但现在这支球队又更近了一步，他们闯入了四强。2016年欧洲杯是威尔士队继1958年之后第一次参加世界大赛，他们又让世界重新认识了威尔士。英国媒体BBC也称："威尔士队虽败犹荣，对他们来说，这届欧洲杯是梦幻般的，是载入史册的，他们是绝对的亮点。"

5 北马其顿创29年历史

作为一个人口不到210万的小国，北马其顿队从未在欧洲杯、世界杯的正式比赛中露过面，球队名声也自然不如同处巴尔干半岛上的克罗地亚队、塞尔维亚队、希腊队等球队。但2020年欧洲杯附加赛，北马其顿队1：0战胜格鲁吉亚队，队史首次杀进欧洲杯决赛圈。这是北马其顿队1991年独立参加欧洲区赛事后，首次入围重大国际足球赛事。

6 世界冠军爆冷出局

2020年欧洲杯，法国队是夺冠大热门，本泽马重返国家队，法国队虽然在死亡之组，但还是小组第一出线。至于瑞士队，他们和意大利队、威尔士队、土耳其队同组，最终仅获小组第三！

两队在1/8决赛狭路相逢，法国队上半场的表现出奇平庸，像游魂似的，防守常常出现漏洞，第15分钟时，瑞士队率先进球，塞费洛维奇头球破门，瑞士队1∶0领先。

下半场，瑞士队错过绝佳射门机会后很快又创造出点球，不过法国队队长洛里斯神勇扑出罗德里格斯主罚的点球，狠狠打击了瑞士队士气的同时为法国队迎来转机。

第57分钟，本泽马禁区前接姆巴佩传球巧妙停球，面对门将冷静挑射中的。士气大振的法国队不到两分钟后打出精妙配合，格列兹曼接姆巴佩脚后跟传球射门被扑，本泽马头球补射为法国队实现反超。第75分钟，博格巴禁区外世界波挂死角入网，法国队3∶1领先。

谁还能想到结局会被改写，但孜孜不倦进攻的瑞士队就是在最后10分钟内创造了奇迹。第81分钟，塞费洛维奇禁区内冲顶再次命中，第90分钟，瑞士队替补前锋加夫拉诺维奇低射破门，瑞士队将比分扳成3∶3平，比赛进入加时赛。

加时赛双方都未能有所作为，而残酷的点球大战中，只有世界第一身价前锋姆巴佩罚丢点球，作为世界冠军，法国队轰然出局，爆出超级大冷门！

7 西班牙粉碎德国战车出线梦

1984年欧洲杯，当时的德国队如日中天，法国队是东道主，德国队和法国队都是夺冠热门。小组赛，德国队战平葡萄牙队，险胜罗马尼亚队，他们还需要1分才能确保出线。小组赛最后一场，德国队面对西班牙队，他们多次错失良机。最终，西班牙队马切达完成绝杀，让舒马赫、鲁梅尼格、马特乌斯组成的强大德国队小组出局。

最终，西班牙队打进决赛，但遗憾地输给了法国队。不过，西班牙队拿到亚军，已经非常神奇。毕竟，西班牙队是在最后时刻才搭上通往法国的末班车的，他们需要在预选赛的最后一场同马耳他队的比赛中净胜11个球。在比赛中，斗牛士们虽然错失了一个点球的机会，但仍然有惊无险地以12∶1获胜。

8 俄罗斯淘汰橙衣军团

2008年欧洲杯小组赛，表现最出色的无疑是荷兰队，他们在意大利队、法国队、罗马尼亚队这个死亡小组中3战全胜打进9球仅丢1球，以小组第一昂首出线。反观俄罗斯队，他们首战就被西班牙队4球重创，最后以小组第二出线，因此双方在1/4决赛相遇，赛前一致认为荷兰队会轻松过关。

上半场双方都积极主动，打出了一场对攻战，但都未能得分，下半场，阿尔沙文组织了一次精妙的进攻，由帕夫柳琴科破门得分，荷兰队在第86分钟由范尼扳平比分，两队90分钟战成1∶1。加时赛阿尔沙文主宰了比赛，一次助攻一个进球，帮助俄罗斯队3∶1击败荷兰队，历史性地打入半决赛。至于夺冠大热门荷兰队，则轰然倒下。

欧洲杯史诗逆转

1. 特雷泽盖金球制胜

2000 年欧洲杯决赛，第 55 分钟，德尔维奇奥帮助意大利队 1：0 领先。由马尔蒂尼、卡纳瓦罗、内斯塔和尤利亚诺组成的防线堪称完美，意大利队几乎已将德劳内杯收入囊中。比赛伤停补时阶段，维尔托德禁区左侧低射，托尔多已经碰到了球，但未能阻止法国队进球，1：1 平。加时赛第 103 分钟，法国队前场快速进攻，特雷泽盖禁区内接应后左侧回敲，侧身左脚劲射破门，法国队 2：1 逆转夺冠。由于比赛是金球制胜，因此，特雷泽盖进球之后，比赛直接结束了。

2. 丹麦队史上最伟大的胜利

1984 年欧洲杯小组赛，丹麦队只需打平就能出线。但比赛开始之后，比利时队便占据了上风，塞乌莱曼斯和维尔考特伦的进球让他们在第 39 分钟时取得了 2：0 领先。然而，此后的比赛便进入了丹麦队的控制中。仅仅两分钟后，弗兰克·阿内森便为丹麦队扳回一球。下半场，肯内特·拉尔森和埃尔克亚尔连入两球，成就了主教练皮翁特克口中"丹麦队足球史上最伟大的胜利"。

3. 法国队加时绝杀

1984 年欧洲杯半决赛，第 24 分钟，多梅尔格率先为法国队建功，但葡萄牙队的若尔当在 74 分钟扳平比分。比赛进入加时赛后若尔当在开场 8 分钟后再次建功反超比分。第 114 分钟多梅尔格梅开二度帮助法国队扳平比分。5 分钟后，也就是比赛结束前 1 分钟，普拉蒂尼接蒂加纳妙传打入关键制胜球，法国队 3：2 险胜葡萄牙队。决赛中，法国队 2：0 击败西班牙队，捧起了本届欧洲杯的冠军奖杯。

4. 德国队超级奇兵逆袭

1996年欧洲杯决赛，伤兵满营的德国队连比赛的人数都凑不齐，上半场比赛两队都没有破门。下半场，第59分钟，萨默尔在禁区内放倒了表现活跃的波博斯基，博格主罚点球命中。万般无奈之下，福格茨换上比埃尔霍夫，第75分钟，比埃尔霍夫头球射门追平比分。加时赛第5分钟，比埃尔霍夫在禁区边缘转身的射门并没有太大威胁，但却鬼使神差般地滚进了捷克队球门。最终，德国队2∶1击败捷克队，捧起欧洲杯。

5. 最后一分钟两球缔造神迹

2000年欧洲杯小组赛，西班牙队只有获胜才能小组出线，比赛第30分钟，米哈伊洛维奇直接任意球射门得分。第38分钟，劳尔将球传入禁区，阿方索胸部停球后直接起脚射门得分。第50和51分钟，两队各入一球战成2∶2平。第75分钟，科姆尔耶诺维克破门，南斯拉夫队3∶2领先。但是在比赛最后一分钟，西班牙队上演了奇迹，先是西班牙队中场门迭塔主罚点球命中，补时最后几秒，前锋阿方索在门前12米处左脚凌空射门，球弹地后入网。站在悬崖边缘的西班牙队以小组头名出线。

6. 联邦德国队加时大逆转

1976年欧洲杯半决赛，第19分钟，博比瓦达破门；第30分钟，萨基奇得分，上半场南斯拉夫队以2∶0领先。下半场联邦德国队开始发威，弗洛尔在第64分钟扳回一球，此后的比赛成了迪特尔·穆勒的个人表演，他在82分钟、115分钟和119分钟连入三球，上演帽子戏法，帮助联邦德国队最终取胜。

7. 捷克队两球落后大逆转

2004年欧洲杯小组赛，荷兰队19分钟就2:0领先，罗本和范尼先后进球。第23分钟，科库中路传球失误，科勒门前6码处捅射破门得分，捷克队1:2落后。第58分钟，罗本早早被换下，但荷兰队为自己的保守付出代价。第71分钟，内德维德左路斜传禁区，科勒胸部停下，回敲后面的巴罗什，后者迎球就射，攻破范德萨的球门，场上比分变为2:2。第76分钟，海廷加回防中对内德维德犯规，得到第二张黄牌被红牌罚出场外。第88分钟，巴罗什横传禁区前的海茵茨，后者远射被荷兰队门将范德萨扑出，快速插上的斯米切尔接队友横传推射空门得分，3:2，实力处于下风的捷克队上演大逆转。

8. 法国队神奇逆转英格兰队

2004年欧洲杯小组赛，第38分钟，兰帕德接贝克汉姆发出的任意球头球破门，英格兰队领先。第73分钟，鲁尼突入禁区制造点球，但贝克汉姆罚出的点球却被巴特斯扑出。大难不死，必有后福，第91分钟，法国队获得任意球，齐达内完美的射门将比分变成了1:1。1分钟之后，更加不可思议的一幕发生了，杰拉德漫不经心的回传给了亨利单刀球的机会，英格兰门将詹姆斯无奈之下只能犯规，齐达内主罚点球命中，法国队2:1实现逆转。

9. 土耳其队永不放弃

"我们永不放弃！"在土耳其队逆转捷克队后，主帅特里姆有底气地说出这一番话。很难想象，2008年欧洲杯小组赛在0:2落后的情况下，土耳其队在15分钟内连进3球。第74分钟，萨布里送出直塞，大阿尔滕托普禁区右侧下底传中，图兰右脚推射，切赫倒地碰了一下球，球撞左侧立柱内侧入网，土耳其队将比分扳成1:2！第87分钟，土耳其队绝处逢生，大阿尔滕托普右路传球入禁区，切赫中路接球时出现脱手，埋伏在身旁的尼哈特随即将球送入空门，土耳其队将比分扳成2:2平。第89分钟，不可思议的一幕再度上演，通恰伊头球摆渡，大阿尔滕托普送出直塞，尼哈特反越位成功形成单刀，最终右脚推射，球撞横梁下沿入网，3:2胜出！

10. 土耳其队读秒绝平

　　2008年欧洲杯1/4决赛,比赛前118分钟都是平淡无奇的,加时赛最后时刻,第119分钟,土耳其队老门将鲁斯图的失误令克拉什尼奇头球打入空门。但与前面的所有比赛都不同的是,奇迹发生在加时赛补时最后一秒。当时,面对对方两名高大后卫的猛扑,森图尔克在禁区边缘起脚怒射,球打入了球门左上死角!而此时,1分钟的补时恰恰到点。点球大战中,慌乱的克罗地亚队4罚只有1中,而土耳其队则3罚全中,昂首进入半决赛。

欧洲杯之最

1. 决赛圈进球最多球员：C 罗（14 球）

C 罗 14 球

2004 年夏天，C 罗第一次出现在欧洲杯的赛场上，当时葡萄牙队的主教练是斯科拉里，那届欧洲杯，C 罗发挥出色，葡萄牙队也顺利闯入决赛，可惜最终输给了希腊队。随后，在 2008 年、2012 年、2016 年和 2021 年，C 罗又 4 次出现在欧洲杯的赛场上，5 届欧洲杯，C 罗交出了非常梦幻的成绩单，在 25 场比赛中，葡萄牙球星合计打入 14 球，成为欧洲杯历史射手王。

2. 欧洲杯史上戴帽次数最多球员：普拉蒂尼（2 次）

普拉蒂尼是迄今为止唯一在欧洲杯历史上两度上演帽子戏法的球员，法国传奇球星完成两个帽子戏法仅仅用了 3 天时间。在 1984 年欧洲杯小组赛法国队迎战比利时队的比赛中，普拉蒂尼在第 4 分钟为法国队打破场上僵局；第 74 分钟，他打进一粒点球；终场前，普拉蒂尼打进本场比赛第 3 粒进球，上演帽子戏法。

仅仅三天后，在法国队与南斯拉夫队的比赛中，普拉蒂尼分别在第 59、62、77 分钟三度建功，再次上演帽子戏法，成为欧洲杯史上帽子戏法次数最多的球员。

3. 参加欧洲杯场次最多球员：C 罗（25 次）

2004 年，C 罗第一次参加欧洲杯，最终葡萄牙队杀入了决赛，拿到了亚军。随后的 4 届欧洲杯，C 罗都没有缺席，其中 2016 年欧洲杯，C 罗帮助葡萄牙队拿到冠军。5 届欧洲杯，C 罗出场 25 次，排名历史第一。

4. 单届欧洲杯进球最多球员：普拉蒂尼（9 球）

1984 年欧洲杯，法国队在普拉蒂尼的带领下历史上第一次获得了欧洲杯的冠军。在那届欧洲杯中，普拉蒂尼 5 场比赛，两次上演帽子戏法，打入了惊人的 9 粒进球，成为当届比赛的最佳射手，同时，普拉蒂尼凭借这 9 粒进球成为单届欧洲杯（决赛圈）进球最多的球员。

5. 欧洲杯最快进球的球员：德米特里·基里琴科

2004 年 6 月 20 日，在俄罗斯队 2∶1 战胜希腊队的比赛中，俄罗斯队球员德米特里·基里琴科在开场 1 分 7 秒取得进球，他创造欧洲杯最快进球纪录。

6. 欧洲杯最快帽子戏法的球员：普拉蒂尼

1984 年 6 月 19 日，在法国队 3∶2 战胜南斯拉夫队的比赛中，普拉蒂尼在第 59、62、67 分钟连进 3 球，8 分钟便上演帽子戏法，这是欧洲杯历史上最快的帽子戏法。

7. 欧洲杯最年轻的出场球员：科兹沃夫斯基

在 2020 年欧洲杯小组赛波兰队与西班牙队的比赛中，波兰中场科兹沃夫斯基替补登场，年仅 17 岁 246 天的科兹沃夫斯基成为欧洲杯历史上最年轻的出场球员。

8. 最年轻的进球球员：冯兰滕

最年轻的进球者是瑞士队的冯兰滕，他在 2004 年欧洲杯进球时年龄是 18 岁零 141 天。

9. 年龄最大出场球员：加博尔·基拉利

2016 年欧洲杯，匈牙利队 0∶4 不敌比利时队，比赛中，匈牙利队门将加博尔·基拉利出场，当时的年龄是 40 岁 86 天。

10. 年龄最大进球球员：瓦斯蒂奇

2008 年欧洲杯，奥地利队 1∶1 战平波兰队，瓦斯蒂奇第 64 分钟替补登场，在补时阶段第 3 分钟利用点球机会扳平比分，他以 38 岁 257 天成为欧洲杯史上破门最年长的球员。

附表：历届欧洲杯冠亚军

年份	主办国	冠军	比分	亚军
1960年	法国	苏联队	2∶1（加时）	南斯拉夫队
1964年	西班牙	西班牙队	2∶1	苏联队
1968年	意大利	意大利队	1∶1（加时） 2∶0（重赛）	南斯拉夫队
1972年	比利时	联邦德国队	3∶0	苏联队
1976年	南斯拉夫	捷克斯洛伐克队	2∶2（加时） 5∶3（点球）	联邦德国队
1980年	意大利	联邦德国队	2∶1	比利时队
1984年	法国	法国队	2∶0	西班牙队
1988年	联邦德国	荷兰队	2∶0	苏联队
1992年	瑞典	丹麦队	2∶0	德国队
1996年	英格兰	德国队	2∶1（金球制胜）	捷克队
2000年	比利时、荷兰	法国队	2∶1（金球制胜）	意大利队
2004年	葡萄牙	希腊队	1∶0	葡萄牙队
2008年	奥地利、瑞士	西班牙队	1∶0	德国队
2012年	波兰、乌克兰	西班牙队	4∶0	意大利队
2016年	法国	葡萄牙队	1∶0（加时）	法国队
2020年	多国联合主办	意大利队	1∶1（加时） 3∶2（点球）	英格兰队

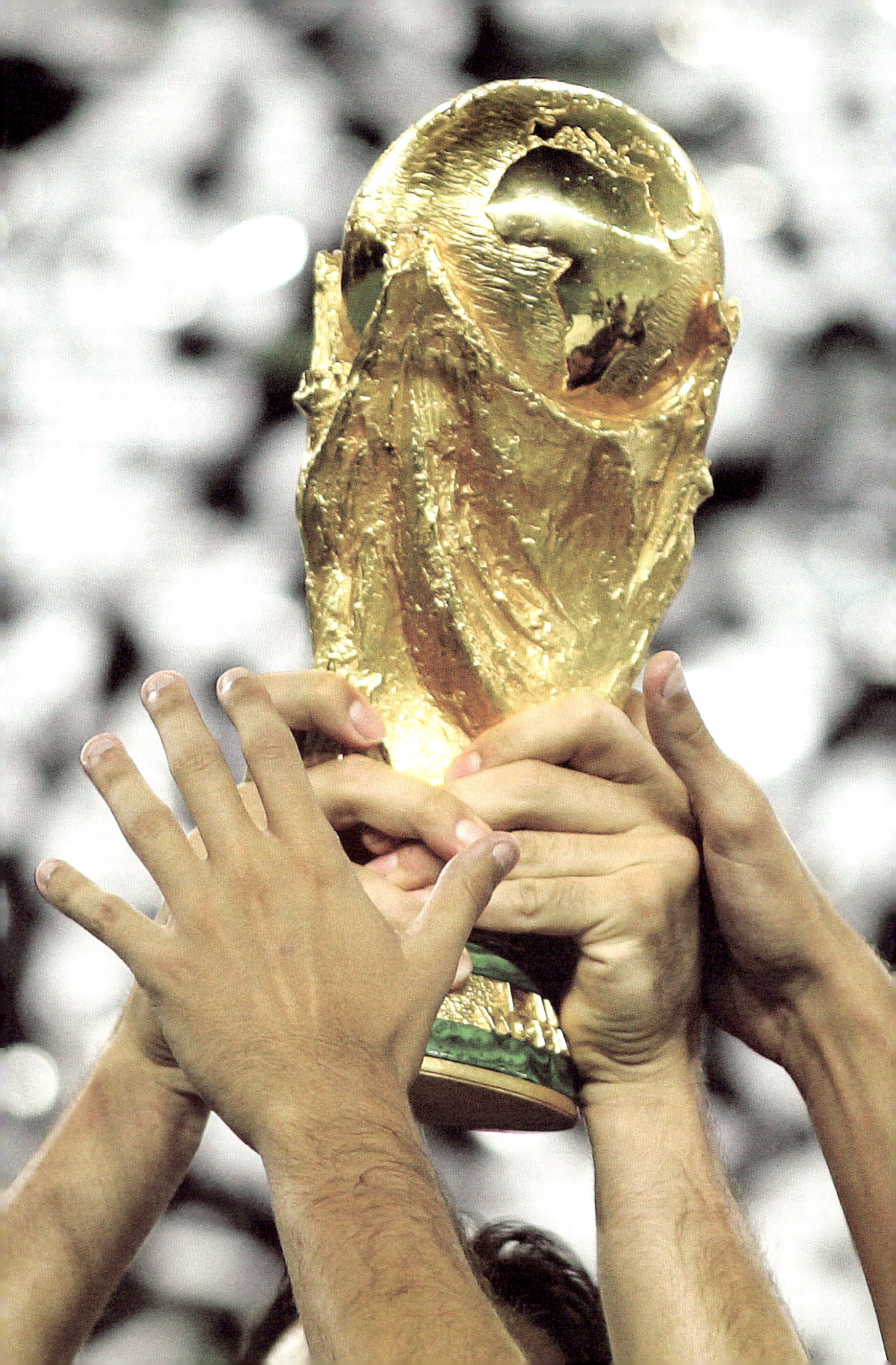

疯狂世界杯

神迹：这样的足球你怎能不爱

伯尔尼奇迹的缔造

伯尔尼奇迹，至今都是足坛奇迹的代名词，这是发生在1954年的故事。

1954年，适逢FIFA成立50年庆典，36支国家队参加预选赛，16支队伍晋级决赛圈，韩国队、苏格兰队和土耳其队第一次跻身世界杯。

这届世界杯，匈牙利队是超级热门，几乎没有人怀疑他们将拿不到世界杯冠军。在20世纪50年代初，匈牙利人改造了英国人创立的传统"WM"阵形，首创四前锋打法，开创了历史上第一次足球战术革命。从1950年5月开始，匈牙利队在31场各项赛事中保持不败，27胜4平。1953年，匈牙利队在温布利6:3横扫英格兰队更是令人瞠目结舌，普斯卡什、柯奇士、博兹克这些世界级球星令所有对手畏惧。

小组赛，匈牙利队就踢疯了，第一场，他们9:0狂胜韩国队，第二场，他们8:3击败联邦德国队轻松出线。世界杯前两场踢出如此夸张的比分，放眼世界杯历史上也是绝无仅有的。

随后1/4决赛，匈牙利队4:2击败巴西队，双方展开粗野肉搏，2名巴西人和1名匈牙利人被罚下，赛后，双方还发生冲突，球员、队医、工作人员都参与其中。

半决赛，匈牙利队4:2击败乌拉圭队，后者在世界杯上的不败金身告破，匈牙利队轻松闯入决赛。

另一边，联邦德国队第一场4:1大胜土耳其队，接着3:8不敌匈牙利队，随后加赛，联邦德国队7:2再胜土耳其队。

1/4决赛，联邦德国队2:0击败南斯拉夫队。

半决赛，联邦德国队6:1横扫奥地利队，至此，联邦德国队和匈牙利队会师决赛。

考虑到匈牙利人的实力，加上联邦德国队在小组赛中曾3:8不敌匈牙利队，因此，这场决赛，很多人认为毫无悬念。

决赛在伯尔尼进行，开场仅8分钟，匈牙利队就连进两球，当所有人都认为双方小组赛之战将要重演时，奇迹发生了，从第10分钟开始，联邦德国队发动了绝地反击，他们先是连进2球将比分扳平，又在僵持至最后阶段时，于第84分钟打进制胜球！从0:2

到3∶2、从3∶8到3∶2，联邦德国队不可思议地翻身而起打倒了匈牙利巨人，创造了世界杯历史上最神奇的决赛。这是匈牙利队自从1950年以来输掉的第一场比赛。

当然，联邦德国队拿下这场胜利，也绝非偶然。小组赛中，联邦德国队3∶8落败。联邦德国队主帅赫尔贝格派出大量替补，球员埃克尔说："在匈牙利队面前我们想表现好一点，但结果让我们沮丧。"但匈牙利队损失惨重，队长普斯卡什受伤了，决赛时他顶多恢复了一半，根本不适合上场，但还是首发了。

此外，在决赛前，赫尔贝格已经给球员看了两遍匈牙利队在温布利大胜英格兰队的比赛录像。联邦德国队头号球星是队长瓦尔特，他参加过二战，在德国空军当地勤，随一支军队组织的球队踢了好多比赛，所以球技没荒废，但战时染上了疟疾，他喜欢阴天和下雨，因为晴天和高温会导致疟疾发作。瓦尔特经常到阳台上看天气，决赛那天中午下了大雨，他非常兴奋。联邦德国队有秘密武器——阿迪达斯的球鞋，可拆换不同规格的鞋钉，决赛当天的雨水导致场地泥泞，于是他们使用了更长的鞋钉。

作为决赛头号功臣，德国人赫尔穆特·拉恩顶着高烧打进两球，其实1954年世界杯前，拉恩并未入选联邦德国队。他正随自己的俱乐部出访乌拉圭，由于在同佩纳罗尔的友谊赛中发挥出色，联邦德国队主帅赫尔贝格听说了他，并紧急召他入队，将他带到了世界杯。在1954年世界杯上，拉恩打进了4球，决赛中的两球是他一生中的骄傲。

联邦德国举国欢腾，开始走出二战阴影。

2003年11月，以1954年联邦德国队夺冠为题材拍摄的电影《伯尔尼奇迹》上映，德国前总理施罗德看过影片后甚至流下眼泪。剧中的重要角色之一便是拉恩，他成了二战后德国精神的某种化身。

2004年，德国电视一台却披露消息称，联邦德国队在1954年世界杯期间服用药物，靠注射器拿到了冠军。一时间，拉恩、瓦尔特这些夺冠功臣是英雄还是骗子，引得舆论沸沸扬扬。

但是，一切已经无法考证了，而联邦德国队创造的奇迹却是实实在在的。

足球王国的耻辱战

巴西，足球王国，5次世界杯冠军得主，至今都是获得世界杯冠军次数最多的球队，被誉为"五星巴西"。但是，2014年世界杯半决赛，东道主巴西队遭遇1∶7惨败，就像巴西球迷自己所说，他们一百年都不会忘记这场比赛。

2014年7月8日，东道主巴西队与德国队的世界杯半决赛在贝洛奥里藏特的米内罗球场举行，巴西队1∶7爆冷惨败无缘决赛，创造世界杯历史上最大半决赛分差纪录。

此役内马尔因伤缺阵，队长蒂亚戈·席尔瓦停赛，尽管这对巴西队影响不小，但没人预料到最终的比分会如此令人刺眼。

比赛仅仅11分钟，穆勒便敲开塞萨尔把守的大门。第23分钟，克洛泽补射得手，德国队2∶0扩大领先优势。这是克洛泽第16粒世界杯进球，他就此超越罗纳尔多成为世界杯历史第一射手王！当时，罗纳尔多就在现场，看到克洛泽打破自己的纪录，"外星人"也一度语塞。

克洛泽的进球正式奏响德国队狂胜巴西队的号角，他们在6分钟内打入4球，彻底扼杀巴西队逆转的希望。克罗斯在第24分钟和26分钟梅开二度，第29分钟赫迪拉破门，德国队已经5∶0遥遥领先，"德意志军团"创造队史上世界杯最大半场比分。

然而比赛还远远没有结束，下半场德国队依旧延续着进球的势头，拉姆在第59分钟助攻许尔勒进球，德国队6∶0领先巴西队。20分钟后，许尔勒打进本场比赛第二粒进球，德国队将领先优势扩大到7球！巴西队在临近比赛结束前由奥斯卡打进挽回颜面的一球。这是巴西足球的灾难日！德国队在"足球王国"的国土以难以置信的比分挺进世界杯决赛，并最终登顶世界之巅。

当时，在里约热内卢，巴西球迷的死敌阿根廷人，他们肆无忌惮地嘲讽巴西队，对此，巴西人没有任何回击和生气。

足球的"考古学家"在探索1∶7对巴西队来说意味着什么。ESPN数据显示，巴西队历史上仅有1次单场丢球超过6球，那还是在1934年的友谊赛4∶8惨败给南斯拉夫队，这已经是80年前的事情了，而且还不是正式比赛。此外，这创下巴西队历史上正

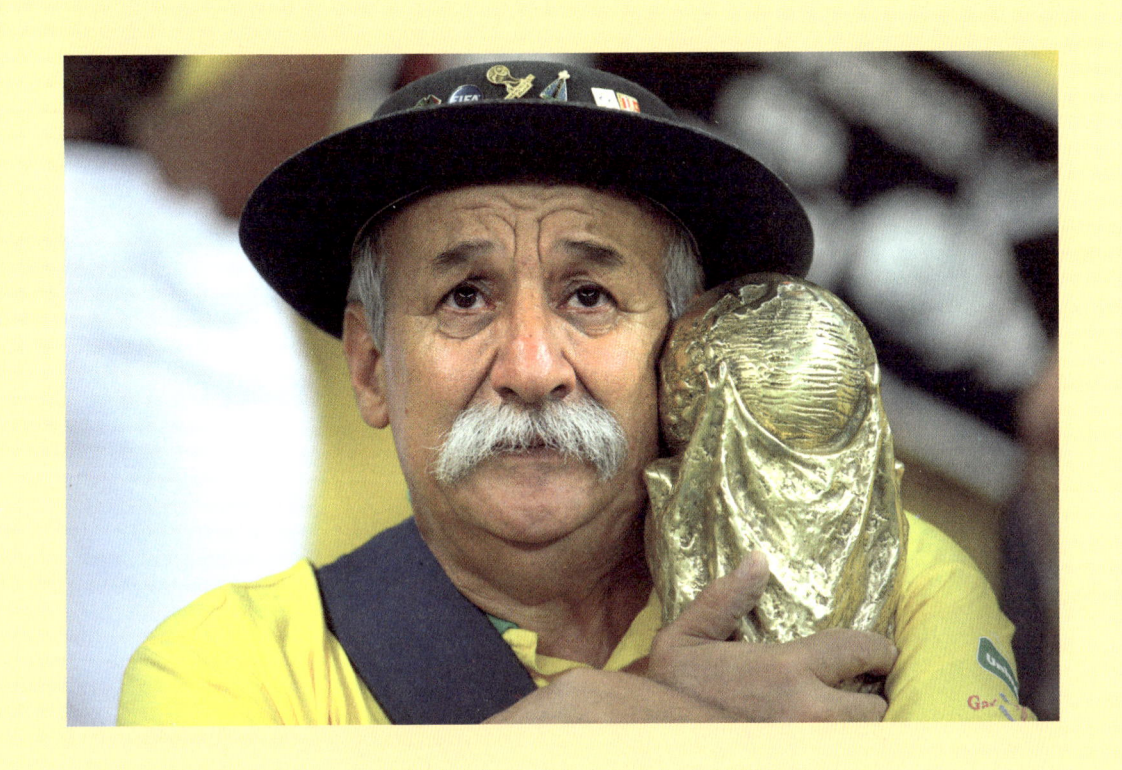

式比赛的最惨失利，1920 年美洲杯巴西队 0∶6 惨败乌拉圭队，这也是 94 年之前的惨案，可现在 58411 名现场球迷见证了新历史、新耻辱。

比赛结束后，巴西媒体纷纷痛批巴西队的惨败，多家报纸和电视评论员把巴西队的失利定义为"米内罗惨案"，因为这场世界杯半决赛是在贝洛奥里藏特的米内罗球场进行，并且将其与巴西在 1950 年世界杯决赛惨败给乌拉圭的"马拉卡纳惨案"相提并论。

巴西体育日报《骑枪报》称："巴西的溃败是历史上最大的耻辱，马拉卡纳惨案与之相比都算不上什么，都如同浮云了。"

《圣保罗报》网站头条也把巴西队这次的惨败称之为："历史性的耻辱，巴西本想在家门口拿冠军，结果却又一次受辱。"

德国队 7∶1 大胜东道主巴西队挺进世界杯决赛后，德国媒体沉浸在狂喜之中。《法兰克福汇报》的标题是《第七个足球奇迹》——半决赛以 7∶1 狂胜东道主巴西队，德国人成功地树立了一座历史的丰碑。德国人在欢庆胜利，而巴西人泪流成河。

德国队球员博阿滕赛后说道:"我们在上半场已经看到巴西人民在流泪,当比赛结束的时候,我们看到人们在哭泣,我们刚开始并不会感到抱歉,这非常让人激动。我们非常高兴取得胜利,但是当我们看到他们是如此的伤心,我们开始同情他们。如果这一切发生在德国队身上,他们也会同情我们的。"

巴西队前国脚儒尼尼奥承认"桑巴军团"技不如人:"走出这场失败太难了。也许现在不应该指责球员,但我想很多人永远不会再有机会穿上国家队球衣。德国队在场上教我们如何踢球,我们必须向他们学习。"

英格兰队前队长希勒说:"我很担心很多球员永远走不出这场失败,有些人再也不能回到国家队。德国队在下半时依然保持了进攻的势头,他们想进更多的球,这也是他们顽强不败的地方。"曼联队前队长费迪南德说:"我不知道这些巴西队球员如何走出这场失败的阴影,但我们看到了一支一往无前的德国队,这一代德国队球员已经开始习惯了胜利,他们现在必须赢下世界杯。"

这场比赛对巴西人民来说堪称国耻,巴西球迷都陷入绝望,一位60多岁的老球迷说道:"足球在巴西已经越来越不重要了,巴西很多体育项目都很强,排球已经获得了无数金牌和冠军,另外还有游泳,这个国家的体育在向多元化发展,我们两年后还有奥运会,人民的生活并不是仅仅只有足球。"在问及足球是否能代表巴西时,老球迷摇摇头:"不,应该是桑巴。"

但是,有人绝望,也有人愤怒,巴西国内甚至因此爆发骚乱。部分巴西球迷面对这样的结果很难接受,通过"打砸抢"来发泄心中的怒火。他们有的人纵火,有的人趁乱抢劫商店,在圣保罗金融街附近,许多球迷走上街头发泄不满,辱骂声怒吼声不绝于耳,个别球迷甚至焚烧巴西国旗。

悲与喜,天堂与地狱,这就是足球的魅力,你为之哭泣,也为之迷恋。这场"1∶7"永远载入足球史册。

附：世界杯历史惨案

1. 2014 年巴西世界杯

作为东道主，巴西队在世界杯半决赛这样的舞台上遭遇耻辱性失利，堪称巴西足球史上最惨一败。这场比赛，永远被钉在了巴西足球的耻辱柱上。

**巴西队
1：7
德国队**

2. 1982 年西班牙世界杯

这是世界杯历史单场进球最多的一场比赛，萨尔瓦多队是第一个有资格参加世界杯的中美洲国家，但他们三场比赛全部输掉了，更是被匈牙利队以 10：1 狂虐。这届世界杯上，萨尔瓦多进 1 球，丢 13 球，草草结束了世界杯之旅。

**匈牙利队
10：1
萨尔瓦多队**

3. 1954 年瑞士世界杯

亚洲球队在世界杯上屡遭狂虐，这届世界杯韩国队先是被匈牙利队打入了 9 粒进球，而后又以 0：7 输给了土耳其队。这永远会成为韩国足球难以释怀的悲痛回忆。

**匈牙利队
9：0
韩国队**

4. 1974 年联邦德国世界杯

第一场,扎伊尔队 0∶2 不敌苏格兰队后,队内爆发奖金问题,不少球员拒绝参加比赛。最终危机解除,但球员心气全无。小组赛第二场比赛,扎伊尔队 0∶9 输给南斯拉夫队。

南斯拉夫队 9∶0 扎伊尔队

5. 1950 年巴西世界杯

由于印度队、苏格兰队和土耳其队的临时退出,D 组只有乌拉圭队和玻利维亚队两个队伍,但乌拉圭队还是杀红了眼,8∶0 大胜玻利维亚队。

乌拉圭队 8∶0 玻利维亚队

6. 1938 年法国世界杯

这是古巴队历史上唯一一次参加世界杯,他们闯入了 1/4 决赛,但最终被瑞典队 8∶0 击败。

瑞典队 8∶0 古巴队

7. 2002 年韩日世界杯

2002 年世界杯,在札幌世界杯体育场,沙特阿拉伯队首场就遭到了德国队的 8 球血洗,其中有 5 个是头球进球,很多球迷也是因为这场比赛记住了上演帽子戏法的克洛泽。

德国队 8∶0 沙特阿拉伯队

葡萄牙队
7∶0
朝鲜队

8. 2010 年南非世界杯

朝鲜队首轮 1∶2 惜败巴西队，让他们错误估计了世界杯的难度，他们可能没把葡萄牙队放在眼里，从而造成了防守端的松懈，最终 0∶7 惨败葡萄牙队。

阿根廷队
6∶0
塞黑队

9. 2006 年德国世界杯

这是梅西成名的一场比赛。彼时长发飘飘的梅西身穿 19 号球衣，在 88 分钟打入自己世界杯首个进球，帮助球队 6∶0 狂胜塞黑队。

荷兰队
5∶1
西班牙队

10. 2014 年巴西世界杯

这是两队本届世界杯的第一场比赛，2010 年冠军西班牙队 1∶5 不敌亚军荷兰队，斗牛士军团成为世界杯历史上开局最差的上届冠军，这也是西班牙队在世界杯史上第二大比分溃败，最惨纪录为 1950 年 1∶6 不敌巴西队。

神迹：这样的足球你怎能不爱

惊艳世界的格子军

2018年俄罗斯世界杯，世人该为法国队捧起大力神杯的"重回巅峰"喝彩，也不能忽视伟大的"格子军团"克罗地亚队。后者虽然没有赢得冠军，却实实在在赢得了世界的尊重。

他们一路坎坷，一路跌跌撞撞，在顽强拼搏中杀入决赛。

2018年6月16日，克罗地亚队2∶0击败尼日利亚队，取得开门红，赛中出现意外情况，替补前锋卡利尼奇不愿登场，随后被克罗地亚队开除。

2018年6月21日，克罗地亚队3∶0大胜阿根廷队，提前出线的同时，将梅西与"潘帕斯雄鹰"推向舆论的风口浪尖。

2018年6月26日，面对"黑马"冰岛队，克罗地亚队对阵容进行部分轮换，仍2∶1赢球，取得3连胜，自1998年后第二次闯进世界杯淘汰赛。

2018年7月1日，莫德里奇加时赛失点，球队仍在点球大战中获胜，门将苏巴希奇厥功至伟，克罗地亚队4∶3战胜丹麦队。

2018年7月7日，与东道主俄罗斯队上演进球大战，再次通过点球大战6∶5胜出。

2018年7月11日，世界杯半决赛，克罗地亚队对阵英格兰队，"格子军团"连续第三场淘汰赛进入加时，最终，曼朱基奇绝杀，克罗地亚队2∶1战胜英格兰队，与法国队会师2018年世界杯决赛。

2018年7月15日，世界杯决赛，克罗地亚队2∶4不敌法国队，屈居亚军。比赛中，佩里西奇的进球一度帮助克罗地亚队扳平比分，但随后的比赛中，法国队凭借格列兹曼、博格巴和姆巴佩的进球，将比分拉开。曼朱基奇利用门将洛里的失误扳回一城。可惜，克罗地亚队没能再收获进球，最终2∶4输给法国队，获得本届世界杯亚军。虽然未能再次创造历史，但克罗地亚队已经表现得足够出色，莫斯科的雨夜中，他们昂首告别。

克罗地亚只有417万人口，世界杯期间，克罗地亚队当家球星莫德里奇5岁时放羊遇到狼的视频被曝光。后来，这个放羊少年成为金球奖得主和"世界足球先生"。

这支克罗地亚球队中的很多球员，都经历过流浪与战火，也经历过饥荒与死别，是在逃亡中浴火重生的一代人。最终，他们涅槃重生。

神迹：这样的足球你怎能不爱

桑巴军团五夺冠军

如果非要找一个国家为足球运动代言，桑巴军团肯定当仁不让，足球是巴西人生活中必不可少的一部分，在很多巴西人眼中，足球如生命般重要。作为公认的"足球王国"，自然有数不清的荣耀。巴西队是世界杯历史上最成功的球队，在过往的世界杯之旅中，巴西队曾5次站上世界之巅，是夺冠次数最多的球队。

1958年
第6届世界杯

世界杯首次来到北欧，这也是第一次有电视直播的世界杯赛。瑞典世界杯成就了雅辛、加林查、方丹等一批巨星，这也是贝利的首次世界杯赛。巴西队凭借天赋和技术一路杀进决赛，并在决赛中以5∶2的大比分击败东道主瑞典队。本届世界杯的最佳球员是年仅17岁的贝利，他在决赛中的挑球过人射门十分精彩。

1962年
第7届世界杯

世界杯再次回到南美洲，这次的举办国是智利。智利刚刚遭遇了毁灭性的大地震，但足球为智利人民送来了快乐。本届比赛巴西队的天才们再次集体发威，虽然贝利第二场比赛就因伤退出，之后没有出场，但巴西队的恐怖攻击群仍然帮助球队夺冠，决赛中3∶1战胜捷克斯洛伐克队。本届比赛一共有6名球员打进4球，并列最佳射手，其中有3名巴西人，而加林查更是当选最佳球员。

1970年
第 9 届世界杯

1970 年墨西哥世界杯是规则走向完善的一届世界杯，国际足联完善了红黄牌制度和换人规则。本次世界杯也是首次在中北美地区举办，高原高温成为最大的难题。本届比赛德国队表现出色，贝肯鲍尔首创"自由人"概念，"轰炸机"穆勒打进 10 球夺得金靴，但德国队还是在半决赛中输给了意大利队。决赛中，巴西队 4∶1 大胜意大利队，贝利夺得金球奖，这也是他的最后一届世界杯。

1994年
第 15 届世界杯

世界杯来到了被称作"足球荒漠"的美国，但主场球迷的热情让人们大吃一惊。球王马拉多纳因为兴奋剂事件被禁赛，阿根廷队早早失去了竞争力。最终进入决赛的是强大的巴西队和步履蹒跚的意大利队，最终两队因在比赛中踢得非常保守不得不进入点球大战。最终巴西队点球 3∶2 取胜，巴乔的忧郁背影成为本届世界杯的经典。罗马里奥成为最佳球员，斯托伊奇科夫和萨连科各进 6 球成为最佳射手。

2002年
第 17 届世界杯

进入 21 世纪，世界杯终于来到了亚洲，而且首次在两个国家举办。韩国和日本联合举办的世界杯，似乎让不少欧洲球队出现了"水土不服"的问题，不少传统强队都惨遭淘汰。最终进入决赛的是巴西队和一路磕磕绊绊的德国队。最终决赛中罗纳尔多打进 2 球，帮助巴西队 2∶0 取胜夺得冠军。罗纳尔多共计打进 8 球，成为最佳射手。

4红16黄的暴力比赛

一场比赛，4张红牌，16张黄牌，其中，4张红牌创造了世界杯单场新纪录，16张黄牌追平纪录。2006年世界杯1/8决赛，葡萄牙队和荷兰队联手导演了这场肮脏的比赛。

4张红牌

上半场补时1分钟，荷兰队中场直传，科斯蒂尼亚故意手球阻挡，裁判示黄牌，科斯蒂尼亚累积两张黄牌被罚下。

第62分钟，鲍拉鲁兹左路防守菲戈突破的时候肘击菲戈，领受第二张黄牌被红牌罚下。

第77分钟，德科中场手球之后为了阻挡对方发球将球留在自己手里，被出示第二张黄牌，罚出场外。

补时第5分钟，范布隆克霍斯特本方后场被断球后放倒了蒂亚戈，吃到第二张黄牌，被红牌罚下。

2次冲突

第56分钟，马尼切禁区外远射高出横梁。两队在前场产生严重冲突，双方都有几个替补冲进场内，互相推搡，被葡萄牙人放倒的菲戈起身后，用头撞击鲍拉鲁兹，主裁出示一张黄牌。

第62分钟，鲍拉鲁兹防守时肘击菲戈脸部，得到第二张黄牌被红牌罚下，在他下场前顺手刮了西芒一记耳光，顿时引起场面混乱。荷兰队球员奥耶和葡萄牙队球员发生冲突，这是本届世界杯首次出现如此状况。

5大卑劣镜头

镜头一
废掉C罗

开场不到10分钟,荷兰队后卫姆拉鲁兹抬腿踹到C罗右大腿上吃到黄牌,C罗也因为这个恶意犯规而不得不提前退场。

镜头二
假装倒地

第59分钟,范布隆克霍斯特铲倒德科,被激怒的菲戈用头顶撞范博梅尔头部,范博梅尔摸着自己的额头,过了几秒才想起要倒地。

镜头三
连续掌击菲戈、西芒

第62分钟,鲍拉鲁兹挥左手击中身后菲戈的脸部,吃到第二张黄牌被罚下!下场时,他还用手捆了西芒的脸一下。

镜头四
故意冲撞

第71分钟,范德法特和斯内德上前将正在观看倒地的海廷加伤势的德科推倒,这引发了现场混乱。

镜头五
恶意伤人

第80分钟,库伊特铲射,门将里卡多奋力倒地将球挡出,库伊特在明明可以收脚的情况下,没有收脚而是蹬在里卡多大腿内侧。

这场比赛的执法,让当时的国际足联主席布拉特十分不满:"这应该是一场伟大的比赛,裁判却显得不协调,对待有些球员也缺少公平竞赛的精神,应该给裁判一张黄牌。"比赛结束之后,时任国际足联主席布拉特直接将怒火烧向了当场主裁判伊万诺夫。

世界杯冷门之战

1 朝鲜队晋级世界杯八强

朝鲜队一直是亚洲神秘之师，当他们晋级1966年英格兰世界杯正赛时，没有人指望朝鲜队会赢球，但最终奇迹诞生了。

朝鲜队与意大利队、苏联队、智利队同组。第一场小组赛，朝鲜队0∶3完败苏联队；第二场比赛，朝鲜1∶1战平智利队；最后一战，他们只有战胜强大的意大利队，才能小组出线。赛前所有人都认为意大利队输球是不可能的事，朝鲜队甚至提前退掉了旅店。

此役，意大利队主力尽出，但朝鲜队队员拼劲十足，凭借顽强的斗志，全场逼抢意大利队，并保持极具威胁的反击水准。靠着坚韧不拔的精神，朝鲜队爆冷1∶0战胜意大利队，以小组第二的身份出线，世界杯历史上又一个超级冷门诞生了！

对意大利队来说，这是一场永远无法抹去的耻辱，回国时他们隐瞒了行程，但仍在机场遭到球迷围堵，球员们身上被扔了鸡蛋。

淘汰赛朝鲜队发挥出更令人吃惊的表现，面对葡萄牙队，仅仅24分钟，朝鲜队就已经3球领先。不过尤西比奥独入4球，最终帮助葡萄牙队5∶3淘汰了朝鲜队。

尽管朝鲜队最终没有能够更进一步，但是1966年世界杯留下的故事还是让所有的球迷津津乐道。

2 冠军克星！哥斯达黎加

2014年巴西世界杯，哥斯达黎加队分在了死亡之组，同组3个对手都是前世界杯冠军——乌拉圭队、意大利队和英格兰队。在巴西世界杯前，哥斯达黎加队仅赢下过两场世界杯比赛。

第一场比赛哥斯达黎加队的对手是乌拉圭队，两队历史交锋总共10次，乌拉圭队7胜3平保持不败，打进19球丢11球。结果，哥斯达黎加队下半场连进3球，以3∶1逆转击败乌拉圭队。时隔12年，哥斯达黎加队再度取得世界杯正赛的胜利。

第二场比赛面对4次世界杯冠军意大利队，哥斯达黎加队1∶0取胜提前出线，并且将英格兰队送出局。第三场比赛哥斯达黎加队0∶0战平英格兰队，以小组第一出线。

在1/8决赛中，哥斯达黎加队点球击败希腊队，1/4决赛，哥斯达黎加队点球大战惜败荷兰队，但打进八强的成绩已经创造了哥斯达黎加队新的足球历史。

3 韩日世界杯三大黑马

2002年韩日世界杯，韩国队创造了迄今为止亚洲球队在世界杯上的最好成绩，小组赛击败波兰队和葡萄牙队、逼平美国队，淘汰赛一路击败意大利队和西班牙队。

除了东道主，2002年世界杯还有两支黑马球队。

土耳其队自1954年以来第一次参加世界杯，却一路淘汰了哥斯达黎加队、中国队、日本队和塞内加尔队杀进四强，半决赛0∶1负于巴西队。在三、四名决赛中，土耳其队队长哈坎·苏克开场仅10.2秒就攻破了韩

国队大门，创造了世界杯最快进球纪录。状态大勇的苏克此后又送出两记助攻，帮助土耳其队 3：2 战胜韩国队拿下季军，土耳其队也成为世界唯一在一届世界杯淘汰两个东道主的球队。

塞内加尔队虽然被土耳其队挡在了八强外，但也创造了非洲球队在世界杯上的最佳战绩。2002 年也是非洲劲旅的首次世界杯之行，塞内加尔队首战就爆冷战胜了上届冠军法国队，接着又逼平了丹麦队和乌拉圭队，顺利从小组出线。淘汰赛首轮，塞内加尔队 2：1 击败瑞典队，八强战也与土耳其队战至加时赛才 0：1 遗憾止步。

不过，韩国队接连淘汰意大利队和西班牙队，事后，不断有猛料曝出。2015 年，意大利《罗马体育报》指出，2002 年韩日世界杯的两场假球已经"实锤"，FIFA 有资料证明韩国队从中受益，受害者是意大利队和西班牙队，具体证据尚未对外界公布。或许是冥冥中自有天意，意大利队、西班牙队分别在 2006 年和 2010 年捧起了大力神杯，葡萄牙队也在 2016 年赢得了欧洲杯冠军。

4 美国队 1：0 英格兰队

1950 年世界杯，作为世界杯历史上最著名的以弱胜强战役，这场比赛在后世的漫长岁月中已被上升到神话的高度，留下"缪为 10 比 1"的经典传说。当时，美国队被称为"乌合之众"，而英格兰队则是现代足球鼻祖。最终，美国队 1：0 击败英格兰队，爆出惊天大冷门。

当比分从巴西传到伦敦，英国人误以为电报系统出现故障，因而私自将比分改成"10：1"和"10：0"的媒体编辑不在少数。

5 巴西队 1：2 乌拉圭队

1954 年，巴西队只要打平就能获得世界杯冠军，赛前，巴西全国对胜利极其乐观，甚至有报纸提前印刷好了巴西队夺冠的版本，这场决战吸引了约 17.4 万名观众，是世界杯历史上观众最多的一场比赛。

但最终巴西队 1：2 不敌乌拉圭队，在主场丢掉了世界杯冠军。比赛结束后，里约热内卢有 10 名（不完全统计）巴西球迷因球队失冠而自杀，那一段时间里约热内卢甚至被称为"死亡之城"。这是世界竞赛中，在没有发生骚乱的情况下，球迷因为对一场比赛结果无法接受而死亡最多的一次。

6 联邦德国队 1∶2 阿尔及利亚队

1982年世界杯，联邦德国队是那届世界杯的夺冠大热门，而阿尔及利亚队则是首次入围决赛圈的新军，博彩公司为两队开出的夺标赔率分别是1∶3和1∶1000。因此，联邦德国队球员并未将对手放在眼里，即便是马杰尔在第57分钟替阿尔及利亚队首开纪录，联邦德国队也以为不过是一次意外。第67分钟，联邦德国队由头号射手鲁梅尼格将比分扳平。但一分钟后，贝洛米替阿尔及利亚队将比分再次领先，这下联邦德国队急了，此后使尽九牛二虎之力也未将比分追平。当时欧美强队输给亚非球队相当罕见，联邦德国队主教练德瓦尔非常生气地说："对此，我仍然无法相信，无法理解！"

阿尔及利亚队后卫梅泽卡尼回忆："一个联邦德国队球员跟我说，他们可以在一边抽着雪茄的情况下，一边跟我们踢球。"

不过，阿尔及利亚队赢了联邦德国队也未能从小组出线。尽管他们此后还以3∶2战胜智利队，却输给了奥地利队。联邦德国队与奥地利队打了一场"默契球"，前者1∶0取胜，结果使得联邦德国队、奥地利队和阿尔及利亚队三队战绩均为两胜一负，积4分。由于前两队进球数占优，结果双双晋级，北非新军只能失落地打道回府。

7 阿根廷队 0：1 喀麦隆队

阿根廷队在 1990 年世界杯上负于喀麦隆队，堪称世界杯历史上最大的冷门之一，更是揭幕战里最大的冷门。作为 1986 年世界杯冠军，马拉多纳 4 年之后仍然保持着出色的状态，再一次率队杀入了决赛。但在揭幕战里，阿根廷队却遇到了真正的麻烦，喀麦隆队使用了盯人战术，牢牢遏制了马拉多纳、布鲁查加的发挥。尽管卡纳、比耶克双双"染红"离场，但喀麦隆队仍然凭借比耶克的头球冲顶赢得了比赛。

8 保加利亚队 2：1 德国队

1994 年世界杯，保加利亚队在斯托伊奇科夫的带领下，小组赛击败了阿根廷队，然后淘汰墨西哥队进入八强，他们真正的伟大战役是 2：1 战胜德国队。

本场比赛下半场刚开始不久，克林斯曼创造点球，马特乌斯稳稳罚进，德国队一球领先。落后的保加利亚队放开手脚，在攻势上完全压制住了德国队，一场经典的反败为胜战役即将呈现。

头号球星斯托伊奇科夫利用直接任意球敲开了伊尔格纳把守的德国队大门，仅仅两分钟过后，一个禁区内抢点头球破门，奇迹般地令保加利亚队反超了比分。终场哨声响起，保加利亚队以 2：1 淘汰了上届冠军德国队，这个东欧国家历史上第一次进入了世界杯四强，"足球巨人"德国队则是轰然倒下，这一刻也成为永久的经典。

9 法国队 0 : 1 塞内加尔队

法国队是世界杯史上第二支输掉了揭幕战的上届冠军,在2002年世界杯首战里,齐达内因伤缺席,这影响了法国队的发挥,但"高卢雄鸡"毕竟还拥有德约卡夫、亨利、特雷泽盖、维奥拉、德塞利这样的顶级球员,而塞内加尔队则是第一次出战世界杯。意想不到的是,迪奥普却在第30分钟打入了全场唯一进球,也帮助塞内加尔队出人意料地战胜了上届冠军。

一边是拥有当年意甲、英超、法甲三大金靴的世界杯和欧洲杯双料冠军的法国队,一边是首次参加世界杯的塞内加尔队,比分却是法国队0 : 1告负,让人大跌眼镜。

10 德国队 0 : 2 韩国队

2018年世界杯,德国队是上届冠军,最终在小组赛生死战中输给了韩国队。德国队成为近5届世界杯第4支小组赛出局的上届冠军!上半场,孙兴慜错过两次得分机会。下半场,赵贤祐神勇扑出戈雷茨卡头球。补时阶段,金英权进球被判越位后,在VAR帮助下改判有效,孙兴慜反击再下一城。

赛后,德国队主帅勒夫反复表达被淘汰的震惊:"我很震惊,竟然没有击败韩国队。目前还不是谈论接下来计划的时候,需要几小时平静下来。"

世界杯史诗逆转

1. 葡萄牙队上演超级大逆转

1966年世界杯1/4决赛，葡萄牙队5:3惊险逆转朝鲜队。"黑豹"尤西比奥凭借一己之力，上演了扭转乾坤的好戏。比赛仅仅踢了25分钟，朝鲜队就以3:0领先。但尤西比奥如有神助，完成"大四喜"帮助球队逆转，同时他成为世界杯历史上第5位单场比赛打入4球的球员。此役过后，葡萄牙队一跃成为欧洲足坛一支不可忽视的球队，尤西比奥本人也以9粒进球成为当届世界杯的最佳射手。

2. 进球大战！从 0∶3 到 7∶5

　　世界杯历史上单场进球最多的比赛，而且全部的 12 个进球都是在 90 分钟以内完成的，甚至没有耗费加时赛的时间。1954 年 6 月 26 日，瑞士洛桑的拉彭泰斯体育场，3.5 万名观众大饱眼福，亲眼看了一场起伏跌宕的较量。前 23 分钟，瑞士队连进 3 球，但这并不足以带给他们胜利。从第 25 分钟到第 34 分钟里，奥地利队不可思议地连进 4 球，瑞士队从狂喜到被打懵只有短短 9 分钟！

　　从下半场开始，进球接连而至，90 分钟比赛结束，最终比分定格为奥地利队 7∶5 战胜瑞士队！本场比赛中诞生了两位帽子戏法英雄，瑞士队的霍奇和奥地利队的瓦格纳各自打进 3 球。

　　7∶5 的比分至今仍是世界杯的单场进球比分纪录，从现在的情况看，这一纪录很可能被永久封存。这场比赛也是 1954 年世界杯的一个缩影，在这届世界杯 26 场比赛中，共打进了 140 个球，平均每场 5.38 个进球，场均进球数至今仍为历届世界杯最高。

3. 加时 1∶3 落后，联邦德国队奇迹翻盘

　　提起世界杯经典逆转，不得不让人想起 1982 年世界杯这场比赛，加时赛，法国队 3∶1 领先，但德国人实现了不可思议的大逆转。

　　此役，联邦德国队先进球，第 17 分钟，利特巴尔斯基首开纪录。但联邦德国队仅仅领先了 9 分钟，法国队就还以颜色，罗杰托突入禁区制造了点球，普拉蒂尼一蹴而就。90 分钟，双方战成 1∶1 平。

　　加时赛，特雷索的任意球破门和吉雷瑟的凌空勾射，帮助法国队 3∶1 领先。6 分钟内连续遭到两次打击，这本足以致命，但却没能打倒强悍的德国队。替补出场的鲁梅尼格在 102 分钟时打进一球，第 108 分钟，奇迹发生了，菲舍尔的门前倒钩不可思议地挂入了死角，3∶3 平！联邦德国队一只手挂在悬崖边，但他们最终又爬上来了！

　　点球大战也是一次小小的逆转。第 4 轮罚球，联邦德国队斯蒂利克的点球被法国门将艾托里扑出，胜利在向法国招手，但舒马赫这个时候站了出来，他挡出了希克斯的射门，又在数轮后扑出了博西斯软弱无力的罚球，随着赫鲁贝施沉稳的主罚命中，历史终于选择了更加坚韧的德国队作为胜利者。从这届开始，联邦德国队连续三次打进世界杯决赛，并在 1990 年夺得冠军。而对于这批才华横溢的法国队球员来说，这场失利是终生难忘的，普拉蒂尼后来感叹："如果我们当时意识到自己有多么出色，我们就永远不会输掉那场比赛。"

4. 最不可思议的决赛

这也许是世界杯历史上最不可思议的决赛。1954年7月4日，伯尔尼的万克多夫体育场里，6万观众目睹了奇迹的诞生。两周前的小组赛中，联邦德国队曾以3∶8惨败给匈牙利队，但那是该队主帅赫尔贝格的"阴谋"之一，那场比赛中他派出的多为替补，决赛中，实力强大的匈牙利队一度2∶0领先，但联邦德国队实现3∶2大逆转。

5. 开场三闷棍，南美劲旅神奇扳平

1962年世界杯苏联队与哥伦比亚队的比赛，开场前11分钟，对于苏联队而言可谓梦幻开局，3分钟内连进3球！之后虽被哥伦比亚队扳回一球，但苏联队马上就把比分扩大为4∶1。然而，命运女神还是和苏联队开了个玩笑，最后20多分钟的时间里，对手哥伦比亚队戏剧般地连进3球，最终4∶4战平苏联队。

6. 非洲新军创造历史

2002年韩日世界杯小组赛最后一轮，非洲新军塞内加尔队对决南美劲旅乌拉圭队。在此之前，四支球队均有出线机会。但仅积1分的乌拉圭队出线希望渺茫，而塞内加尔队打平即可顺利出线。

在上半场比赛中，塞内加尔队连进3球，以3∶0领先乌拉圭队。下半场比赛，乌拉圭队打进3粒球顽强地将比分扳平。同组另一场比赛，丹麦队2∶0战胜法国队。最终，首次进入世界杯的塞内加尔队爆冷挤掉上届冠军法国队、南美劲旅乌拉圭队，同丹麦队携手出线。

7. 德国队重赛倒下

1938年6月4日，充满火药味的第三届世界杯在法国举行，总共有15支球队参加比赛。

德国队和瑞士队的比赛，经过加时赛以1∶1的比分战平。根据当时的规则，两队还需要加赛一场决出晋级队伍。

重赛的上半场比赛，德国队以2∶0领先瑞士队，似乎胜券在握。没想到下半场瑞士队展开凌厉反击，连续踢进4个球，特别是前锋安德烈·阿贝格伦在3分钟内连进两球，力挽狂澜击败了德国队，德国队由此止步第一轮。

德国队战败的消息传出后，巴黎几乎全城市民都为瑞士队的胜利欢呼庆祝。德国队第一轮即被淘汰之后，许多报纸评论称："这不仅是瑞士队的胜利，也是世界杯的胜利。"

8. "轰炸机"加时绝杀

1970年世界杯在墨西哥举行，16支球队被分成4组。小组赛，联邦德国队对秘鲁队、保加利亚队和摩洛哥队三战全胜；英格兰队战胜罗马尼亚队、捷克斯洛伐克队，不敌巴西队，以小组第二的身份出线。1/4决赛狭路相逢，联邦德国队对阵上届冠军英格兰队，比赛开始后，英格兰队连下两城，以2∶0领先联邦德国队。第69分钟，贝肯鲍尔扳回一球；第82分钟，联邦德国队再进一球，比分变成2∶2。双方进入加时赛，第106分钟，盖德·穆勒右脚凌空垫射破门，联邦德国队3∶2绝杀英格兰队，上演逆转好戏。

9. 93分钟希腊队创造历史

2014年世界杯小组赛首战，希腊队0∶3惨败于哥伦比亚队，次战0∶0战平日本队，希腊队最后一轮面对的对手，是德罗巴等球星领衔的"非洲大象"科特迪瓦队，后者只要1分就能出线。希腊队在缺少球队核心卡楚拉尼斯的情况下，凭借着萨马拉斯的进球一度领先。但是科特迪瓦队在第74分钟的进球几乎让他们摸到晋级之门。最后时刻，还是萨马拉斯，第93分钟他的进球帮助希腊队完成绝杀，这也是昔日的欧洲杯冠军得主历史上首次晋级世界杯淘汰赛。

10. 比利时队读秒绝杀日本队

比利时队当时世界排名第三，日本队仅排名第 61 位。但谁也没想到，比赛第 48 分钟和第 52 分钟，原口元气和乾贵士先后破门，日本队两球领先。随后，比利时队如梦初醒，开始疯狂反扑，第 69 分钟和第 74 分钟，维尔通亨和费莱尼的两次头球破门，将比分扳平。

第 94 分钟，比利时队完成绝杀！库尔图瓦手抛球发动反击，德布劳内斜传右路，穆尼耶 45 度低传禁区内，卢卡库点球点漏过，跟进的查德利小禁区前推射入网，3 : 2！

只需要 10 秒，再坚持 10 秒日本队就能把比利时队拖进加时赛，可运气还是差了那么一点点。赛后，日本队主帅西野朗表示："这就是世界杯恐怖的地方，我们拼命去追求它了，但还是缺少了点什么，比利时队真的很强。"

附表：历届世界杯冠亚军

年份	主办国	冠军	比分	亚军
1930年	乌拉圭	乌拉圭队	4∶2	阿根廷队
1934年	意大利	意大利队	2∶1（加时）	捷克斯洛伐克队
1938年	法国	意大利队	4∶2	匈牙利队
1950年	巴西	乌拉圭队	循环赛	巴西队
1954年	瑞士	联邦德国队	3∶2	匈牙利队
1958年	瑞典	巴西队	5∶2	瑞典队
1962年	智利	巴西队	3∶1	捷克斯洛伐克队
1966年	英格兰	英格兰队	4∶2（加时）	联邦德国队
1970年	墨西哥	巴西队	4∶1	意大利队
1974年	联邦德国	联邦德国队	2∶1	荷兰队
1978年	阿根廷	阿根廷队	3∶1（加时）	荷兰队
1982年	西班牙	意大利队	3∶1	联邦德国队
1986年	墨西哥	阿根廷队	3∶2	联邦德国队
1990年	意大利	联邦德国队	1∶0	阿根廷队
1994年	美国	巴西队	0∶0（加时） 3∶2（点球）	意大利队
1998年	法国	法国队	3∶0	巴西队
2002年	日本、韩国	巴西队	2∶0	德国队
2006年	德国	意大利队	1∶1（加时） 5∶3（点球）	法国队
2010年	南非	西班牙队	1∶0（加时）	荷兰队
2014年	巴西	德国队	1∶0（加时）	阿根廷队
2018年	俄罗斯	法国队	4∶2	克罗地亚队

注：1950年世界杯未举行单场的冠军决赛，而是由4支球队进行循环赛，根据各队总积分排定名次。最终排名：第1名乌拉圭队、第2名巴西队、第3名瑞典队、第4名西班牙队。

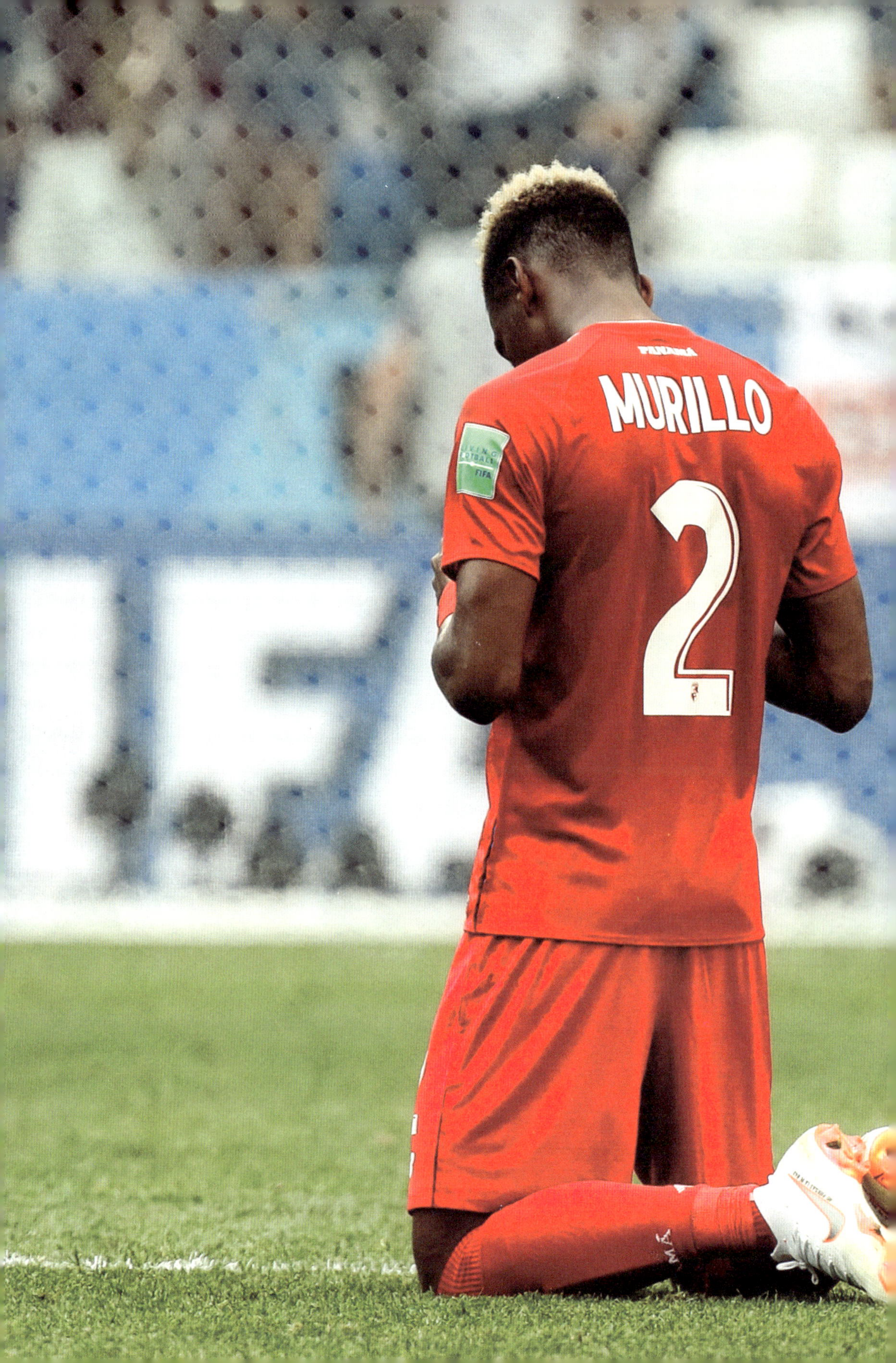
MURILLO
2

梦想照进现实

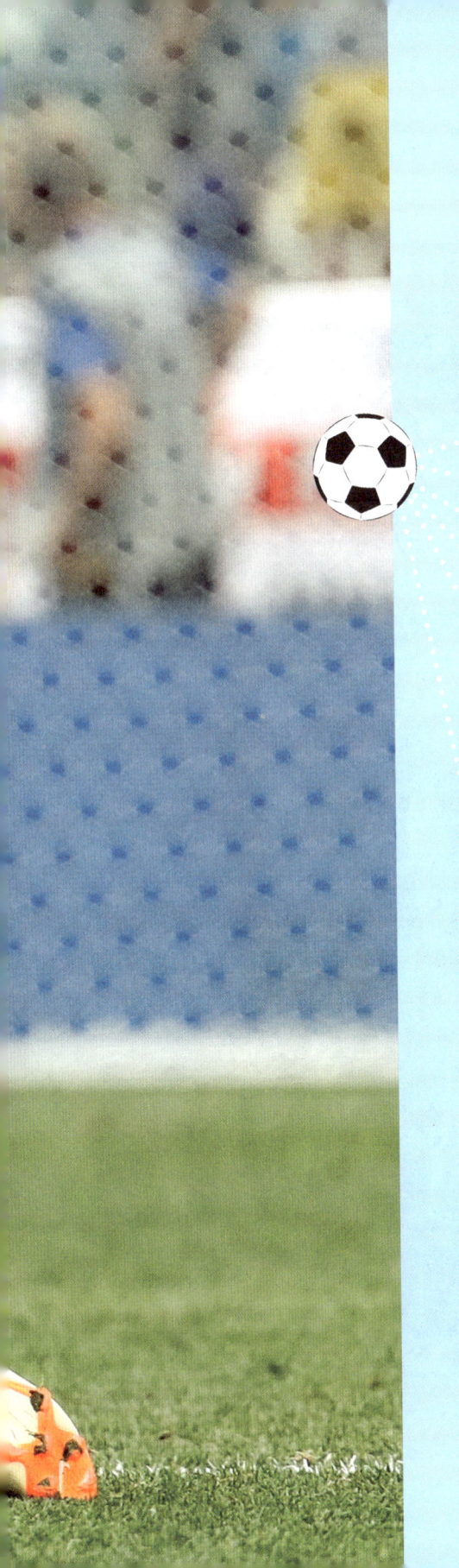

神迹：这样的足球你怎能不爱

致敬！
日本女足的登顶路

2011年，亚洲足球终于登顶世界之巅。2011年德国女足世界杯，日本女足问鼎世界杯冠军，创造亚洲足球历史。那么，日本女足是如何创造奇迹的呢？

2011年女足世界杯小组赛，日本队和新西兰队、墨西哥队、英格兰队同组。第一场，日本队4∶0大胜新西兰队；第二场，日本队4∶0大胜墨西哥队；第3场，日本队虽然0∶2不敌英格兰队，但仍小组出线。

1/4决赛开始，日本队正式开启奇迹之路。此前，日德女足交战的记录是1平7负，日本队从未战胜过德国队。面对东道主德国队，全场射门数对比，德国队25次，而日本队只有9次。加时赛中，前锋丸山桂里奈接泽穗希的致命传球后完成射门，日本队1∶0绝杀强大的上届冠军，20年来首次进入世界杯四强。日本媒体《日刊体育》赛后用"创造历史的一夜"来评价本场比赛。

半决赛，日本队3∶1淘汰瑞典队。比赛中瑞典队取得梦幻开局，开赛仅仅10分钟瑞典队便1∶0领先。但9分钟后日本队就将比分扳平，川澄奈穗美门前包抄右脚破门。第59分钟，泽穗希门前补射得手，日本队2∶1将比分反超。此后，川澄奈穗美距离球门40米处凌空吊射破门，日本队3∶1战胜瑞典队！日本队创造历史，打进女足世界杯决赛！

2011年7月18日，女足世界杯决赛在德国法兰克福世界杯体育场打响，首次杀入决赛的日本队迎战两届世界杯冠军得主美国队，双方交锋战绩是3胜22负，日本队并不被看好。全场比赛，日本队都很被动，前15分钟，美国队完成5脚射门，日本队0脚。第17分钟和第28分钟，美国队的射门分别击中立柱和横梁。

第68分钟，美国队球员摩根抽射破门，美国队1∶0领先！第79分钟，在禁区里宫间绫混战破门，日本队扳平。90分钟常规时间，双方踢成1∶1，比赛进入加时赛。第103分钟，美国队再度取得领先，摩根左路传中，瓦姆巴赫原地头球破门。第114分钟，泽穗希后脚跟挑射得分，日本队顽强扳平比分，比赛进入点球大战。

点球大战，日本队门将海堀步美如有神助，两度扑出美国队点球，熊谷纱希一蹴而就，杀死比赛！顽强的日本队 5:3 击败美国队，获得世界杯冠军，成为首支夺得成人世界杯冠军的亚洲球队。

赛后，FIFA 盛赞日本队："日本队终于实现所有亚洲人的足球梦想，帮助亚洲历史性地第一次夺得世界杯的冠军！"日本媒体更是激动，《读卖新闻》除报道比赛战况外，重点介绍日本队夺冠的历史意义："这是日本在国际足联举办的比赛中，第一次拿到冠军。"《朝日新闻》撰文："日本队首次拿到了世界杯冠军。从第一届女足世界杯开始，日本队已经连续 6 次参加比赛，这次获得了比北京奥运会四强更好的成绩。"

当时，美国时任总统奥巴马也祝贺日本队："真是一场恶战，恭喜日本队成为女足世界杯冠军！"

翻看日本队的成长经历，我们惊奇地发现日本队曾经竟然是那么的艰辛。1980 年，日本国内开始了日本女足联赛，但只是小规模的赛事。在经历了漫长的十年等待后，日本足协才正式举办了全国范围内的女足联赛。

1994 年，日本设立了 L 联赛，他们将众多的世界级国脚囊括进去，一时间 L 联赛成为当时世界上水平最高的女足赛事。日本女足联赛成为全世界瞩目的焦点。众人以为日本女足即将腾飞，1998 年由于经济危机的原因，L 联赛先后有三支球队退出。2003 年日本女足联赛更是无人问津，这是日本女足的谷底，也是触底反弹的开端。2003 年女足世界杯，日本队 1 胜 2 负，小组赛惨遭淘汰，这再次让日本足协深受打击，日本足协开始想办法提振日本女足。

2004 年，日本女足开始恢复元气，日本足协首先将合二为一的联赛再次拆分，即使面临顶级联赛只有 8 支球队的窘境，也要恢复升降级制度。其次，日本足协联手地方协会，让女足运动走进校园，在学校成立女足社团、兴趣课，设立高中女足锦标赛，这些举措大大增加了女足运动的社会基础。

完成普及之后，日本女足走上了"精英化"的培养路线。日本足协打造了一套四个层级的训练中心制度，将有潜力的小球员送往日本的国家训练中心——JFA 足球学院。此外，日本足协选拔 U15 以上的女足球员以未来国字号预备军身份参加年度各项集训的"女足国脚挑战企划"，出台了出资送日本队核心队员留洋的"海外指定选手制度"。

经过长期的磨合和锻炼，日本队的水平迅速提高，2011 年世界杯，日本队让全世界为之一亮，英媒对他们的表现大加赞赏："除了天赋和身体外，日本队在其他方面做到了极致。"

值得一提的是，在高桥阳一的漫画《足球小将》的影响下，数以万计的日本儿童走上足球场，缔造了当今日本足球的盛景。2011 年，高桥阳一开始了"女版《足球小将》"的创作，其中的主角"小枫"就是以泽穗希为原型。当被问到为什么要做"女版《足球小将》"时，高桥阳一表示他是深受日本女足在艰难中前行的感动："绿茵场上容不下傲慢，我认为我们的女足姑娘无论在任何场合下都能保持一颗谦逊、平稳、果敢的心，比如泽穗希，永远都在不知疲倦地奔跑，哪怕明知道自己会输，但她敢在最难的地方站出来、挺住。"

同时，日本队并不是昙花一现，在获得女足世界杯冠军后的 7 年时间，她们又先后问鼎 U20、U17 及少年组三项世界冠军，成为女足历史上第一支包揽这 4 项冠军的球队。

神迹：这样的足球你怎能不爱

励志！
战乱走出来的冠军

国家队篇

2007年，战火中的伊拉克队上演奇迹，队史首次问鼎亚洲杯冠军。对于这个饱受战争蹂躏的国家来说，实在令人称奇。

在2007年亚洲杯开赛前的几周，伊拉克队甚至连主教练都没有。直到开赛前的最后一刻，伊拉克队才临时敲定了他们的主帅：来自巴西的若尔万·维埃拉。

小组赛阶段，伊拉克队和澳大利亚队、泰国队、阿曼队同组。

揭幕战在A组的泰国队与伊拉克队之间展开交手，泰国队在第6分钟依靠点球获得领先，随后伊拉克队在第32分钟扳回一城，并将比赛定格在了1∶1，为伊拉克队打入球的球员叫作尤尼斯·穆罕默德。后来的人们都知道，属于这名伊拉克人的好戏正要上演。

第二场比赛中，伊拉克队3∶1爆冷击败澳大利亚队，凭借着这场胜利，伊拉克队力压澳大利亚队以小组头名出线。

第三场，伊拉克队0∶0战平阿曼队。

小组积分榜，伊拉克队5分，获得小组头名；澳大利亚队4分，排名第二；泰国队也是4分，但以净胜球劣势未能小组出线，阿曼队2分垫底。

来到1/4决赛，伊拉克队遇上了惊险晋级的东道主之一的越南队，依靠着尤尼斯的梅开二度，伊拉克队拿下对手。

伊拉克队在半决赛中遇上了韩国队，这是两队自1988年在吉隆坡交手后的首次对阵。经过120分钟的鏖战，伊拉克队在点球大战中4∶3战胜韩国队挺进决赛，他们正在书写自己的神话。

2007年7月29日，亚洲杯决赛在沙特阿拉伯队与伊拉克队之间展开，沙特阿拉伯队渴望拿下他们的第四座亚洲杯奖杯，而另一边，伊拉克队也同样渴望着冠军的荣誉，这是自1976年屈居第四以来他们夺得的最好成绩。沙特阿拉伯队是这届赛事上进攻火力最强的球队，从小组赛第二轮起他们就用凌厉的进攻打败了所有的对手，这次面对伊拉克队，沙特阿拉伯队相信也不会例外。

但是伊拉克队用表现证明，他们能够杀入决赛绝非运气，他们守住了沙特阿拉伯队的进攻。比赛进行到第72分钟时，伊拉克队的英雄再度挺身而出，尤尼斯头球攻门打破僵局，伊拉克队如愿举起了冠军奖杯。

尤尼斯也因为出色的表现荣膺了2007年亚洲杯MVP的称号，成为伊拉克队足球黄金一代的象征人物。金靴奖，金球奖，还有从未得过的亚洲杯，尤尼斯以队长和足球之名，让伊拉克人获得了转瞬即逝却难能可贵的欢愉。

夺冠当天，战火纷飞的伊拉克国内仍时不时传来阵阵枪声。但是，那天的巴格达街头却一反常态。数以千计的居民从家中涌上街头，他们又唱又跳，挥舞着手中的旗帜，大声地按着喇叭。一场盛大的狂欢在这片被战争连年摧残的土地上上演。那些枪声，并不是噩运的预兆，而是伊拉克人民在向他们心中此刻最伟大的英雄——伊拉克国家足球队——鸣枪献礼。

足球需要神话，一如2004年欧洲杯上的希腊队。但是，神话的产生都不是偶然的，这支伊拉克队的骨架是2000年德黑兰亚青赛上夺冠的那支U19国青队。从亚青赛冠军到奥运会第四名，再到亚运会亚军，他们一步步成熟，一步步走来，终于登上了亚洲足球的最高峰。

2007年金球奖，最终属于卡卡，尤尼斯排名第29位。在一篇名为《忘掉卡卡吧，我的年度最佳就是尤尼斯》的文章中，《卫报》如是写道："水深火热的生命威胁，家人深陷的安全隐患，在故土支离破碎的困境下，还要以队长之名承担团结祖国的重任……相较于尤尼斯在过去12个月经历的残酷现实，就算是卡卡的欧冠和世俱杯金牌，也会显得黯淡无光吧。"

伊拉克队夺冠10周年时，球员萨利赫·萨迪尔曾回忆："我们当时觉得踢一两场球就得出局回家。"但是一切都在第二场对战澳大利亚队时改变了。一场3∶1的大胜不仅唤醒了球员们的求胜意志，更在伊拉克国内取得了广泛的关注。"每次只要我们一赢球，我们就跑回更衣室关注国内的反应，听听我们家人的声音，越来越多不同种族的人开始支持我们，我们发现自己正激励一波又一波人团结起来。于是我们下定决心要把亚洲杯冠军带回去。"萨迪尔说。

当伊拉克队打进决赛，国内球迷纷纷上街庆祝，但是，自杀式汽车炸弹袭击炸死了众多上街庆祝的球迷。一度有传言说伊拉克队的一些球员打算放弃决赛，因为他们清楚地明白夺冠意味着更多人会上街庆祝。这时，一位母亲站了出来，她的儿子因为上街庆祝球队胜利而被炸弹炸死。她走进伊拉克国家电视台，通过电视向所有伊拉克人民表示，除非伊拉克队捧回亚洲杯的冠军奖杯，不然她就拒绝安葬自己的儿子。"对我们球队的信心、斗志和决心影响最大的就是那位母亲，"萨迪尔说，"她是一切的转折点。"

每当提及登顶亚洲杯这段往事，伊拉克足球人还是会一遍又一遍满怀骄傲地把每一场比赛都详细地讲给你听。就像伊拉克队冠军成员哈瓦尔·穆罕默德说的那样："我们必须要把这份快乐带给战火中的伊拉克人。"无论是何种困境，足球带来的精神鼓舞就是那根牢不可破的国家纽带。

神迹：这样的足球你怎能不爱

圆梦！
中国男足冲出亚洲

2001年10月7日，值得中国足球永远铭记的日子。在沈阳五里河体育场，依靠于根伟的唯一进球，中国队1：0击败阿曼队，成功晋级2002年日韩世界杯决赛圈。

从1957年开始，中国队开始冲击世界杯，2002年日韩世界杯亚洲区预选赛，中国队的机会终于来了。第一阶段比赛，中国队与印尼队、马尔代夫队以及柬埔寨队分在一个小组，最终，中国队6战全胜，轻松晋级10强赛。当时，亚洲有4.5个名额，日本队、韩国队作为东道主占据了两个名额，剩下10队争夺2.5个名额。10强赛中国队避开伊朗队和沙特队，和阿联酋队、乌兹别克斯坦队、卡塔尔队以及阿曼队分到一组。

首场比赛，李霄鹏开场2分钟便首开纪录，中国队3：0大胜阿联酋队。第二场，祁宏、范志毅下半时的进球帮助中国队客场2：0战胜阿曼队。第三场，李玮峰在终场结束前进球，中国队1：1绝平卡塔尔队。随后，中国队主场2：0击败乌兹别克斯坦队、1：0击败阿联酋队。中国队形势大好，只要打平阿曼队即可提前两轮出线。

2001年10月7日，沈阳五里河体育场成为全国瞩目的焦点。第35分钟，李铁长传，于根伟门前包抄一锤定音，凭借这粒进球，中国队1：0战胜阿曼队，以小组第一出线，历史上首次打进世界杯决赛圈。

2001年10月7日

神迹：这样的足球你怎能不爱

疯狂！
小国足球的奇迹梦

在世界足坛，巴拿马队长久以来也是一支不折不扣的弱旅，俄罗斯世界杯预选赛，巴拿马队与墨西哥队、哥斯达黎加队、美国队、洪都拉斯队以及特立尼达和多巴哥队争夺3.5个世界杯资格。在最后一轮比赛之前，墨西哥队与哥斯达黎加队已经提前出线，美国队积12分排名第三，领先身后的巴拿马队与洪都拉斯队2分，并且净胜球优势明显。

最后一轮比赛，美国队爆冷输给积分垫底的特立尼达和多巴哥队，而巴拿马队在第88分钟绝杀哥斯达黎加队，最后时刻逃出生天，获得中北美及加勒比地区第三名，直接晋级俄罗斯世界杯。

巴拿马队创造奇迹，整个国家都陷入了狂欢之中，甚至10月11日被定为"世界杯突围日"，全国放假一天。

初登世界杯大赛的舞台，没人会认为巴拿马队能够创造什么奇迹，但对于他们来说，能够站在世界杯赛场的大舞台上，就已经是一个非常光荣的事情。所以在巴拿马队首场比赛开始前，几名队员听到国歌奏响后，忍不住热泪直流，这样的镜头早就感动了全世界。

面对豪强比利时队，巴拿马队的表现十分顽强，虽然已0∶3不敌对手，但他们给比利时队制造了不少麻烦；次战英格兰队，上半场就以0∶5落后，巴拿马队并没有彻底沉沦和放弃，在下半场第78分钟，他们打入一球！这是巴拿马队历史上的第一个世界杯进球，从1937年足协成立到成功闯入世界杯，他们用整整80年实现了梦想！

所有的巴拿马队员都围在一起，庆祝这个来之不易的进球。而此时的看台上，所有的巴拿马队球迷也都站了起来，为球队狂欢，整个体育场成了欢乐的海洋，不知道的人还以为巴拿马队赢球了！此时的比赛已经无关胜负，巴拿马队的顽强已经感动了世界，他们只想充分地享受足球给他们带来的快乐，而这，正是足球运动产生的真谛。

巴拿马队当然没有赢球，最终1∶6不敌英格兰队，他们第一次参加世界杯赛，就能够打入一个进球，这就足够了，这个进球对他们来说意义非凡，因为他们也不知道在下一届世界杯还能不能出现在赛场上，但是这个进球的出现，就意味着他们已经创造了奇迹。

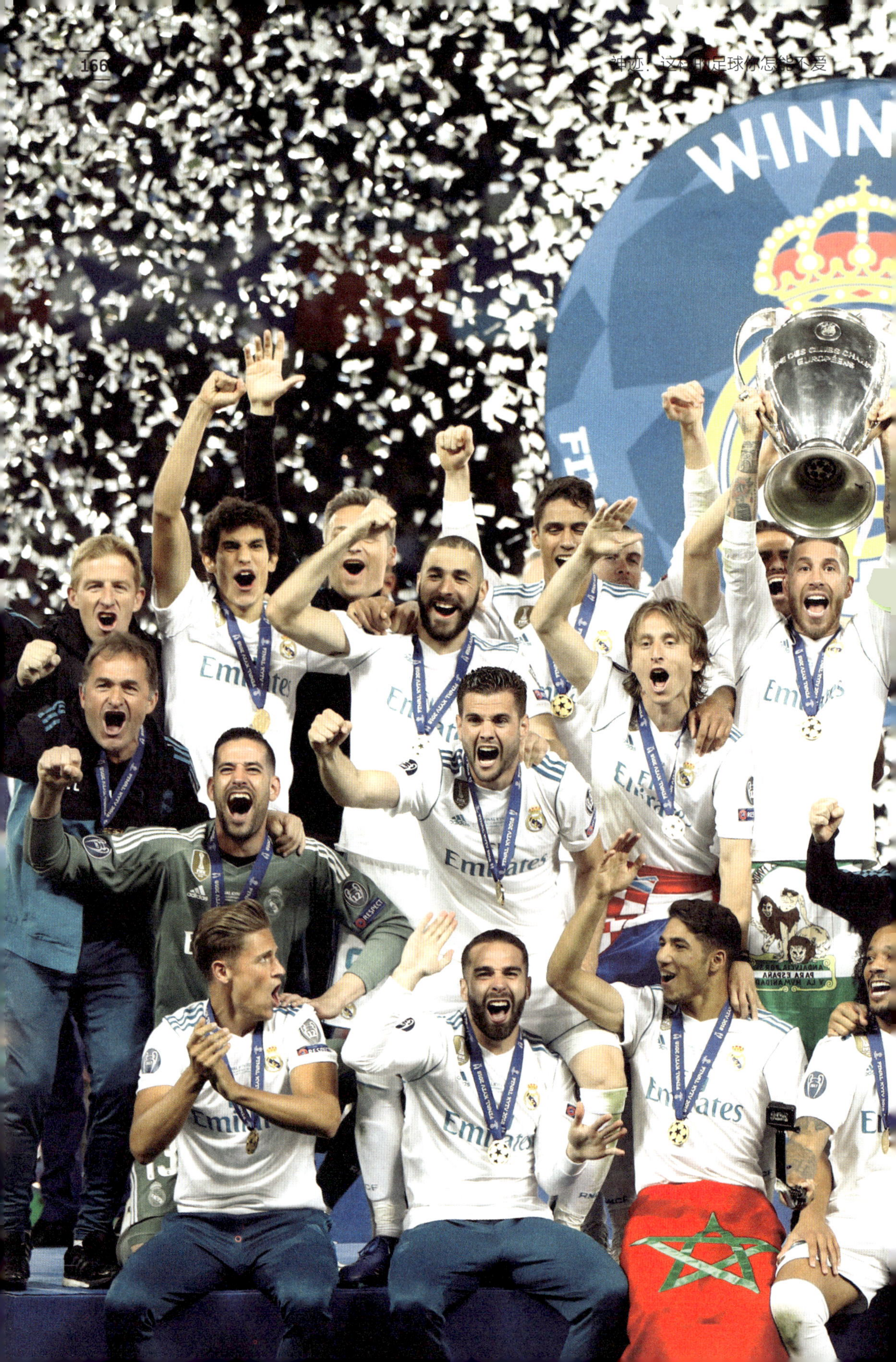
Emirates

俱乐部篇

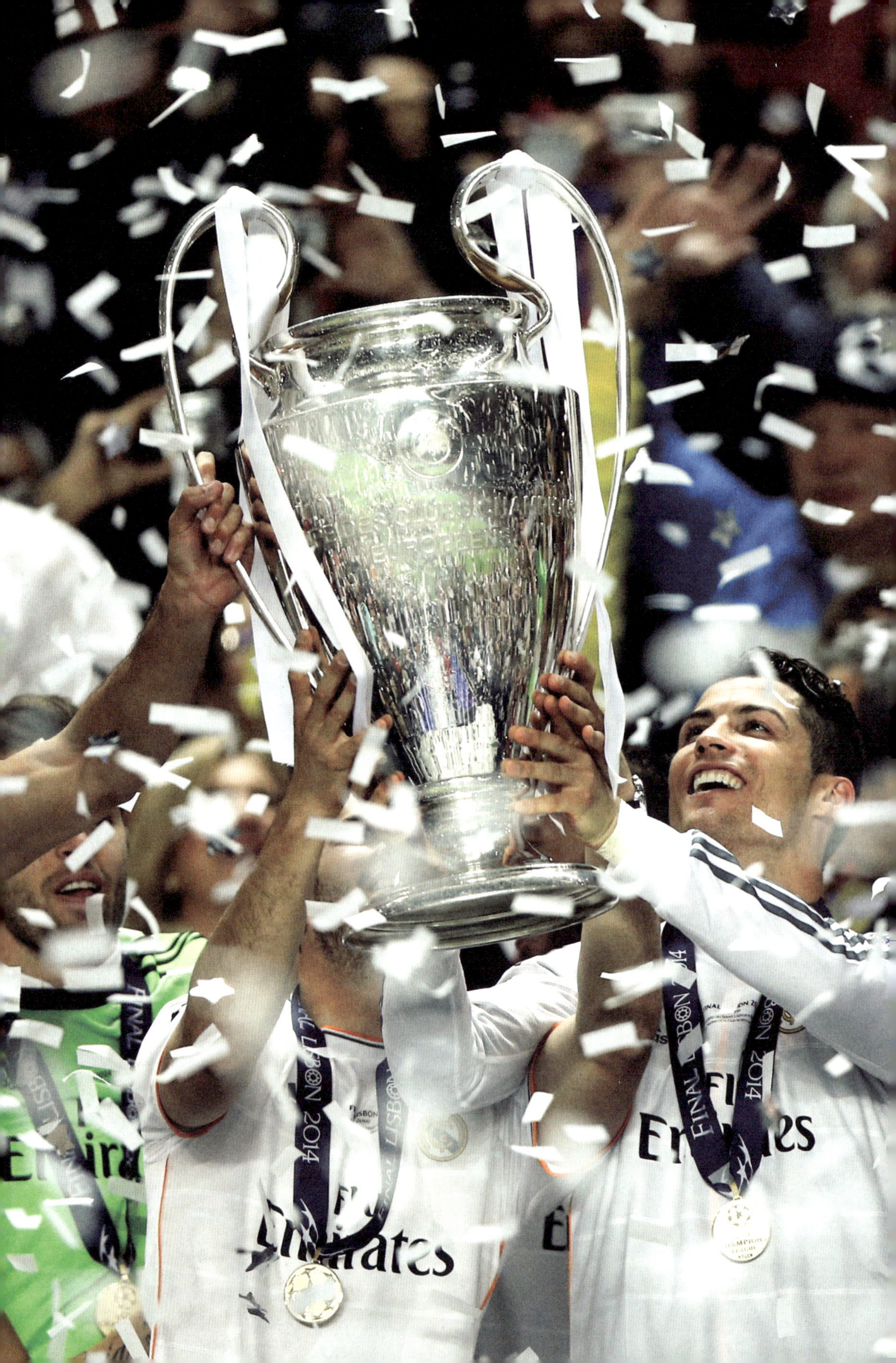
FINAL LISBON 2014

欧冠决赛之夜

神迹：这样的足球你怎能不爱

红魔诺坎普奇迹

1999年欧冠决赛在诺坎普球场进行，曼联对阵拜仁，比赛进入伤停补时，曼联仍0∶1落后，但最终的结果是2∶1，曼联上演"诺坎普奇迹"。

开场仅仅6分钟，拜仁就获得了禁区前的任意球，巴斯勒主罚，曼联的人墙位置完全挡住了近角，舒梅切尔的站位在球门中间，那个位置正好被人墙挡住了视线，巴斯勒的任意球瞄准了球门的远角，聪明地踢出一脚贴地球，由于视线被挡。舒梅切尔没有做出任何反应，球直接飞入球网，1∶0，拜仁早早获得了领先。

上半场，曼联明显处于劣势，整个上半场很难获得有威胁的射门。

下半场，弗格森首先做出调整，第67分钟，他用谢林汉姆换下了布隆姆奎斯特，试图加强进攻，正是这次换人在后面的比赛中起到了决定性作用。拜仁则换上了绍尔试图扩大自己中场的优势，这次换人差点改写比分，上场几分钟后，在大禁区弧顶一记吊射，舒梅切尔奋力跳起，未能碰到球，只见球越过舒梅切尔的手后，砸在了门柱上，曼联逃过一劫。在比赛还有10分钟的时候，曼联再次做出调整，换上了超级替补挪威前锋索尔斯克亚，这也预示着曼联即将吹响反击的号角。

时间一分一秒地过去，助理裁判举起的指示牌显示，加时只有3分钟。

第90分钟，曼联赢得了角球，几乎所有人都没有抱太大希望，角球开出后被防守队员破坏，但球并没有飞远，在弧顶处的吉格斯转身扫射，但没有打正部位，只见球鬼使神差地飞向了球门前的谢林汉姆，后者没有调整，和吉格斯做出了几乎相同的转身射门动作，由于离球门很近，卡恩根本无法做出反应，球应声入网，1∶1，曼联在90分钟的时候扳平了比分。

随后过了1分30秒，曼联卷土重来，索尔斯克斯左路拿球后，发现自己队友都没有跟上，面对紧盯自己的后卫，又获得一个角球。贝克汉姆主罚，只见球飞向了前点的无人区，谢林汉姆前插后高高跃起，抢到前点，甩头射门，球飞向了门前的索尔斯克斯，后者下意识地伸脚垫射，球改变方向，直接飞进球门右上角，2∶1！

曼联神奇地在最后3分钟里完成了逆转，最终战胜了强大的拜仁，夺得了欧冠冠军，这场比赛被称为诺坎普奇迹。

颇具戏剧性的是，当比赛快要结束时，欧足联主席约翰松走下主席台，准备给拜仁颁发冠军奖杯。走下的过程中听到看台上球迷欢呼，以为是拜仁球迷在欢呼，看来比赛已经结束了。于是他加快了脚步，之后又听到一阵球迷的欢呼声，比刚才还要强烈一些。

约翰松急急忙忙地走到场边，比赛正好结束，但场内的形势令他一脸疑惑：不是拜仁1∶0夺冠吗？怎么场内庆祝的是曼联球员？场边的工作人员告诉他，刚刚2分钟的时间内，曼联连进两球反超了拜仁。约翰松不住地摇头，连连惊叹不可思议。

伊斯坦布尔之夜

那届欧冠比赛，利物浦队磕磕碰碰闯入决赛，利物浦队对阵奥林匹亚科斯队的小组赛，杰拉德在比赛最后时刻的一脚远射将球队送进淘汰；1/4 决赛，利物浦队两回合 2∶1 艰难战胜尤文图斯队；半决赛，他们凭借路易斯·加西亚的"幽灵进球"淘汰切尔西队，拿到了前往伊斯坦布尔的决赛门票。

反观 AC 米兰队，舍甫琴科、卡卡、皮尔洛、西多夫、马尔蒂尼，"红黑军团"球星云集。因此，AC 米兰队是夺冠大热门。

比赛开始后，AC 米兰队很快取得梦幻开局，1 分钟不到，AC 米兰队就获得任意球机会，随后，皮尔洛开出任意球，禁区中路马尔蒂尼右脚一记凌空弹地斩，为球队取得 1∶0 的领先！进攻打不开局面，利物浦队在第 23 分钟遭遇打击，科威尔出现伤情，含泪下场，斯米切尔替补亮相。

第 39 分钟，AC 米兰队扩大战果，卡卡推进至前场一脚半高球挑传找到右路的舍甫琴科，舍甫琴科面对特拉奥雷横传至门前，卡拉格解围过程中并未踢着球，给了克雷斯波门前左侧推射的机会，阿根廷人破门，2∶0！

第 44 分钟，卡卡送出大师级助攻，克雷斯波单刀破门，3∶0！AC 米兰队疯狂庆祝，利物浦队似乎要被彻底打垮了。半场 3∶0 的比分，也让两队球迷陷入不同的情绪氛围中，AC 米兰队球迷在狂欢，利物浦队球迷陷入死寂。

AC 米兰队半场以 3∶0 的比分领先，在那时候许多人看来比赛基本结束了，不过贝尼特斯和他的利物浦队并没有放弃。中场休息之后，贝尼特斯换下了同样受伤病困扰的芬南，派上了当时 32 岁的德国人哈曼。也正是从此刻开始，"红军"正式开始吹响了他们反击的号角。

第 54 分钟，利物浦队追回一球，里瑟左路传中，杰拉德心领神会，禁区中路高高跃起一个头球吊门，令迪达反应不及，1∶3！进球之后，杰拉德没有庆祝，而是疯狂跑回中圈。

第 56 分钟，哈曼横敲，斯米切尔接球后在弧顶右侧射门，因为角度刁钻，迪达全力扑救，也未能阻止足球入网，2∶3！场边，安切洛蒂感到不满，而利物浦队球迷重新振作。

第59分钟，杰拉德带球杀入禁区被加图索放倒，裁判第一时间指向了点球点！阿隆索主罚的点球一度被迪达扑出，但他自己补射得手，3∶3！

此后，利物浦队众志成城，数次挡出AC米兰队的必进球。第70分钟，舍甫琴科的射门被特拉奥雷在门前挡出。常规时间最后时刻，卡卡头球偏了一点点。

第117分钟，"乌克兰核弹头"的再次发难令"红军"球迷瑟瑟发抖，但杜德克的关键两连扑，让AC米兰队再次错失了绝杀对手的机会，尤其是第二扑，堪称神奇。

就此，残酷的点球大战来了。第一轮，塞尔吉尼奥罚丢，随后哈曼的点球命中，帮助利物浦队在点球大战中占得1∶0的先机。第二轮，利物浦队门将杜德克在门前大秀舞步，皮尔洛的点球被他扑出，西塞主罚命中，利物浦队2∶0领先。第三轮，托马森罚进，里瑟的点球被迪达扑出，AC米兰队看到希望，2∶1。第四轮，卡卡和斯米切尔相继罚入点球，3∶2。最后一轮，舍甫琴科先罚，他只有罚进才能保住悬念，舍甫琴科一脚往中路射去的半高球被杜德克挡了出来，利物浦队点球大战4∶2取胜，总比分7∶5，奇迹诞生了。

赛后，利物浦队球迷脱衣、落泪、狂欢，而AC米兰队球迷坐着发呆，不敢相信眼前发生的一切。

AC米兰队队长马尔蒂尼事后谈到这场比赛："我在一年后才敢再次观看决赛的录像，我们3∶0领先，我在40秒后进球，我们在120分钟内主宰了110分钟，但仍然没有取胜。这让我想起了足球是多么奇怪。"

伊斯坦布尔之夜，如果你之前没有见过奇迹，那么这个夜晚，你真的看到了奇迹。

神迹：这样的足球你怎能不爱

有一种奇迹叫 9248

2013-2014赛季欧冠决赛在皇马和马德里竞技队（以下简称"马竞"）两支西班牙球队之间展开较量。在西甲联赛，两队就是世界足坛著名的同城死敌，水火不容。而当两队在欧冠决赛狭路相逢，注定就是要上演你意想不到的戏码，事实也是如此。

比赛进行得十分激烈。马竞的进球，为他们取得领先。实力更胜一筹的皇马，在落后之际，对"床单军团"进行狂轰滥炸。但是西蒙尼率领的球队，以铁血防守著称，1∶0的优势一直在保持着。

时间在一分一秒地流逝，马竞队史的第一个欧冠冠军就在眼前。然而绿茵场就是诞生奇迹的地方，不到最后一刻，什么都有可能发生。

比赛补时的最后一分钟，皇马毕其功于一役，获得角球，莫德里奇火速开出。只见禁区内，拉莫斯高高跃起，一锤定音，皇马扳平比分。此时比赛时钟定格在92分钟48秒，皇马奇迹般的读秒绝平，双方进入加时赛。而"9248奇迹"也成为世界足坛一个经典的瞬间。

当拉莫斯绝平之后，皇马球员肆意庆祝着。然而精疲力竭的马竞球员，似乎感受到了绝望，替补席上的球员，甚至因此而痛苦。似乎这一切都预示着，在加时赛中，马竞将难以招架皇马的攻势。

当然比赛结果证明也确实如此。加时赛，皇马连进三球，贝尔、马塞洛、C罗，给予马竞无可挽回的痛击。皇马夺得队史第10座欧冠冠军，有什么能够比踩着死敌夺得欧冠第10冠更值得庆贺呢？那就是完成一次92分钟48秒的神迹！

10冠在手，皇马当之无愧为欧冠之王。1955-1956、1956-1957、1957-1958、1958-1959、1959-1960这5个赛季，皇马5次捧起欧洲冠军杯。当时的皇马，在欧洲冠军杯中击败过佛罗伦萨队、AC米兰队、朗斯队、法兰克福队成就五连冠神话。

经历梦幻般的欧冠五连冠之后，皇马的阵容出现老化，但1961-1962和1963-1964赛季，皇马还是两度闯入冠军杯决赛，可惜分别败给本菲卡队和国际米兰队。1965-1966赛季皇马打进欧冠决赛，历史上最伟大、执教时间最长的穆尼奥斯，带领球队2∶1击败贝尔格莱德红星队第6次夺得欧冠冠军。普斯卡什、迪·斯蒂法诺已经退役，传奇射手亨托第6次拿到欧冠奖杯，成为欧冠史上夺冠次数最多的球员。

皇马的第 7 座欧冠冠军，等了足足 32 年，1997-1998 赛季，海因克斯率领皇马夺得欧冠冠军。1999-2000 赛季欧冠决赛，皇马 3∶0 完胜瓦伦西亚队，历史上第 8 次捧起欧冠奖杯。21 世纪一开始，皇马在弗洛伦蒂诺的打造下，开创"银河战舰"时代。菲戈、齐达内、罗纳尔多、贝克汉姆、欧文等大牌悉数加盟，加上卡洛斯、劳尔等球星，皇马组成了足球史上罕见的全明星阵容，银河战舰一代的皇马获得 2001-2002 赛季欧冠冠军。

2009 年弗洛伦蒂诺打造第二代银河战舰，但穆里尼奥执教皇马 3 年，球队 3 次止步半决赛。直到 2013-2014 赛季，安切洛蒂成为皇马主帅，皇马终于等到苦盼 12 年之久的欧冠奖杯。

这一冠，也随着拉莫斯的神来之笔，变得更加意味深长。

后来，拉莫斯如此评价"9248 奇迹"："进球就像我的孩子们一样，很难评价孰好孰坏。但是的确有一个进球非常特别，是我职业生涯的光辉一页，那就是在里斯本对阵马竞的进球。"

1974 年的神奇决赛

1974年5月18日，欧冠决赛在比利时布鲁塞尔进行，对阵双方是拜仁和马竞。加时赛还剩最后20秒，拜仁仍0:1落后，眼看败局已定，"拜仁铁卫"施瓦岑贝克35米外突施冷箭，球直钻球门右下角，读秒扳平！有了这个1:1，拜仁才有了和马竞3天后加赛一场的机会。

虽然自1970年欧足联的比赛中就已采用点球大战，但当时还不会用点球来决定冠军，于是，这是有史以来第一次也是最后一次欧冠决赛需择日再战以决出冠军。

被扳平比分的马竞在心理上就落了下风，而重赛又被安排在两天以后的周五，48小时的休息时间远不足以让疲惫不堪的西班牙球队恢复精神，如何保持充沛的体力也是他们的难题。不仅如此，伊鲁埃塔由于对穆勒的犯规将被停赛，这无异于雪上加霜。

贝肯鲍尔在自传中回忆："后来我们知道我们将会夺冠，因为我们不会再表现得那么糟糕了。"他们的确没有，尤其是赫内斯，一扫上场比赛的颓废，如入无人之境。第28分钟，赫内斯右前场接队友长传，晃过对方防守，踏马流星般突入马竞禁区，穿裆雷纳为拜仁先下一城，拜仁攻击大幕就此拉开。第58分钟，穆勒小禁区外两米凌空抽射，球以一个不可思议的角度直挂球门远角，为拜仁再下一城。第71分钟，还是穆勒，反越位接贝肯鲍尔中场挑传，越过雷纳再入一球，领先优势扩大至3球。终场前8分钟，打疯了的赫内斯自中场断球，气势如虹不可阻挡，单骑闯关将比分固定为4:0！拜仁登上欧洲足坛之巅，三冠王伟业自此开启。

拜仁一鼓作气，在1975年和1976年再度折桂，完成欧冠三连冠，成为欧洲一线豪门。马竞则痛失抢在巴萨前成为第二家问鼎欧冠的西班牙球队的机会，至今，马竞从未赢得过欧冠冠军，只拿到过3次亚军。

切尔西老男孩圆梦欧冠

在英超历史上，切尔西算不上传统豪门，但自从阿布入主后，切尔西成为英超新贵，但他们一度始终无法赢得欧冠冠军。2008年，切尔西打进欧冠决赛，在占据优势的情况下，他们点球不敌曼联无缘冠军。2009年，切尔西在多打一人的情况下遭遇争议判罚，最终遭伊涅斯塔绝杀。赛后，德罗巴情绪失控，手指裁判赫宁并破口大骂，他还对着摄像机大吼"这是耻辱"，德罗巴因此受到了欧足联6场禁赛的处罚。

本来以为切尔西巅峰已过，这批球员拿不到欧冠冠军了。

但2011-2012赛季，切尔西开始了神奇之旅。小组赛，切尔西先后在对阵勒沃库森队、瓦伦西亚队和亨克队的比赛中取得了全部主场胜利，并1球未失，客场也取得了2平1负的战绩，顺利以小组头名晋级淘汰赛。在1/8决赛中，球队在首回合客场以1:3负于那不勒斯队后，回到主场凭借加时赛的进球以4:1淘汰对手。1/4决赛，球队又以主场2:1、客场1:0的比分战胜本菲卡队，其半决赛将面对上届冠军巴萨。切尔西先是在主场以1:0小胜，后在巴萨主场，切尔西通过链式防守以2:2顽强逼平对手而进军决赛。在这场比赛中，梅雷莱斯、伊万诺维奇和拉米雷斯因累计两张黄牌，特里因红牌被罚下，均无缘参加决赛。

由于此前半决赛在与巴萨的比赛中多人吃到黄牌，决赛中，切尔西此役缺少了很多主力，本场比赛大部分时间都处于被动的状态，拜仁也一直创造出机会。第83分钟，穆勒接克罗斯传中，头球顶出一记反弹球，终于攻破切赫把守的大门，切尔西0:1落后拜仁！

正当所有人都认为拜仁会在自己的主场捧起大耳朵杯时，切尔西奋起反击。第88分钟，丢球后替补出场的托雷斯制造了本场比赛切尔西的第一个角球，马塔开出角球，德罗巴狮子甩头破门得分，"魔兽"将蓝军从死亡线上拉了回来。

加时赛中，德罗巴绊倒里贝里，裁判判罚点球，然而罗本主罚的点球却被切赫直接抱住。

比赛进入点球大战，诺伊尔率先扑出马塔的点球，不过切赫随后接连扑出奥利奇和施魏因施泰格的点球。最终德罗巴在第 5 轮罚中，切尔西的老男孩们终于圆梦欧冠赛场。

赛后，强悍如德罗巴这样的男人也难以抑制自己的情感，"魔兽"流着泪飞奔向后场，与队友紧紧拥抱，赢了！太不容易！

2008 年莫斯科雨夜，德罗巴因为掌掴维迪奇而被红牌罚下，本来德罗巴是切尔西拟定在点球大战中第 5 个出场的人选，如果没有这次冲动的犯规，或许就没有后来特里的脚底打滑，切尔西最终错失了一次登上欧洲之巅的绝佳机会，而这张红牌也成为德罗巴职业生涯中最大的遗憾。4 年后的安联球场，德罗巴终于实现了完美的救赎，他先是在第 88 分钟用一记金子般的头球拯救了球队，随后又在点球大战中最后一个出场并且一锤定音，帮助切尔西拿下了队史上首座欧冠冠军奖杯！这样的德罗巴，这样的切尔西老男孩，怎能不让人感动！

欧冠之最

1 欧冠悬殊分差

1973–1974赛季欧冠赛事中，罗马尼亚的布加勒斯特迪纳莫队以11∶0的比分狂胜北爱尔兰的克鲁萨德斯队，创造了欧冠历史上单场最悬殊的比分。

两回合的欧冠比赛中，本菲卡狂轰18球，分别以10∶0和8∶0的悬殊比分结束两场战斗，最终凭借18∶0的总成绩淘汰杜迪兰治，创造两回合最悬殊分差。

在1969–1970赛季欧冠赛事中，荷兰劲旅费耶诺德队主场12∶2狂胜冰岛球队雷克雅未克队，创造了欧冠历史上单场比赛进球最多的纪录。

2 历届欧冠参赛队伍中当年本国联赛成绩最差的球队

比利亚雷亚尔是历届欧冠参赛队伍中当年本国联赛成绩最差的球队，他们参加了2011–2012赛季的欧冠小组赛，但赛季结束仅排名西甲第18位，惨遭降级。

3 欧冠赛场上最长不失球纪录

阿森纳在 2005-2006 年赛季创下连续 10 场的最长不失球纪录，直至决赛阶段被巴萨前锋埃托奥终止了 995 分钟的不失球纪录。

4 欧冠连续不败纪录

曼联在 2006-2007 赛季的半决赛第二回合中败给了 AC 米兰，但之后的 2007-2008 赛季以不败战绩夺冠，直到 2008-2009 赛季决赛才被巴塞罗那击败，创下了连续 25 场不败的纪录。

5 连续参加欧冠届数最多的纪录

曼联创造了自 1996–1997 赛季到 2013–2014 赛季连续 18 个赛季参加欧冠的纪录，打破了之前皇马曾经自 1955–1956 赛季到 1969–1970 赛季创造的连续 15 年的参加欧冠的纪录。

6 晋级欧冠决赛次数最多的球员

皇家马德里前队长亨托（1956、1957、1958、1959、1960、1962、1964、1966）及 AC 米兰前队长保罗·马尔蒂尼（1989、1990、1993、1994、1995、2003、2005、2007）是目前晋级欧冠决赛次数最多的球员，他们先后带领所属球队总共八次晋级欧冠决赛。

7 欧冠最快进球纪录

2006–2007 赛季欧冠 1/8 决赛次回合，拜仁主场迎战皇马。开场仅 11 秒钟，拜仁就取得进球。皇马中圈开球，卡洛斯接队友回传失误停球被断，萨利哈米季奇右路低平球传中，马凯中路右脚推射左下角破门，从而创造了欧冠联赛历史最快进球纪录。

8 欧冠首个帽子戏法

第一位在欧冠中大演帽子戏法的球员是在 1955 年 9 月 7 日效力于 Budapesti Voros Lobogo（即现今的 MTK 布达佩斯）的彼得·帕罗塔斯，当时是对阵比利时安德莱赫特队，他个人连入三球帮助球队以 6∶3 击败对手。

9 欧冠决赛最快进球

2004–2005 赛季欧冠决赛，开场仅仅 52 秒，AC 米兰队长马尔蒂尼创造了欧冠历史决赛最快进球，同时他也成为在欧冠决赛中进球的年龄最大的球员。

10 欧冠第一个单场 5 球的球员

2011–2012 赛季欧冠 1/8 决赛次回合对于梅西具有特殊意义，这是他职业生涯首次单场打进 5 球，梅西成为 1992 年欧冠改制以来首位单场比赛打进 5 球的球员，这场比赛的用球和梅西穿过的球衣足以在梅西退役后陈列在他的博物馆，勒沃库森队球员很友好地没有再追着梅西交换球衣。

11 欧冠单赛季进球纪录

C罗在2013—2014赛季创造了单赛季最高进球纪录,在决赛最后一刻射入一球之后,他共取得17个进球,刷新了此前梅西所保持的14球纪录。

12 连续5年在欧冠决赛中进球

在欧冠决赛进球最多的球员是迪·斯蒂法诺,他曾连续5年在决赛中破门得分。

13 夺得欧冠次数最多球员

在足坛历史上,获得欧冠冠军次数最多的球员是西班牙球员亨托,他代表皇马参加了8次欧冠决赛,其中6次获得冠军。

14 欧冠最年轻进球球员

2019年12月12日,巴萨2:1击败国际米兰,当时17岁的法蒂进球,成为欧冠史上最年轻进球者。

15 欧冠最年长的参赛球员

欧冠目前最年长的出场球员是拉齐奥队前门将巴洛塔，那是在 2007 年 12 月 11 日拉齐奥队同皇马的比赛中创造的，当时巴洛塔 43 岁零 252 天。

16 最年长的欧冠进球者

2014 年 11 月 25 日，在罗马队对阵莫斯科中央陆军队的比赛中，38 岁零 59 天的托蒂打入一球，成为最年长的欧冠进球者。

17 最年长的欧冠冠军球员

2007 年 5 月 23 日，欧冠决赛，AC 米兰战胜利物浦获得欧冠冠军，38 岁零 331 天的马尔蒂尼成为最年长的欧冠冠军成员。

18 最年长的欧冠决赛球员

2011 年 5 月 28 日，2010–2011 赛季欧冠决赛曼联对阵巴萨的比赛中，当时年龄为 40 岁零 211 天的曼联门将范德萨出战，他成为最年长的欧冠决赛出场球员。

附表：历届欧冠冠军

赛季	冠军	比分	亚军	决赛地点
1955-1956	皇马	4∶3	兰斯	巴黎
1956-1957	皇马	2∶0	佛罗伦萨	马德里
1957-1958	皇马	3∶2（加时）	AC米兰	布鲁塞尔
1958-1959	皇马	2∶0	兰斯	斯图加特
1959-1960	皇马	7∶3	法兰克福	格拉斯哥
1960-1961	本菲卡	3∶2	巴萨	伯尔尼
1961-1962	本菲卡	5∶3	皇马	阿姆斯特丹
1962-1963	AC米兰	2∶1	本菲卡	伦敦
1963-1964	国际米兰	3∶1	皇马	维也纳
1964-1965	国际米兰	1∶0	本菲卡	米兰
1965-1966	皇马	2∶1	贝尔格莱德游击	布鲁塞尔
1966-1967	凯尔特人	2∶1	国际米兰	里斯本
1967-1968	曼联	4∶1（加时）	本菲卡	伦敦
1968-1969	AC米兰	4∶1	阿贾克斯	马德里
1969-1970	费耶诺德	2∶1	凯尔特人	米兰
1970-1971	阿贾克斯	2∶0	帕纳辛奈科斯	伦敦
1971-1972	阿贾克斯	2∶0	国际米兰	鹿特丹

续表

赛季	冠军	比分	亚军	决赛地点
1972-1973	阿贾克斯	1：0	尤文图斯	贝尔格莱德
1973-1974	拜仁	1：1（重赛4：0）	马竞	布鲁塞尔
1974-1975	拜仁	2：0	利兹联	巴黎
1975-1976	拜仁	1：0	圣埃蒂安	格拉斯哥
1976-1977	利物浦	3：1	门兴格拉德巴赫	罗马
1977-1978	利物浦	1：0	布鲁日	伦敦
1978-1979	诺丁汉森林	1：0	马尔默	慕尼黑
1979-1980	诺丁汉森林	1：0	汉堡	马德里
1980-1981	利物浦	1：0	皇马	巴黎
1981-1982	阿斯顿维拉	1：0	拜仁	鹿特丹
1982-1983	汉堡	1：0	尤文图斯	雅典
1983-1984	利物浦	1：1（点球4：2）	罗马	罗马
1984-1985	尤文图斯	1：0	利物浦	布鲁塞尔
1985-1986	布加勒斯特星	0：0（点球2：0）	巴萨	塞维利亚
1986-1987	波尔图	2：1	拜仁	伯尔尼

续表

赛季	冠军	比分	亚军	决赛地点
1987-1988	埃因霍温	0∶0（点球5∶4）	本菲卡	斯图加特
1988-1989	AC米兰	4∶0	布加勒斯特星	巴塞罗那
1989-1990	AC米兰	1∶0	本菲卡	维也纳
1990-1991	贝尔格莱德红星	0∶0（点球5∶3）	马赛	巴里
1991-1992	巴萨	1∶0（加时）	桑普多利亚	伦敦
1992-1993	马赛	1∶0	AC米兰	慕尼黑
1993-1994	AC米兰	4∶0	巴萨	雅典
1994-1995	阿贾克斯	1∶0	AC米兰	维也纳
1995-1996	尤文图斯	1∶1（点球4∶2）	阿贾克斯	罗马
1996-1997	多特蒙德	3∶1	尤文图斯	慕尼黑
1997-1998	皇马	1∶0	尤文图斯	阿姆斯特丹
1998-1999	曼联	2∶1	拜仁	巴塞罗那
1999-2000	皇马	3∶0	瓦伦西亚	巴黎
2000-2001	拜仁	1∶1（点球5∶4）	瓦伦西亚	米兰
2001-2002	皇马	2∶1	勒沃库森	格拉斯哥
2002-2003	AC米兰	0∶0（点球3∶2）	尤文图斯	曼彻斯特
2003-2004	波尔图	3∶0	摩纳哥	盖尔森基兴

续表

赛季	冠军	比分	亚军	决赛地点
2004-2005	利物浦	3∶3（点球3∶2）	AC米兰	伊斯坦布尔
2005-2006	巴萨	2∶1	阿森纳	巴黎
2006-2007	AC米兰	2∶1	利物浦	雅典
2007-2008	曼联	1∶1（点球6∶5）	切尔西	莫斯科
2008-2009	巴萨	2∶0	曼联	罗马
2009-2010	国际米兰	2∶0	拜仁	马德里
2010-2011	巴萨	3∶1	曼联	伦敦
2011-2012	切尔西	1∶1（点球4∶3）	拜仁	慕尼黑
2012-2013	拜仁	2∶1	多特蒙德	伦敦
2013-2014	皇马	4∶1（加时）	竞技	里斯本
2014-2015	巴萨	3∶1	尤文图斯	柏林
2015-2016	皇马	1∶1（点球5∶3）	马竞	米兰
2016-2017	皇马	4∶1	尤文图斯	加迪夫
2017-2018	皇马	3∶1	利物浦	基辅
2018-2019	利物浦	2∶0	热刺	马德里
2019-2020	拜仁	1∶0	巴黎圣日耳曼	里斯本
2020-2021	切尔西	1∶0	曼城	波尔图

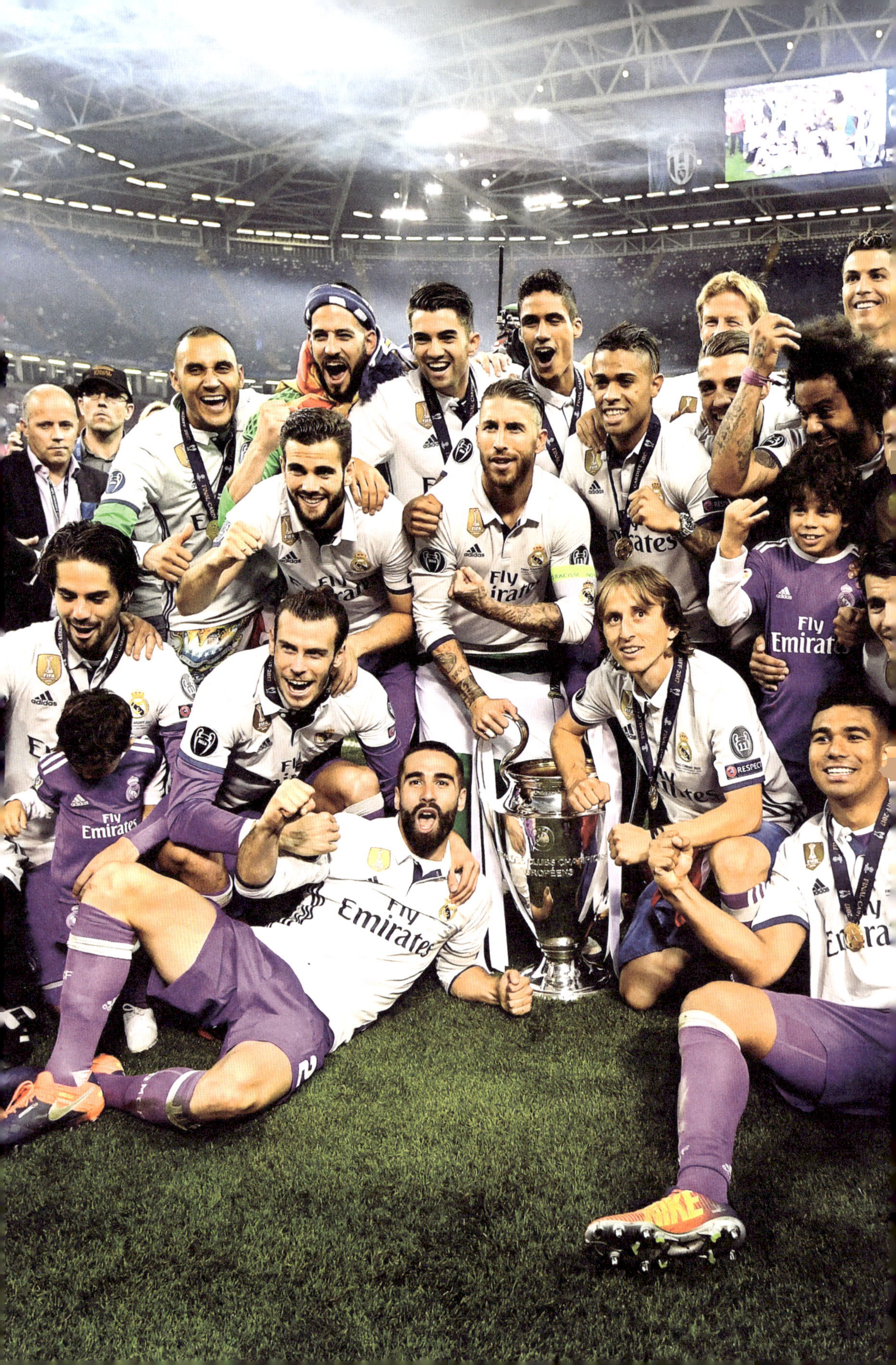
Fly Emirates

改变历史的冠军

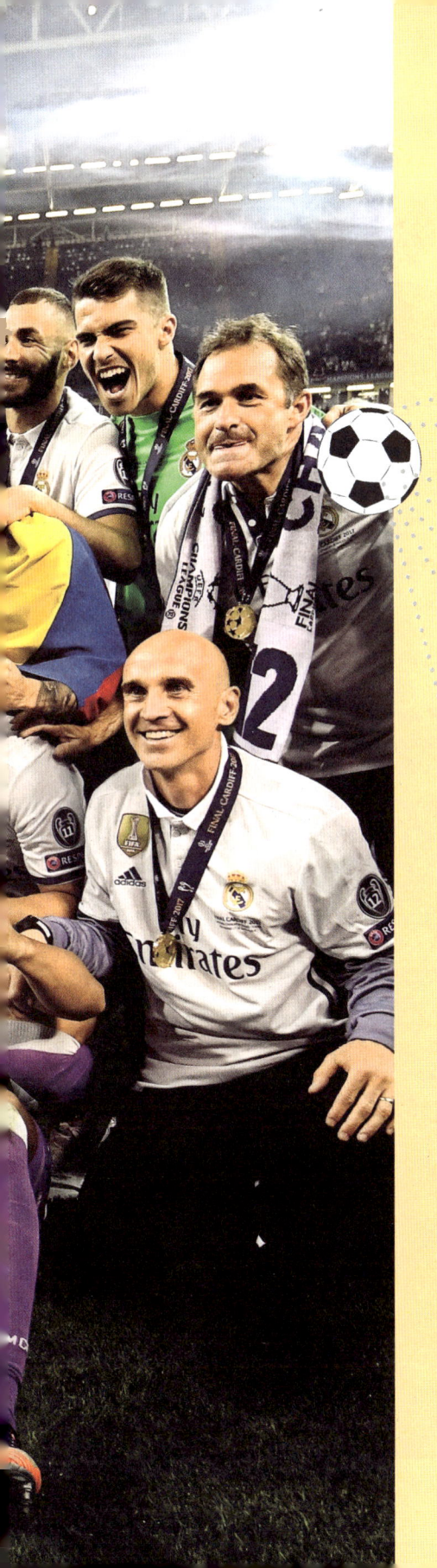

神迹：这样的足球你怎能不爱

阿圭罗一脚定乾坤！

英超历史上最经典、最疯狂的时刻，阿圭罗制造！2011-2012赛季英超收官之战，曼城3：2击败女王公园巡游者队，阿圭罗的93分20秒绝杀，为曼城带来阔别44年之久的顶级联赛冠军奖杯。

当赛季赛程1/3过半之后，曼城领先曼联5分，这是最大的领先优势。曼市双雄你追我赶，榜首位置轮流交换。不过曼联打出一波8连胜，32轮之后，曼联79分，曼城71分，8分之差，似乎意味着悬念终结。

但从第33轮到第36轮，局面发生匪夷所思的逆转。曼联爆冷输给维甘竞技队，战平埃弗顿队，最关键的曼市德比，曼城在伊蒂哈德球场迎战曼联，结果，曼城1：0取胜，"蓝月亮"以8个净胜球的优势超越曼联登上榜首。

第37轮，曼城2：0击败纽卡斯尔联队，与此同时，曼联2：0战胜斯旺西队，冠军的悬念留到最后一刻。

2012年5月13日，当地时间15点，2011-2012赛季英超最后一轮同时打响。决定冠军归属的两场比赛，曼城在伊蒂哈德球场迎战女王公园巡游者队，曼联做客光明球场挑战桑德兰队。

曼联客战桑德兰队的比赛第20分钟，鲁尼为球队打破僵局，曼联球迷欣喜若狂；曼城对阵女王公园巡游者队，萨巴莱塔在第39分钟首开纪录，主动权掌握在曼城手上；曼联稳稳守住1：0的比分，曼城这边却发生了戏剧性变化。第48分钟，西塞一脚劲射破门，比分变成1：1平；第54分钟，场面突发状况。在防守特维斯时，女王公园巡游者队中场乔伊·巴顿毫无必要地肘击对手，主裁迪恩将其红牌罚下。双方球员围成一团，巴顿又发威了，头脑发热的巴顿踢倒阿圭罗，冲突再度升级。因为巴顿的闹事，比赛时间得到"延长"。

对曼城来说，这为他们最后5分钟绝地反击创造了机会。

曼城的进攻如潮水般汹涌，不过，10人作战的女王公园巡游者队专心反击，第66分钟，麦基为女王公园巡游者队再下一城，曼城1：2落后！

曼城陷入深深的危机之中。伊蒂哈德球场的看台上，已经有球迷在流泪。不到半小时，需要打进两球，难度极大。

第91分14秒，席尔瓦开出角球，哲科近距离头球破门，2∶2！"蓝月亮"扳平比分！

曼联的比赛，只有3分钟的伤停补时。主裁判韦伯吹响比赛结束的哨声，来到光明球场的曼联球迷，得知曼城还是2∶2平，不禁露出欣慰的笑容。冠军，就在眼前。

但奇迹发生了，第93分20秒，曼城最后一次进攻，禁区线上的巴洛特利，倒地将球捅给阿圭罗，阿圭罗禁区右侧劲射破门，3∶2逆转取胜！

伊蒂哈德球场疯狂了，地在动，山在摇。阿圭罗脱掉上衣，哈特在飞翔，曼奇尼振臂高呼，球迷激动流泪。光明球场的曼联，已经得知曼城绝杀女王公园巡游者队，鲁尼、琼斯、弗格森一脸失落的表情。

最终，曼城以89分、64个净胜球的成绩，力压曼联的89分、56个净胜球，以8个净胜球的微弱优势夺得俱乐部近44年来首个顶级联赛冠军奖杯。

巴萨六冠王

2009年12月19日，凭借梅西在加时赛的绝杀，巴萨2:1逆转阿根廷大学生队夺冠，成就了足坛史无前例的六冠王伟业。在这一年里，巴萨夺得了西甲球队能获得的所有冠军，是目前一年甲所获冠军最多的球队，成为"六冠王"，一举超越了1972年阿贾克斯的"五冠王"（荷甲、荷兰杯、欧洲冠军杯、欧洲超级杯、洲际杯）。

2008-2009赛季西甲联赛，巴萨开始阶段相当顺利，但在赛季中途，由于伤病等原因拖缓了前进的步伐，被皇马一度将积分靠近。但在5月2日西班牙国家德比大战中，他们6:2战胜皇马，伯纳乌球场鸦雀无声，巴萨不仅将皇马钉上了耻辱柱，更抹杀了对手夺冠的最后一丝希望，西甲联赛冠军已是巴萨的囊中之物。

5月14日，在西班牙国王杯决赛中，巴萨在先丢一球的情况下，4球逆转毕尔巴鄂竞技队，收获了国内赛场上的第二座冠军。

在最为重要的欧冠比赛中，巴萨一路过关斩将，在决赛中遭遇了拥有C罗的上届冠军曼联。5月27日欧冠决赛，埃托奥与梅西联袂，一人奉献一粒进球，2:0完胜上届冠军，收获了赛季最大的荣誉。值得一提的是，在整个欧冠夺冠过程中，巴萨仅仅在小组赛已经出线的情况下输掉一场比赛。

至此，西甲、欧冠、国王杯三大冠军集于一身的巴萨，有机会参加下半年的三项专属于冠军之间的赛事。

首先是国王杯冠军与西甲联赛冠军之间进行的西班牙超级杯，但由于巴萨包揽了两项赛事的冠军，所以西班牙超级杯的另外一支参赛球队为上赛季国王杯亚军毕尔巴鄂竞技队。最终两回合的比赛中，巴萨分别在主客场双杀对手，第四冠到手。

8月28日，巴萨参加了欧洲超级杯，对手是2008-2009赛季的欧联杯冠军——乌克兰的顿涅茨克矿工队，巴萨在加时赛中凭借佩德罗的进球，最终1:0取胜。

如果巴萨仅仅获得了这些，那他们离"完美"还差一步。在2009年的年末，巴萨还需要参加世俱杯的比赛，与世界其他大洲的冠军一决高下。在半决赛中，巴萨3:1击败了墨西哥的阿特兰特队，在决赛中又2:1击败了南美冠军阿根廷拉普拉塔大学生队。6项顶级赛事，6个冠军，巴萨在2009年完成了年度大满贯。

拿到六冠王后，瓜迪奥拉掩面哭泣，他执教仅仅一年半，就赢下了所有荣誉，前无古人的纪录诞生。对于巴萨来说，那是神奇的一年、梦幻的一年。

足坛其他 N 冠王

1972年
阿贾克斯　五冠王

最接近巴萨的是1972年的"五冠王"阿贾克斯队，这支荷兰劲旅在欧洲超级杯中击败了格拉斯哥流浪者队，在洲际杯中击败阿根廷独立队，但遗憾的是当年荷兰没有超级杯赛事，阿贾克斯队只能算是五冠王。

2001年
利物浦　五冠王

在2001年举行的足总杯和联赛杯决赛中，利物浦分别战胜了阿森纳和伯明翰队。而在欧洲联盟杯的决赛中，他们又以5∶4的比分力克阿拉维斯队。接下来在慈善盾杯和欧洲超级杯中，利物浦接连战胜了曼联和拜仁，从而创造了"五冠王"的纪录，欧文也正是凭借这一成就在2001年荣膺欧洲金球奖。

2010年
国际米兰 五冠王

2010年，在穆里尼奥的率领下，国际米兰勇夺意甲历史上唯一的"三冠王"，欧冠半决赛两回合淘汰巴萨更是成了永恒的经典。随后穆里尼奥离开国际米兰加盟皇马，国际米兰又在贝尼特斯的带领下拿到了意大利超级杯和世俱杯冠军，成功加冕"五冠王"。

2013年
拜仁 五冠王

2012-2013赛季，拜仁勇夺"三冠王"，欧冠半决赛两回合甚至灌了巴萨7个球，震惊足坛。夺得"三冠王"之后，海因克斯功成身退，瓜迪奥拉接手球队顺带拿下了欧洲超级杯和世俱杯，成为德甲唯一的"五冠王"。

2015年
巴萨 五冠王

2015年，巴萨夺得了西甲、国王杯、欧冠、欧洲超级杯和世俱杯5项冠军，而在夺冠的过程中，巴萨击败了多支冠军球队，成为当之无愧的"冠中冠"。

在国王杯上，巴萨淘汰了当时的西甲上届冠军马竞，在欧冠淘汰赛的历程中，巴萨先后击败了英超上届冠军曼城、法甲上届冠军巴黎圣日耳曼队、德甲冠军拜仁，并在决赛中击败意甲冠军尤文图斯登顶，并获得了参加欧洲超级杯和世俱杯的资格。有趣的是，小组赛上巴萨和冠军们也结下了不解之缘，他们与巴黎圣日耳曼队、荷甲冠军阿贾克斯队和塞浦路斯冠军希腊人竞技队分在同一小组。

欧洲超级杯上，巴萨击败了欧联杯冠军塞维利亚队，来到世俱杯，巴萨又击败了亚冠冠军广州恒大队和南美解放者杯冠军河床队，成就"五冠王"。

2017年
皇马 五冠王

对皇马来说，2017年是丰收的一年。西甲、欧冠、欧洲超级杯、西班牙超级杯、世俱杯，一共拿到5座冠军奖杯，这是皇马队史上自然年冠军数量的新纪录！

2020年
拜仁　五冠王

2019—2020赛季中途，弗里克上任，在他带领下，拜仁曾32场不败，创下23连胜的五大联赛连胜纪录，德甲逆袭夺冠，德国杯卫冕成功，欧冠赛场上，他们更以8∶2血洗巴萨，创造了史无前例全胜夺冠的奇迹！随后，他们在欧洲超级杯上苦战120分钟，2∶1逆转塞维利亚队夺冠。德国超级杯，拜仁3∶2力克多特蒙德。本来，拜仁有望复制巴萨的年度"六冠王"，可惜因为疫情，世俱杯延期。

1967年
凯尔特人　四冠王

在那一年的苏格兰联赛中，凯尔特人队以3分优势压倒老对头格拉斯哥流浪者队夺冠。在苏格兰足总杯和联赛杯的决赛中，他们分别战胜了阿伯丁队和流浪者队，从而包揽了国内全部三项赛事的冠军。在欧洲冠军杯中，凯尔特人也是一路过关斩将，最终在决赛中2∶1力克国际米兰。

1999年
曼联　四冠王

谈起在一年内赢得多项冠军的辉煌成就，曼联在1999年的"三冠王"伟业显然不得不提，他们也成为欧洲五大联赛历史上第一支同时赢得欧冠、联赛和杯赛三项冠军的球队。

事实上，曼联在那一年的冠军收获还不止三项，在年底举行的丰田杯中，他们还在1∶0战胜帕尔梅拉斯队之后捧起了该年度的第四项冠军。不过在这一年举行的欧洲超级杯和慈善盾杯中，曼联先后不敌拉齐奥队和阿森纳，从而未能创造出更大的辉煌。

神迹：这样的足球你怎能不爱

皇马欧冠三连冠

欧冠更改赛制以后，皇马之前，甚至没有球队能够卫冕，但2016年到2018年，皇马创造了欧冠史无前例的三连冠。未来很长一段时间，这个纪录恐怕很难被追平、打破。

皇马创造的欧冠奇迹，始于一个人，那就是齐达内。2016年1月，皇马主帅贝尼特斯下课。当时，贝尼特斯在执教皇马各项赛事的25场比赛中，取得了17胜5平3负的成绩。联赛中，皇马当时落后马竞4分，落后少赛一场的巴萨2分，排名第三。国王杯，皇马更是耻辱出局，由于违规使用被停赛的切里舍夫，皇马虽然战胜对手，但被判淘汰出局。只有欧冠中，皇马是小组第一出线。贝尼特斯下课，齐达内被扶正，当时，齐达内甚至没有执教过成年队。在2014-2015赛季，齐达内正式接手皇马B队，也就是卡斯蒂亚队。齐达内带队首个赛季，他带领卡斯蒂亚队取得了西乙B（第三级联赛）第6名的成绩。

齐达内接手后，皇马一度战平贝蒂斯队、马拉加队，输给马竞，但没想到皇马迅速反弹，客场击败巴萨之后，以一波12连胜结束那个赛季，一度把争冠悬念保持到最后。当赛季西甲，巴萨夺冠。但在欧冠中，皇马一路前进，1/8决赛皇马的对手是罗马队，两回合都是2：0，皇马轻松过关。1/4决赛，皇马迎来挑战，在首回合客场0：2输给沃尔夫斯堡队的情况下，C罗回到主场上演帽子戏法，3：2大逆转淘汰德甲劲旅。半决赛，皇马对阵英超豪门曼城，两回合总比分1：0，皇马晋级决赛。

北京时间2016年5月29日，欧冠决赛在米兰圣西罗球场打响，皇马在120分钟内与马竞战为1：1平，点球战5：3胜出，创纪录第11次夺冠。点球大战，胡安·弗兰打中立柱，C罗射进制胜点球，葡萄牙巨星以16球加冕为欧冠最佳射手。

拿到队史第11个欧冠冠军之后，对于皇马来说，2016-2017赛季是更大的挑战，欧冠改制以后，还没有一支球队能够实现卫冕。

但是，齐达内执教皇马第二年，这支球队比上赛季更加强大。赛季首战就是欧洲超级杯，皇马缺少C罗、克罗斯、贝尔等主力，但拉莫斯绝平、卡瓦哈尔绝杀，皇马拿到超级杯冠军。联赛中，皇马一路领跑，拿到冠军。

欧冠赛场，皇马准备打破魔咒，毕竟，自从 1992-1993 赛季以来，还不曾有球队在欧冠赛场上蝉联冠军。无论是 20 世纪 90 年代盛极一时的"米兰王朝"，还是里皮时代连续 3 年打进欧冠决赛的尤文图斯队，抑或是世纪之交的拜仁、"银河战舰"皇马、瓜迪奥拉的巴萨"梦三"，他们都无法冲破这个魔咒。

小组赛，皇马和多特蒙德队、华沙莱吉亚队、葡萄牙体育队同组，最终皇马轻松出线。1/8 决赛，皇马的对手是那不勒斯队，两回合皇马都是 3：1 取胜，总比分 6：2 晋级。1/4 决赛，皇马遭遇拜仁，第一回合，皇马在客场 2：1 取胜；第二回合，莱万多夫斯基点球破门，C 罗头球破门扳平，拉莫斯自摆乌龙，90 分钟时间拜仁 2：1 战胜皇马，总比分 3：3 平进入加时；加时赛 C 罗连入两球，阿森西奥锦上添花，皇马 4：2 大胜，总分 6：3 晋级半决赛；半决赛，皇马淘汰马竞，并且首回合就是 3：0 杀死悬念，最终总比分 4：2。

北京时间 2017 年 6 月 4 日，皇马在欧冠决赛中对阵尤文图斯队，"银河战舰"势不可当，C 罗首开纪录，曼朱基齐扳平。下半场，皇马连进 3 球，卡塞米罗、C 罗和阿森西奥先后破门，4：1，皇马夺冠，实现卫冕。

皇马打破了"欧冠卫冕魔咒"，成为自从 1992-1993 赛季欧冠改制之后首支能够蝉联欧冠冠军的球队。

上任仅仅 20 个月，就率领皇马获得了两个欧冠冠军，齐达内赛后很谦虚，被问到是否已经是这个世界上最出色的教练时，他回答说："不不不，我还不是世界上最好的教练，但我会继续为之努力。"

齐达内的确在继续努力，2017-2018 赛季，又一辉煌战绩等待着皇马。

小组赛，皇马被分在"死亡之组"，同组有热刺队、多特蒙德队和希腊人竞技队。最终，皇马 4 胜 1 平 1 负，以小组第二出线。1/8 决赛，皇马遭遇巴黎圣日耳曼队，两回合 5：2 晋级。1/4 决赛，皇马的对手是尤文图斯队，两回合 4：3。半决赛，皇马再遇拜仁，总比分 4：3。皇马再一次站上了欧冠决赛舞台。

这一次决赛，皇马再次获胜，上半场，利物浦队当家球星萨拉赫因伤离场，下半场，利物浦门将卡里乌斯严重失误，送给本泽马进球；马内闪电扳平。贝尔替补出场倒钩破门，远射再下一城，皇马 3：1 击败利物浦，上演欧冠三连冠的奇迹。

凯泽斯劳滕神话

凯泽斯劳滕队成立于1900年，他们曾四夺德国联赛冠军、两夺德国杯冠军。此外，在20世纪50年代，凯泽斯劳滕队的数名球员也曾是德国国家队的中坚力量，这支国家队夺得了1954年瑞士世界杯冠军，被称为"伯尔尼奇迹"。

1997-1998赛季，在名帅雷哈格尔的率领下，凯泽斯劳滕队最终缔造升班马夺冠的奇迹，震惊世界足坛。

奇迹的开始，要从主帅雷哈格尔说起，他在不莱梅队执教14年，开创了属于自己的"不莱梅王朝"。首先，他率领不莱梅队重返德甲联赛，该队逐渐成为德国顶级球队，1986-1987赛季，雷哈格尔率领不莱梅队拿到德甲冠军；1990-1991赛季，不莱梅队获得德国杯冠军；1991-1992赛季，雷哈格尔又率队拿到欧洲优胜者杯冠军；1992-1993赛季，不莱梅队再次获得德甲冠军；1993-1994赛季，不莱梅队拿到德国杯冠军。

1995年，雷哈格尔结束14年的不莱梅队执教生涯，成为"德甲巨人"拜仁的主帅，但在接下来的赛季中，他从来没有和拜仁的高层融洽地相处过。不仅如此，媒体还一再批评他战术乏善可陈、训练方法陈旧腐朽。在距离赛季结束还有4周的时候，他便被拜仁扫地出门了。雷哈格尔在离开拜仁后愤愤地表示："这是我执教生涯中最不愉快的一段经历。"从此，雷哈格尔心中埋下了复仇的种子。

1996年，雷哈格尔成为凯泽斯劳滕队的主帅，当时，凯泽斯劳滕还是德乙联赛球队，仅用一个赛季，他就率队升级成功。

1997-1998赛季，凯泽斯劳滕队开启了奇迹之路。

一切都是命中注定，赛季首轮，雷哈格尔执教的凯泽斯劳滕队就碰上上届冠军拜仁，他迎来证明自己的机会。最终，凯泽斯劳滕队1:0击败拜仁！赛后，雷哈格尔高兴得手舞足蹈，他用这场胜利实现复仇，洗刷了在拜仁遭受的失败和耻辱。

前5轮比赛，凯泽斯劳滕队未尝败绩，排名德甲联赛榜首。当时，沙尔克队总经理阿绍尔预言："这支球队有进入欧洲联盟杯的潜力。"第8轮，凯泽斯劳滕队输球，包括拜仁等对手都认为，凯泽斯劳滕队要现原形。但是，凯泽斯劳滕队并没有，而是拿下一场接一场的胜利。

第32轮，凯泽斯劳滕队主场对战门兴格拉德巴赫队，客队早早地就以2∶0领先。但是，顽强的凯泽斯劳滕队没有放弃，头号射手马绍尔上演帽子戏法，帮助凯泽斯劳滕队在比赛结束前以3∶2逆转取胜。第33轮，凯泽斯劳滕队主场4∶0大胜沃尔夫斯堡队，而第二名拜仁却在客场被杜伊斯堡队0∶0逼平。于是，凯泽斯劳滕队领先拜仁4分，提前一轮夺得德甲冠军！

这个赛季，升班马凯泽斯劳滕队取得了19胜11平4负、进63球失39球的战绩，积68分夺得德甲冠军。怀抱"沙拉盘"喜极而泣的雷哈格尔说："这个不可思议的神话终于在今天实现了。"

凯泽斯劳滕队在重返甲级的第一年便夺得德甲冠军，这个奇迹在德甲联赛乃至五大联赛都是前所未有的。凯泽斯劳滕队在夺冠的那个夜晚在弗里茨·瓦尔特球场的大屏幕上写出："谢谢，奥托！"媒体也称雷哈格尔是"普法尔茨的皇帝！"（凯泽斯劳滕位于莱因兰·普法尔茨州）

后来，雷哈格尔又成就了另一个奇迹，那就是"希腊神话"。

历史上，热刺队曾创造类似神迹。1949-1950赛季，热刺队夺得英格兰乙级联赛冠军升级，升级后立即以25胜10平7负的成绩压倒曼联赢得首次英格兰甲级联赛冠军（1950-1951赛季），成为第一支连续两赛季分别夺得甲级及乙级冠军的球队。

中国足坛，广州恒大队曾上演"凯泽斯劳滕神话"。2010年3月1日，恒大集团以一亿元买断广州足球俱乐部全部股权。2010年，广州恒大队积57分，获得中甲冠军。2011年，广州恒大以升班马身份出战中超，联赛第26轮，第二名国安队1∶1战平泰山队，此前客场4∶1战胜"西北狼"陕西人和队的广州恒大队提前4轮将中超冠军收入囊中。这是中国足坛第一例升班马夺冠神话，放在世界足坛也非常少见。

日本J联赛，柏太阳神队上演过"凯泽斯劳滕神话"。

2009年，柏太阳神队降级。2010年，老帅尼尔西尼奥利用自己的人脉招揽来巴西球星莱昂德罗，柏太阳神队在 J2 联赛优势明显，他们开赛 18 轮不败，最终，柏太阳神队以 23 胜 11 平 2 负的成绩拿到 J2 联赛冠军，重返 J1 联赛。

2011 年是柏太阳神队队史上最辉煌的一年。赛季初，球队目标是打入联赛前六。整个赛季，柏太阳神队瓦格纳、莱昂德罗组成的"巴西双翼"震撼 J 联赛，他们身后的桥本和、酒井宏树同样状态极佳，边路进攻为主的柏太阳神队彻底打破了日本球队重视中路的传统，在收官轮比赛中，柏太阳神队客场 3:1 战胜浦和红钻队，以 1 分优势力压上届冠军名古屋鲸八队，成为 J 联赛历史上第一支升班马夺冠球队，创造 J 联赛"凯泽斯劳滕神话"。

2014 年，J 联赛上演"加强版的凯泽斯劳滕神话"。

2012 年，大阪钢巴队意外降级。2013 年，大阪钢巴队很快升级成功。2014 年，虽然在联赛揭幕战中 0:1 不敌浦和红钻队，但大阪钢巴队在随后的比赛中稳扎稳打，其间更是凭借一波联赛 7 连胜正式宣告自己加入冠军争夺战。最终，大阪钢巴队在冠军竞争中成功战胜浦和红钻队，获得了队史上的第二座联赛冠军奖杯。当赛季，大阪钢巴队还拿到日本联赛杯、日本天皇杯的三项冠军，成为日本足球史上首支升班马三冠王球队。

莱斯特城奇迹

对比"凯泽斯劳滕神话",很多球迷认为"莱斯特城奇迹"更加神奇,因为莱斯特城队创造奇迹的时代是金元当道的时代,莱斯特城队是真正的草根球队,他们从曼联、曼城、切尔西、利物浦等众多豪门手中抢走冠军。

"莱斯特城奇迹"的开始,需要从一个人说起,那就是拉涅利。

2015年7月14日,有"补锅匠"之称的拉涅利被任命为莱斯特城队新帅,当时前景并不被人看好。而在此之前的一个赛季,莱斯特城队差点降级,他们直到第33轮主场2:0击败斯旺西队,才摆脱垫底位置。联赛倒数第2轮,在0:0战平桑德兰队后,莱斯特城队提前一轮保级成功,最后8场比赛取得7胜1平的成绩,最终拿到第14名。

拉涅利接手后,他最初的目标仍是保级。上任新闻发布会,拉涅利说:"升班马的第二年比第一年难混,希望我们能够拿到40分保级。"

揭幕战,莱斯特城队4:2击败桑德兰队;第5轮,莱斯特城队3:2逆转战胜阿斯顿维拉队,5轮不败后排名第二;第6轮,莱斯特城队客场2:2战平斯托克城队,连续第二场落后两球追平,跨赛季14轮不败;第7轮,莱斯特城队主场2:5不敌阿森纳,遭遇赛季首败,积分也第一次跌出前4名;英超第10轮,莱斯特队1:0击败水晶宫队,赛季首次零封对手,主帅拉涅利赛后履行只要不丢球就请全体球员吃比萨的承诺;第13轮,莱斯特城队客场3:0击败纽卡斯尔联队,积28分排名第一,并且进球最多;第14轮,莱斯特城队1:1战平曼联,瓦尔迪也打破了范尼连续10场英超比赛的进球纪录;第16轮,莱斯特城队2:1击败上赛季冠军切尔西,穆里尼奥在赛后黯然下课,拉涅利也报了多年前的一箭之仇。

英格兰足坛名宿莱因克尔表示莱斯特城队要是夺冠他就穿内裤主持节目,而在莱斯特队3:2战胜埃弗顿队后,莱斯特城队以榜首的身份迎来圣诞和新年,12个月以前他们还在垫底的位置。

英超第23轮,莱斯特城队3:0战胜斯托克城队,领跑积分榜,此后,莱斯特城队就再也没有让出第一的位置,其中包括击败曼城、利物浦等豪门球队，虽然第26轮被阿森纳双杀，但随着一波5连胜，莱斯特城队提前锁定欧冠席位。

第35轮，莱斯特城队4∶0大胜斯旺西队，赛后球员们乘坐老板的私人飞机前往英超年度颁奖典礼，马赫雷斯、瓦尔迪、坎特、摩根入选最佳阵容，马赫雷斯还获得最佳球员。2016年5月3日，英超第36轮，莱斯特城队客场1∶1逼平曼联，而随着热刺队2∶2战平切尔西，莱斯特城队以领先第二名7分提前两轮夺冠。

这是莱斯特城队成立132年以来的首个顶级联赛冠军，以马赫雷斯、瓦尔迪、坎特为首的莱斯特城队将士更是彰显草根英雄的本色，一同谱写了英超历史上最伟大的奇迹！

利物浦名宿卡拉格认为："莱斯特城队夺得英超冠军，是英超历史上最了不起的成就。在金钱时代，顶尖六大豪门具有财政上的优势，莱斯特城队的冠军太令人震惊，太不同寻常，我不确信还有什么能超越。弗格森1999年三冠王是空前的，温格的不败阿森纳，是1889年普雷斯顿之后的又一全赛季不败奇迹，但最伟大的冠军，仍将是莱斯特城队。"

直至今日，"莱斯特城奇迹"一直都让人回味。《露天看台》选取21世纪足坛的32个印象深刻的时刻进行球迷票选，"莱斯特城奇迹"成功当选为21世纪至今足坛最经典时刻。

诺丁汉森林欧冠神迹

诺丁汉森林队——足坛史上最玄幻球队，唯一拿洲际比赛冠军比拿国内顶级联赛冠军还多的球队。历史上，他们实现过欧冠两连冠。如今，这支球队在英冠联赛混迹。

诺丁汉森林队成立于 1865 年，是足坛最早的俱乐部之一。在 1898 年夺得英格兰足总杯冠军后，诺丁汉森林队开始陷入低谷。1948-1949 赛季，诺丁汉森林队降入英格兰第三级别联赛，直到 1956-1957 赛季夺得英乙联赛亚军后，球队才时隔整整 32 年重新回到英格兰顶级联赛。

1975 年 1 月，克拉夫正式成为诺丁汉森林队的主帅。随后的 18 年时间里，克拉夫成为足坛最伟大主帅之一，他让实力平平的诺丁汉森林队创造了前所未有的辉煌。

在带队踢了两个赛季的英乙联赛后，1977-1978 赛季，克拉夫领衔的诺丁汉森林队以升班马的身份开始了新赛季的征程，谁也不会想到奇迹之旅就此开启。1978 年 3 月 18 日，诺丁汉森林队队史首次拿到联赛杯冠军。随后，诺丁汉森林队问鼎英甲联赛冠军，他们也成为迄今为止最后一支以升班马身份夺得英格兰顶级联赛冠军的球队。

1978-1979 赛季，诺丁汉森林队首次出征欧洲冠军杯，结果一路战胜利物浦、科隆等强队杀入决赛，并最终凭借弗朗西斯的进球击败马尔默队，历史性首次夺得欧冠冠军。

1979-1980 赛季，再次出征欧冠的诺丁汉森林队连克包括阿贾克斯队在内的 4 支球队，连续第二个赛季杀入欧冠决赛！决赛中，罗伯特森在第 20 分钟打入至关重要的进球，正是凭借这唯一的进球，诺丁汉森林队 1∶0 力克汉堡队，成功卫冕欧冠冠军！此外，诺丁汉森林队还经过两回合的较量，以 2∶1 的总比分战胜巴萨，问鼎欧洲超级杯。

此后，诺丁汉森林队实力下滑，但即便如此，克拉夫仍率球队连夺 1988-1990 两个赛季的联赛杯冠军。1992-1993 赛季，也就是英超创立元年，诺丁汉森林队最终排名垫底，不幸降级，而克拉夫也于 1993 年 5 月 8 日辞职，结束了长达 18 年的诺丁汉森林队执教生涯。

在执教诺丁汉森林队期间，克拉夫率领球队夺得了 1 个英格兰顶级联赛冠军、4 个联赛杯冠军、2 个欧洲冠军杯冠军、1 个欧洲超级杯冠军以及 1 个社区盾杯冠军，他成为诺丁汉森林队俱乐部历史上最伟大的教练员，也成就了英格兰足坛的一代传奇。

此后，诺丁汉森林队就一蹶不振，他们曾在 2005 年降级到英甲，成为历史上第一支降入第三级联赛的欧冠冠军。

至今，诺丁汉森林队在一项纪录上就能够力压皇马、利物浦等豪门，那就是欧冠决赛胜率排行榜。

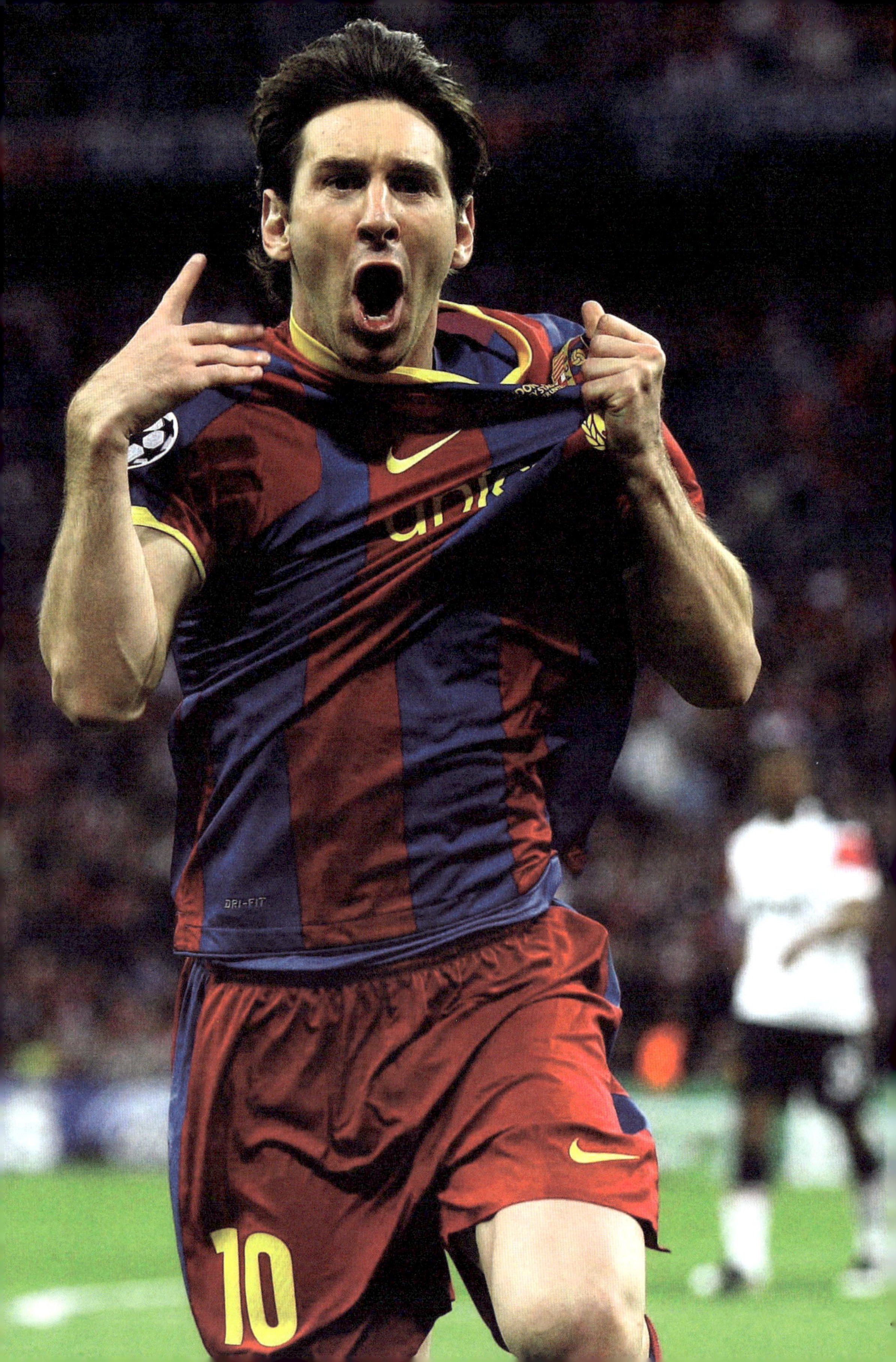
DRI-FIT
10

逆转、狂胜与不败

神迹：这样的足球你怎能不爱

超级拉科

俱乐部篇

"超级拉科"，这个名字曾经震惊世界足坛，欧冠1/4决赛，在第一回合1:4落后的情况下，拉科鲁尼亚队第二回合4:0取胜，上演大逆转，书写欧冠历史上的经典篇章。

2003-2004赛季欧冠1/4决赛，AC米兰队对阵拉科鲁尼亚队，第一回合，潘迪亚尼帮助拉科鲁尼亚队首开纪录，但凭借卡卡的梅开二度以及舍甫琴科、皮尔洛的进球，AC米兰队4:1大胜对手，取得首回合的胜利。赛后，西班牙媒体纷纷断言，拉科鲁尼亚队在本届欧冠比赛中已经走到了尽头。赛后，拉科鲁尼亚队门将莫利纳以及中场大将席尔瓦等人都对输给AC米兰队表示心服口服，同时也表示拉科鲁尼亚队要想进军四强已经成了不可能的任务。甚至，拉科鲁尼亚队前锋特里斯坦的母亲在现场看球过程中直接晕倒。

外界看来，第二回合比赛没有悬念了。

第二回合拉科鲁尼亚队主场作战，第5分钟，拉科鲁尼亚队左路发动进攻，球斜传到中路，潘迪亚尼禁区前沿拿球，在马尔蒂尼的防守下带球转身，闪开空当后一脚低射，将球打进球门右下角，拉科鲁尼亚队1:0领先；第35分钟，拉科鲁尼亚队左路发动进攻，球传到中路，迪达出击没拿到球，禁区中路无人防守的贝莱隆高高跳起头球攻门，将球顶进，拉科鲁尼亚队2:0领先；第44分钟，莫利纳将球开出，马尔蒂尼没控制好球，卢克左路带球突破卡福的防守，中路的内斯塔失去了位置，卢克起脚射门将球打进，拉科鲁尼亚队3:0领先；仅用半场比赛，拉科鲁尼亚队就逆转了势头。

易边再战，第76分钟，维克托左路传球，弗兰禁区前沿左侧起脚射门，球打在卡福腿上变向，迪达扑救不及，球折射弹进了球门近角，拉科鲁尼亚队4:0领先，总比分变成了5:4，奇迹诞生！

比赛结束后，拉科鲁尼亚队主教练伊鲁埃塔很难掩饰内心的高兴，他无疑对比赛结果感到非常满意："我们的梦想变成了现实，我们期待的这个结果真的按照我们的梦想实现了。"

令人唏嘘的是，如今拉科鲁尼亚队早已经不是西甲劲旅，2017-2018赛季，拉科鲁尼亚队降入西乙联赛，2019-2020赛季，拉科鲁尼亚队再次降级至西乙B联赛。

神迹：这样的足球你怎能不爱

巴萨世纪逆转

2017年3月9日，在2016-2017赛季欧冠赛场上，诞生了一场世纪逆转，在第一回合0：4落后的情况下，马萨主场6：1击败巴黎圣日耳曼队，奇迹般地淘汰了对手。

首回合交锋中，巴萨客场0：4惨败给巴黎圣日耳曼队。很多球迷认为，第二回合比赛很可能就是走过场。毕竟，在欧冠历史上，第一回合输0：4，还没有球队能够实现逆转。此外，如果巴黎圣日耳曼队在巴萨主场取得进球，就意味着至少要打进6球才能逆转。

开场仅150秒，拉菲尼亚右路挑传，马尔基尼奥斯头球解围失误，苏亚雷斯小禁区中路头球破门，1：0，巴萨取得理想开局！第40分钟，苏亚雷斯挑传，伊涅斯塔禁区左侧抢在马尔基尼奥斯前脚跟横传，库尔扎瓦前点解围自摆乌龙，2：0，巴萨再追一球！上半场，巴萨追回两球，全队士气大振，两回合总比分巴萨2：4落后。

易边再战，第48分钟，穆尼耶禁区左侧转身时摔倒并撞倒内马尔被判点球，梅西主罚命中，巴萨将总比分追到3：4。仅差一球，巴萨就能抹平差距。第62分钟，巴萨遭遇打击，卡瓦尼弹射破门，巴黎圣日耳曼队取得客场进球，总比分5：3领先，这意味着巴萨需要在剩余时间打进3球才能逆转。如果只打进2球，他们会因为客场进球少而出局。

奇迹在最后时刻降临，第88分钟，内马尔直接任意球破门，巴萨此役4：1领先，总比分4：5！第89分钟，苏亚雷斯在禁区里被马尔基尼奥斯放倒，内马尔主罚点球命中，5：5，巴萨距离晋级还差一个球，但比赛已经来到了伤停补时。

第95分钟，比赛进入读秒阶段，内马尔中路挑传，罗贝托小禁区中路右脚反越位铲射破门，巴萨6：1击败巴黎圣日耳曼，总比分6：5，巴萨淘汰对手晋级，奇迹诞生了。

当主裁判吹响比赛结束的哨声后，巴萨球员和教练们疯狂庆祝，就连一向低调的梅西也按捺不住喜悦之情，比赛结束后冲到场边跳到了广告牌上，他朝着球迷看台振臂高呼，感谢巴萨拥趸不离不弃。梅西还主动跑到恩里克面前给了个超级温暖的大大拥抱，那场面也十分感人，激动难耐的梅西甚至还对着恩里克的脸颊献上一吻！

在欧冠历史上，这是第一次有球队在首回合0：4落败的情况下完成大逆转。

罗马逆转巴萨

2017-2018 赛季欧冠 1/4 决赛，巴萨首回合以 4∶1 战胜罗马队。本场比赛，德罗西、马诺拉斯上下半场先后自摆乌龙，皮克门前补射破门，佩罗蒂助攻哲科扳回一城，苏亚雷斯禁区内低射破门锁定胜局。拉基蒂奇小角度推射中柱。最终，巴萨主场 4∶1 战胜罗马队，在两回合赛事中取得先机。

当所有人都认为巴萨将成功晋级的时候，次回合，回到主场的罗马队气势完全压制巴萨。上半场，德罗西长传助攻哲科破门；下半场，皮克送点，德罗西点射建功，云代尔角球助攻马诺拉斯头球破门。最终，罗马队主场 3∶0 战胜巴萨，总比分战成 4∶4，罗马队凭借客场进球优势取得晋级，完成罗马城奇迹！

巴萨也成为欧冠联赛淘汰赛历史上第 3 支首回合净胜 3+ 球却出局的球队。

赛后，两家加泰罗尼亚媒体忍无可忍，《世界体育报》评价道："巴萨出局是公平的惩罚，巴萨为自己的糟糕表现付出了代价。罗马的纸面实力完全不能与巴萨相比，但是他们有取胜的信念，知道该如何踢好这种级别的比赛。他们的晋级完全是合理的，他们首回合比赛虽然输球，但是运气的确不站在他们那边。所有在抽签结果出来之后轻视罗马的人，现在都应该出来道歉。"

《每日体育报》写道："一无是处，要不是特尔施特根发挥出色，比分可能会更大。而奇迹的缔造者梅西，这次也没能创造奇迹。这次应该反思的方面有很多——巴尔韦德的战术安排、球队在场上的错误、巴萨的足球理念、对于梅西的严重依赖……"

残暴拜仁

拜仁慕尼黑队——欧冠史上最残暴球队，2019-2020赛季，拜仁在欧冠淘汰赛中8∶2狂胜巴萨，震惊足坛。在欧冠历史上，拜仁不止一次吊打对手。

1 拜仁12∶1葡萄牙体育队（两回合）

这是欧冠历史上两回合比赛的最大分差纪录。2009年2月25日，拜仁在里斯本凭借里贝里、托尼（均梅开二度）和克洛泽的进球5∶0横扫葡萄牙体育队。3月10日回到安联主场，波多尔斯基（独中两元）、施魏因斯泰格、范博梅尔、克洛泽和穆勒均有斩获，对手波尔加还送上乌龙大礼，只是有穆蒂尼奥扳回一城，最终拜仁7∶1狂胜葡萄牙体育队，完成两回合12∶1的超级大胜。

2 拜仁10∶2阿森纳（两回合）

2016-2017赛季欧冠1/8决赛，两回合比赛拜仁残暴轰出10∶2的成绩，主客场都是5∶1。

第一回合，拜仁主场5∶1大胜阿森纳，莱万多夫斯基传射，罗本世界波，蒂亚戈梅开二度，穆勒替补建功，桑切斯为"枪手"扳回一分，这让第二回合比赛失去悬念。从数据来看，拜仁射门24∶7，射正12∶5，控球率高达74.2%。

第二回合，阿森纳兵败如山倒，上半场沃尔科特打破僵局，下半场莱万多夫斯基点射扳平，罗本反超比分，比达尔连入两球，科斯塔替补传射。最终，拜仁客场5∶1逆转阿森纳，总比分拜仁10∶2淘汰阿森纳。

3 拜仁 8∶2 巴萨（单场）

2020年8月15日，欧冠1/4决赛在里斯本光明球场打响，拜仁对决巴萨，赛前，尽管拜仁是绝对热门，但众人没能预料到，比赛过程会如此夸张和残暴。开场184秒，拜仁首次射门就取得领先，格纳布里左路直传，佩里西奇反越位传中，穆勒停球与莱万多夫斯基踢墙配合，在门前12米处推射入左下角，1∶0。巴萨3分钟后追平比分，皮克后场长传，阿尔巴禁区左侧传中，阿拉巴抢在苏亚雷斯前面解围，却将球吊过诺伊尔飞进本方球门，1∶1，双方大打对攻战，但拜仁的进攻效率更胜一筹。

第21分钟，佩里西奇破门，拜仁2∶1超出。6分钟后，拜仁扩大优势，蒂亚戈直传，戈雷茨卡不停球搓过头顶，格纳布里抽射破门，3∶1。第31分钟，佩里西奇左路传中，基米希后点得球传中，穆勒小角度捅射破门，4∶1。至此，本场比赛已经失去悬念。

第57分钟，巴萨依靠苏亚雷斯的进球追回一分，但拜仁看到巴萨还手，开启了更加残暴的表演。第63分钟、第82分钟、第85分钟和第89分钟，基米希建功、莱万多夫斯基破门、库蒂尼奥梅开二度，比分定格在了8∶2。

这场比赛，巴萨被钉在了耻辱柱上。

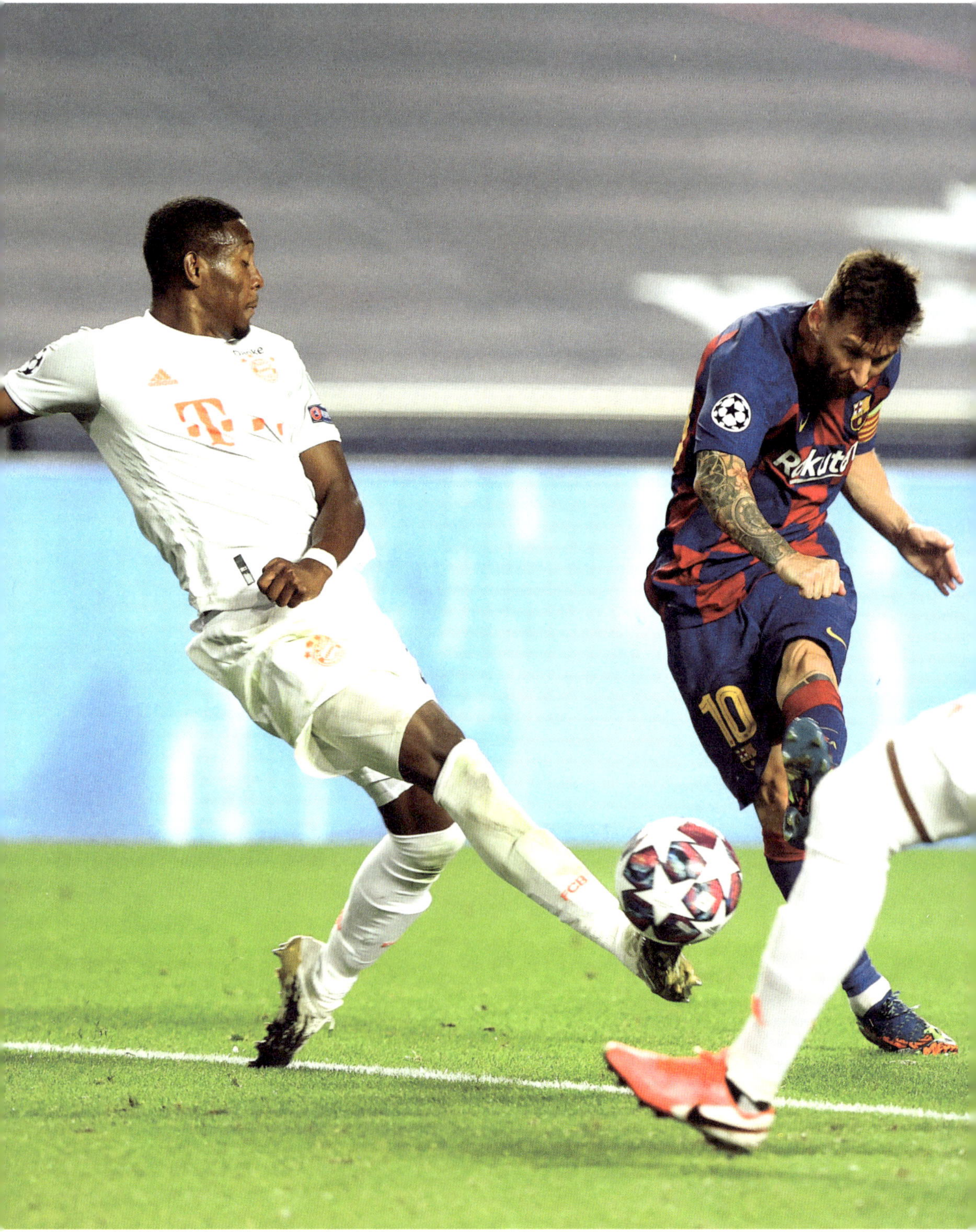

4 拜仁 10:3 热刺（小组赛两回合）

2019–2020赛季欧冠小组赛，拜仁和欧冠亚军热刺队同组，双方第一次交手，热刺队主场2:7不敌拜仁，虽然热刺队孙兴慜和凯恩破门得分，但拜仁队基米希建功，莱万多夫斯基进两球，格纳布里完成"大四喜"。谁也想不到，上赛季欧冠亚军竟然在主场以2:7这样惊悚的比分惨败在拜仁脚下，这也是热刺队队史首次在主场丢7球。

第二次交手，拜仁主场作战，科曼先拔头筹，但随后因伤被换下，热刺队塞塞尼翁追平，此后拜仁凭借穆勒、库蒂尼奥的进球取得完胜，3:1！两场比赛，拜仁踢出10:3的总比分。

5 拜仁 9:1 罗马（小组赛两回合）

2014–2015赛季欧冠小组赛，拜仁和罗马队同组，双方第一次交手，拜仁客场7:1狂胜，开场8分钟，罗本破僵，第23分钟格策远射再下一城，第25分钟莱万多夫斯基头球锦上添花，第30分钟罗本梅开二度，第35分钟穆勒罚入点球。下半场第66分钟，热尔维尼奥头球扳回一城，但最后替补登场的里贝里、沙奇里再下两城。回到主场，拜仁2:0胜出。上半时，里贝里先拔头筹；下半时，格策为拜仁锁定胜局。两场比赛，拜仁踢出了9:1的总比分。

神迹：这样的足球你怎能不爱

不败神迹

在欧洲五大联赛中，不败纪录头名保持者属于 AC 米兰。从 1991 年 5 月 26 日 AC 米兰 0∶0 战平帕尔马开始，到 1993 年 3 月 31 日 AC 米兰 0∶1 输给帕尔马，在近两年的时间里，39 胜 19 平，连续 58 场意甲联赛不败，1991-1992 赛季以不败成绩夺冠。

西甲联赛，在 2016-2017 赛季最后 7 轮至 2017-2018 赛季第 36 轮，巴萨在梅西的带领下，踢出了 36 胜 7 平，43 场不败的纪录，2018 年 5 月 14 日，巴萨客场 4∶5 不敌莱万特，巴萨不败纪录就此终结。莱万特战胜巴萨的最大功臣正是目前效力于中超大连人队的伊曼纽尔·博阿滕，他在比赛中上演帽子戏法帮助球队主场击退巴萨。

拜仁则保持着德甲 53 场不败纪录。从 2012 年 11 月 3 日 3∶0 击败汉堡开始，到 2014 年 3 月 29 日 3∶3 战平霍芬海姆，在长达 511 天的时间里，拜仁经历了海因克斯和瓜迪奥拉两位主帅，但没有输掉任何一场德甲比赛，53 战的战绩是 46 胜 7 平，胜率高达 86.8%。

英超联赛，不败纪录属于阿森纳，彼时的阿森纳在温格的统帅下，麾下有亨利、博格坎普、皮雷、维埃拉等众多名将，球队状态也达到顶峰。2003 年 5 月 8 日，阿森纳凭借皮雷和彭南特的帽子戏法 6∶1 大胜南安普敦，到 2004 年 10 月 16 日 3∶1 战胜阿斯顿维拉，阿森纳完成了 49 场不败的骄人战绩，其中 2003-2004 赛季以不败战绩夺冠。

法甲联赛不败纪录的保持者属于近年崛起的巴黎圣日耳曼，从 2015 年 3 月 16 日输给波尔多之后，直到 2016 年 2 月 29 日被里昂击败，在将近一年的时间里，巴黎圣日耳曼 36 轮联赛不败。

欧洲顶级联赛不败纪录的保持者属于罗马尼亚甲级联赛球队布加勒斯特星。这家俱乐部成立于 1947 年，20 世纪 80 年代是球队最闪耀的时期，尤其是从 1986 年到 1989 年，他们在国内赛场三年不败，创下了 104 场欧洲顶级联赛不败的纪录。

放眼世界，布加勒斯特星的纪录固然惊艳，却只局限于欧洲，科特迪瓦的阿比让含羞草队则是世界足坛不败纪录的保持者。从

1989年到1994年，阿比让含羞草队在五年间没有吃过败仗，完成108场职业联赛不败的超级神话。而这支球队的主教练正是后来带领日本队杀进世界杯16强的法国名帅特鲁西埃。

在中国足坛，顶级联赛不败纪录的保持者属于大连球迷的骄傲——大连万达队。20世纪90年代，中国职业足球经历过辉煌阶段，大连万达队的纪录从1995年9月3日开始，当时大连万达队1∶0击败广州太阳神队，直至1997年12月18日，联赛倒数第二轮，大连万达队主场2∶2战平八一队，时间长达837天，跨越了几乎两个半赛季，之后在联赛最后一轮中，大连万达队2∶4负于上海申花队，联赛不败纪录遭到终结。巧合的是，在大连万达队开启不败纪录的前一场比赛中，击败大连万达队的对手依然是上海申花队。

超级霸主

拉脱维亚足球甲级联赛，自1991年到2004年，里加斯扎托队豪取联赛14连冠，直到2005年才被美达雷斯队踢下冠军宝座。

挪威豪门罗森博格队同样不遑多让，他们曾在1992-2004赛季创造国内联赛13连冠，白俄罗斯球队鲍里索夫队作为欧冠常客，在国内占有统治地位，他们也曾连续13个赛季夺得国内联赛冠军，另外匈牙利甲级联赛球队MTK布达佩斯队曾经在1917-1925年间实现九连冠。

五大联赛中，连冠纪录属于尤文图斯和拜仁，从2011-2012赛季到2019-2020赛季，尤文图斯实现意甲九连冠。从2012-2013赛季到2020-2021赛季，拜仁也创造了德甲九连冠的伟业。法甲是里昂队的七连冠，西甲是皇马的五连冠，英超是曼联的三连冠。

放眼欧洲联赛，保加利亚的索菲亚中央陆军队（1954-1962年）和苏格兰的凯尔特人队（1966-1974年）和格拉斯哥流浪者队（1989-1997年）也完成过九连冠。在中国足坛，广州恒大队曾创下中超联赛七连冠纪录。

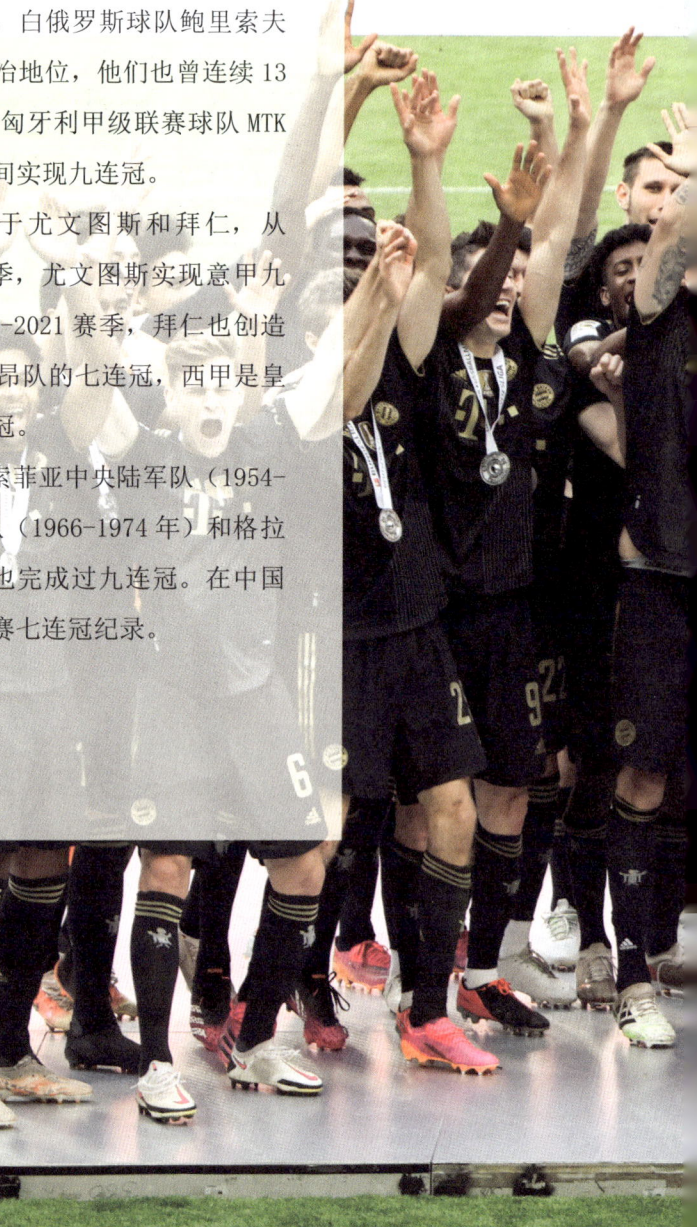

俱乐部篇

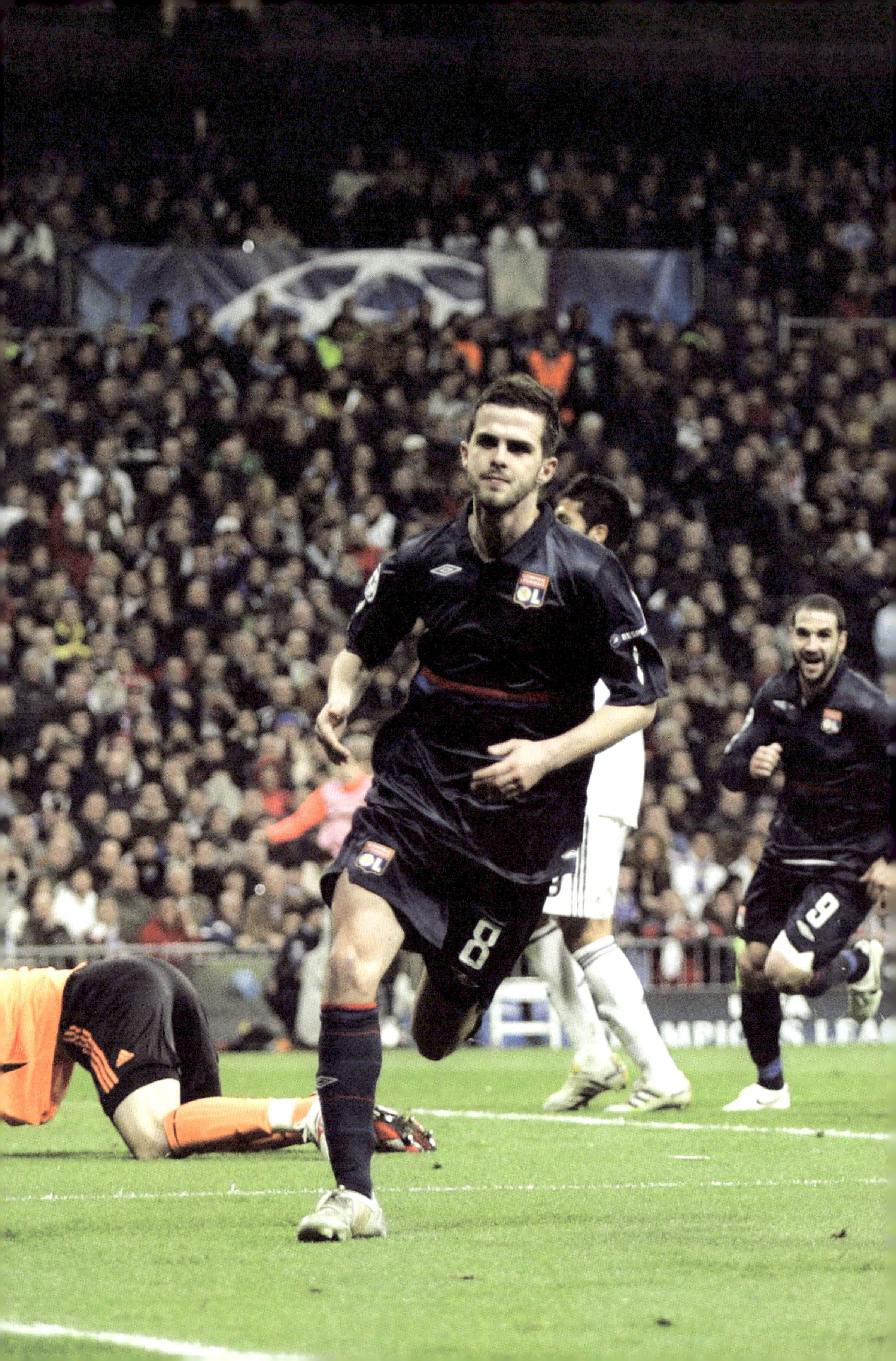

足球之最

神迹：这样的足球你怎能不爱

闪电进球

2012年，塞尔维亚青年联赛中，诞生了一个神速的进球，球员在开球时直接一脚把球攻入对方大门，这个球也被很多媒体视为足球史上的最快进球。

在塞尔维亚青年联赛 GSP 波莱特队和多尔库尔队的比赛中，GSP 波莱特队的伍克·巴基奇在裁判刚刚鸣响开场哨后，立刻起脚吊射，球穿越大半个球场直接飞入了对方大门。这是整场比赛的第一脚触球，直接破门堪称神奇。

GSP 波莱特队教练赛后接受塞尔维亚媒体采访时说："这孩子想给守门员一个措手不及，他一直在关注门将的位置。在每次训练后，他都会留下来，专门练习射横梁。"

这个进球也引发了一定争议，对方球员抗议说，巴基奇的队友在开球前站在中线的另一侧，按照规则，严格来说这是违例的。不过，主裁判认可这个进球，而塞尔维亚媒体也广泛宣传称，这是足球历史上的最快进球。

闪电进球小盘点

· 奥利维拉　进球时间：2.8 秒

在武克·巴基奇打进世界足坛最快进球前，这个纪录的保持者是乌拉圭球员奥利维拉，在 1998 年乌拉圭联赛罗尼格罗队与索里亚诺队的比赛中，奥利维拉在开场 2.8 秒便打入一球。

· 弗雷德　进球时间：3.17 秒

巴西前锋弗雷德保持着一项神奇的纪录，即巴西联赛中最快的进球纪录，在其早年效力米内罗竞技队时，他在与维拉诺瓦队的比赛中，开场仅仅 3.17 秒就攻入一球，这个纪录在巴西联赛至今无人能破。

· 莱奥　进球时间：6.76 秒

2020-2021 赛季意甲第 13 轮，AC 米兰客场迎战萨索洛队。开场哨吹响后，AC 米兰球员莱奥快速插上，在接到传球后突入禁区起脚射门得分。此时比赛刚刚开始了 6.76 秒，该进球也刷新了意甲最快进球纪录及欧洲五大足球联赛的最快进球纪录。

· 吉翔　进球时间：7 秒

2012 年 10 月 20 日，江苏舜天队主场迎战广州恒大队，开场仅仅 7 秒钟，江苏舜天队边前卫吉翔在开球之后接到队友后场长传，胸部停球加过人甩开了防守球员，禁区左侧左脚劲射破门得分，吉翔的这记进球成为中国职业足球史上最快的破门纪录。

· 略伦特　进球时间：7.82 秒

2007 年 1 月 21 日，西甲第 20 轮，巴拉多利德队 2∶1 战胜西班牙人队的比赛，开场仅 7.82 秒，主队中锋略伦特就接到老将维克托长传，单刀赴会打入一球，这个进球也刷新了西甲历史上最快进球纪录。

· 瓜尔蒂耶里　进球时间：8.3 秒

世界杯（含预选赛）史上最快进球发生在 1993 年 11 月 17 日圣马力诺队与英格兰队一役，默默无闻的圣马力诺队球员瓜尔蒂耶里开场仅 8.3 秒就出人意料地打入一球。当时他刚开场就断下皮尔斯回传给大卫·希曼的球，并晃过希曼打空门得手。

· 替补最快进球

本特纳是纪录保持者，2007 年北伦敦德比阿森纳对热刺的比赛中，替补出场仅 1.8 秒，本特纳就接到法布雷加斯的传球，头球破门得分。

国际比赛最快进球纪录

赛事类型	时间	球员	比赛场次
世界杯	11 秒	哈坎·苏克	2002 年韩日世界杯三、四名决赛
奥运会	15 秒	内马尔	2016 年里约奥运会男足半决赛
欧冠	10.2 秒	马凯	2007 年欧冠 1/8 决赛

五大联赛最快进球纪录

联赛	时间	球员	日期
意甲	6.76 秒	莱奥	2020 年 12 月 20 日
西甲	7.82 秒	略伦特	2008 年 1 月 20 日
英超	7.69 秒	肖恩·朗	2019 年 4 月 23 日
法甲	8 秒	米歇尔·里奥	1992 年 2 月 15 日
德甲	8.8 秒	福兰德	2015 年 8 月 22 日

最快球速

在2006年葡萄牙足球超级联赛里斯本竞技队对纳瓦队的比赛中，罗尼·赫伯森踢出了人类历史上有高科技作为技术保证的、有清晰录像作为凭证的、发生在高水平足球比赛中的最高时速破门。这粒进球的罚球点距离球门线的准确距离是16.5米，从踢出到过线的时间不到0.28秒，时速一说为211千米，一说为222千米。无论是哪个，都是足球历史上有据可查的最快球速。

超远射门

2013年11月2日，在斯托克城队主场1∶1战平南安普敦队的比赛中，斯托克城队门将贝戈维奇的一粒进球打破了两项世界纪录。

这粒进球相当神奇，在比赛的第13秒钟，斯托克城队左边卫皮特斯回传，门将贝戈维奇见对方前锋上前逼抢，不停球直接用右脚轰出，球借助风势一直飞到对方禁区弧前沿，没想到南安普敦队的门将博鲁奇站位过于靠前，眼见球有越过自己头顶的可能，再后退为时已晚，只能看着球在门线再次弹地后跃入网心。

经过吉尼斯官方认定，这一进球的距离达到91.9米，为足球运动的最远进球纪录。更神奇的是，这粒球同时还创造了另一个纪录——门将最快进球。此前的纪录由诺丁汉森林队门将保罗·史密斯保持，2007年对阵莱斯特队的英联杯中，开场23秒攻入一球。

距离最远的头球破门

2011年，奥德格伦兰队对阵特罗姆瑟队，挪威足球运动员琼斯·威尔姆森在58.13米外头球破门，这是有史以来距离最远的头球破门。

疯狂进球

足坛史上，单场进球最多的比赛是哪一场？据说，1979年南斯拉夫联赛出现过134∶1。2002年，在非洲马达加斯加联赛中，出现了149∶0，最终获胜的一方叫作AS阿德玛队，但这149个进球中没有一个来自AS阿德玛队队员的脚下，全部的进球都出自失利的一方——奥林匹克埃米内队队员。换言之，失利一方奉献给对手149个乌龙球。但是，这场比赛最后没有被国际足联和该国足协承认。

目前，官方承认的纪录是澳大利亚队在2002年大洋洲世界杯预选赛中对美属萨摩亚队的比赛中的31∶0，在这场比赛中，澳大利亚队的汤普森打进了13个球，创造了个人单场进球数的新世界纪录。此外，澳大利亚队还曾22∶0狂胜汤加队。

最快红牌

克罗斯法姆公园凯尔特人队的球员托德仅仅 2 秒钟就吃到了红牌，而且原因十分离奇。

在和东塔顿流浪者队的比赛中，裁判当时用力吹响了开场哨，站在裁判边上的托德被响亮的哨声吓了一跳，顺口说了一句脏话。没想到裁判立刻转过来，冲他出示了红牌。一举成就足球史上最快红牌纪录。赛后托德委屈地说："我并没有骂裁判，也没有骂其他任何人，而且换了其他人也会像我这么做的，他的哨声差点把我的耳朵震掉了！"

历史闪电红牌盘点

· 普拉特（切彭汉姆队）：3 秒

2008 年 12 月，在英国南部地区联赛中，业余队切彭汉姆队的 21 岁前锋大卫·普拉特开场 3 秒就被罚下。普拉特这次破纪录虽出现在业余联赛中，但仍被记录在案，当时对手开球，球传的有点小，普拉特冲上去踩踏了对方的脚踝，结果被直接亮出红牌。

· 菅原智（东京 V 队）：9 秒

2011 赛季日本 J2 联赛第 8 轮，在东京 V 队与鸟栖队的比赛中，开场仅仅 9 秒，东京 V 队 32 岁的中场球员菅原智在回防中因对鸟栖队前锋池田圭犯规被红牌罚下。9 秒也成为日本职业足球历史上球员被罚下的最快纪录。

· 朱塞佩·洛伦佐（博洛尼亚队）：10 秒

洛伦佐，这个对于广大中国球迷无比陌生的名字，却是意甲联赛创造红牌最快的球员。在 1990 年博洛尼亚队和帕尔马队的一场比赛中，开场仅仅 10 秒就得到红牌，这也是到目前为止意甲联赛最快的红牌。

· 凯斯·吉莱斯皮（谢菲尔德联队）：12 秒

2006-2007 赛季英超，谢菲尔德联队迎战雷丁队，这场比赛对谢菲尔德联队球员吉莱斯皮来说简直就是梦魇。爱尔兰边锋在第 53 分钟时替补出场，上场的他直接走上去罚边线球，但是他在争夺界外球权的争议中和雷丁队前锋亨特发生争吵，吉莱斯皮一怒之下肘击了亨特，对于这个动作，主裁判直接将其红牌驱逐出场，这距离他上场才只有 12 秒。吉莱斯皮也打破了普雷斯曼创造的英超最快"染红"纪录。

· 普雷斯曼（谢菲尔德星期三队）：13 秒

2000-2001 赛季，谢菲尔德星期三队对阵狼队，这场比赛谢菲尔德星期三队门将普雷斯曼创造了开场仅仅 13 秒就被罚下的纪录。他"染红"的原因是在禁区外故意手球，但是赛后他极力辩解自己是用胸部停球的，可是当场主裁判却明察秋毫将其罚下。

· 贾森·克洛维（阿森纳）：33 秒

1997 年 10 月，阿森纳在联赛杯对阵伯明翰队，这是克洛维首次代表阿森纳出场，虽然只是替补登场，但是他却不幸入选这份榜单。这次登场克洛维肯定想给主教练温格留下深刻的印象，确实，这场比赛他给人们留下了深刻的"印象"。距离他上场只有 33 秒，他一脚踢在了伯明翰队队员奥朗诺尔的身上，主裁判对于这次犯规忍无可忍，直接出示红牌将其罚下。

· **杰拉德（利物浦）：43 秒**

2014-2015 赛季英超第 30 轮，利物浦主场对阵曼联，这场比赛是利物浦队魂杰拉德职业生涯最后一次"双红会"。不过这场比赛却给杰拉德以及喜欢杰队的球迷留下无限的遗憾。下半场比赛，杰拉德替换拉拉纳登场，但是仅仅开场 43 秒，杰拉德就和埃雷拉纠缠在一起，随后杰拉德用了一个故意踩踏的动作，当值主裁判阿特金斯就在旁边，他立马出示红牌将杰拉德罚下。谁能想到杰拉德在职业生涯参加的最后一场"双红会"竟会以这样的方式终结。

红牌大战

一场正式的足球比赛，双方最多只有28人可以上场（按照更换三人规则），然而，一名堪称史上最强的主裁判却连掏36张红牌，创造了一项空前也可能绝后的纪录。

2011年，维克多利亚队主场与克莱普勒队在阿根廷第五级别比赛中相遇。比赛进行到第55分钟时，克莱普勒队还以2∶0领先，此时，场上火药味渐浓，当值主裁判鲁尼诺向两队球员各出示了一张黄牌。没想到，双方都觉得受了委屈，纷纷上前抗议，随着抗议的人越来越多，球员竟然开始激烈的打斗，甚至连球迷也闯入场地。

鲁比诺见场面逐渐无法控制，于是开始发疯似的掏牌，其中主队球员拿到了16张红牌，助理教练拿到了1张；而客队则包揽了剩下的19张，只有主队的两名球员幸免"染红"。

赛后，鲁比诺提交的比赛报告显示，一共出示了36张红牌。足球比赛规定，一方罚下5人后自动判罚0∶3负，不过本场比赛情况极为特殊，主裁判是一次性向两队出示36张红牌。

纪录创造者鲁比诺丝毫不后悔，他在赛后报告中明确指出："两支球队的所有人都应该获得红牌，因为他们是这场闹剧的参与者，导致了比赛无法继续进行。"

鲁比诺的36张红牌，创下了单场比赛出示红牌最多的纪录。之前的纪录是在1993年创造的，在巴拉圭的一场比赛中，共有20名球员被红牌罚下；而此前最接近这个纪录的，是阿根廷第三级联赛中曾有18人被罚下。

十二码故事

点球决战，足球场上最残酷的决胜方式，每一轮12码（1码=0.9144米）前的互罚都能牵动所有球员、教练、球迷绷紧的神经。可以说，站在点球点上没有真正意义的失败者，每一个站在门前的球员都是不折不扣的勇者。2005年世青赛上，曾出现主罚12轮比赛的情况。国内赛场，2017年足协杯，上海上港队和苏州东吴队一共罚了17轮才分出胜负。

世青赛12轮点球创纪录

2005年荷兰世青赛1/4决赛，尼日利亚队通过点球大战以11:10（10:9）战胜东道主荷兰队。

尼日利亚队与荷兰队在120分钟内战成1:1平，比赛被迫进入残酷的点球大战。点球大战前三轮，两队球员都显得相当轻松，基本都骗开门将将球射入。而在第四轮，克鲁斯的点球被尼日利亚门将扑出；不过阿图勒瓦的点球也被荷兰门将挡出。第五轮双方各自命中。第六轮，相同的情况再次发生，先是泽伊维隆右脚劲射打中横梁弹出，随后阿德德杰左脚劲射高出横梁。而后在第七、八、九、十、十一轮两队均命中。有意思的是第十一轮，是两队门将主罚。

点球大战战罢第一循环竟然没有分出胜负，这在国际大赛的淘汰赛中并不多见。于是，双方开始第二循环角逐。第十二轮，约翰的点球被尼日利亚队门将扑出，而塔伊沃射门得分。最终，尼日利亚队通过12轮的点球大战，以10:9的比分淘汰荷兰队，晋级四强。赛后尼日利亚队球员显得相当高兴。作为青年队球员，这样的场景他们见识的并不多。

· 国内足协杯创造历史

2017足协杯第四轮，上海上港队客场挑战苏州东吴队。上半场，东吴队球员卞俊补射破门。全场补时阶段，武磊扳平。点球战中，双方一共主罚了17轮，最终上港队总比分16：15惊险晋级八强。

前4轮，双方都互相命中。第5轮，上港队李圣龙主罚的点球被扑住，东吴队池星辰则击中立柱。第6轮，石柯的点球再度被汤峻扑出，勾俊晨踢飞。第7轮至第16轮，双方再次互相罚进点球，尤其是第10轮，颜骏凌和汤峻上演门将单挑，结果同样互射罚进。直至第17轮，上港队贺惯罚进点球后，东吴队肖鲲射门被颜骏凌扑出，最终上港队通过点球战总比分16：15晋级八强。

17轮点球创造了中国足球职业化以来的新纪录，因此这场比赛被载入史册。此前的纪录是2015年足协杯，青岛鲲鹏队与贵州智诚队罚了14轮点球才决出胜负，最终贵州智诚队11：10获胜。

· 南美解放者杯历史最长点球大战

1992年的南美解放者杯半决赛，阿根廷纽维尔老男孩队对阵哥伦比亚卡利美洲队，120分钟内双方战成1：1。在点球大战中，双方一共主罚了26个点球，前6轮点球双方弹无虚发，但是从第7轮开始，连续两轮双方球员都将点球罚丢，老男孩队的后卫波切蒂诺率先将球打飞，随后哥伦比亚队老国脚博姆德斯没能一锤定音。第8轮，多米济将球打飞，但主队的巴尔比斯也罚飞了5球。

随后双方直到第13轮才分出胜负，最终老男孩队11：10取得了胜利。值得一提的是，本场比赛双方各有一名队员被罚下，所以点球大战双方都只有10人主罚。

· 英格兰联赛杯历史最长点球大战

2014年9月24日，英格兰联赛杯第3轮，利物浦队坐镇主场120分钟内与米德尔斯堡队2：2战平，随后两队在点球大战创造了英格兰联赛杯历史上最长的点球大战纪录，米德尔斯堡队的巴姆福德在第1轮射失，利物浦队的斯特林在第5轮射失，进入"突然死亡"后，每轮都双双命中，甚至第 11 轮双方门将米尼奥莱和布莱克曼也演出了互射命中的奇景。点球大战一直进行到第 15 轮，米德尔斯堡队的阿多玛射偏，这场漫长的"马拉松点球"最终由利物浦队 14∶13 胜出而告终。

· 法国杯点球大战踢到天黑

1996 年法国杯第 5 轮，第 6 级别联赛球队奥贝奈队和第 5 级别联赛球队维特勒塞姆队在常规时间内打成 2∶2。点球大战双方打了整整 20 轮，却仍没有分出胜负，当时的结果为 15∶15。由于当时天色已晚，而球场又没有灯光，裁判被迫终止了比赛。经过阿尔萨斯地区联盟的裁决，低一级别的奥贝奈队进入下一轮。

· 17 轮主罚全部命中

1996 年 11 月 28 日，在土耳其杯比赛中，根克勒比尔利吉队在 17 轮点球大战中全部主罚成功，最终 17∶16 险胜加拉塔萨雷队。

· 双方连续 5 次主罚不进

2001 年 10 月 10 日，波兰杯 1/16 决赛，Lech Poznan 队 0∶0 战平 Pogon Szczecin 队，双方在点球大战中打了整整 15 轮，但进球效率并不高，30 个点球当中有 7 个没进，最终乙级球队 Lech Poznan 队 12∶11 击败了做客的甲级球队 Pogon Szczecin 队。最值得一提的事情是出现在第 2 圈，从第 13 轮开始到第 15 轮，双方连续 5 次主罚不进，而最后主罚的 Lech Poznan 队球员提拉季斯基一蹴而就，结束了这场令人窒息的点球战。

· 世界足坛最长点球纪录

2005 年纳米比亚杯决赛，KK Palace 队对阵 Civics 队，双方在 90 分钟战成 2∶2，由于没有加时赛，因此常规比赛时间结束后双方直接进入点球大战。

点球大战中双方共主罚了 48 个点球（24 轮），其中有 15 脚没有命中，最终 KK Palace 队以 17∶16 胜出折桂。这也是迄今为止世界足坛出现的点球大战最长纪录。

神奇帽子戏法

·托尔多：扑点球帽子戏法

2000年欧洲杯半决赛，意大利队遭遇荷兰队，对手前4场比赛狂进13球。比赛开始后，荷兰队狂攻，第38分钟，内斯塔禁区内犯规，托尔多扑出了弗里克·德波尔的点球。第61分钟，荷兰队再次获得点球，克鲁伊维特主罚骗过了托尔多，但打中立柱。最终，比赛进入点球大战。

点球大战，托尔多又扑出德波尔的点球，随后他扑出了博斯维尔特的点球终结比赛，意大利队3∶1战胜荷兰队。全场比赛，荷兰队6次点球，最终仅命中1个。

·巴蒂斯图塔：连续两届世界杯上演帽子戏法

巴蒂斯图塔素有"战神"称号，他在1994年美国世界杯对阵希腊队的比赛和1998年法国世界杯对阵牙买加队的比赛中上演帽子戏法，为此他在世界杯历史上创造了一项另类的纪录，成为唯一连续两届世界杯上演帽子戏法的球员。

·米哈伊洛维奇：任意球帽子戏法

"任意球大师"米哈伊洛维奇在1998年创造了一项史无前例的纪录，在拉齐奥队对阵桑普多利亚队的比赛中，米哈伊洛维奇罚进3粒直接任意球，上演了任意球帽子戏法，帮助球队5∶2取胜。

·汤米·罗斯：最快帽子戏法

90秒能做什么？汤米·罗斯能上演帽子戏法。在1964年英国维多利亚公园球场，罗斯代表罗斯郡队在90秒以内打进3球，这也是当今足坛最快的帽子戏法。

· 拉斯齐洛·基斯：世界杯最快帽子戏法

　　1982年6月15日，第12届世界杯小组赛，匈牙利队10∶1狂胜萨尔瓦多队，第69分钟、第72分钟和第76分钟，拉斯齐洛·基斯7分钟内上演帽子戏法。此外，10∶1也是世界杯历史上最大分差。

· 奇拉维特：门将的帽子戏法

　　有些球队的门将不仅仅能守好球门，还能充当球队的得分利器，巴拉圭队传奇门将奇拉维特就是这种另类球员。在1999年阿根廷联赛的一场比赛中，奇拉维特分别在45分钟、75分钟以及82分钟打进3粒点球，完成门将上演帽子戏法的壮举。

· 帕勒莫：点球不中帽子戏法

　　"疯子"帕勒莫曾在一场比赛中3次点球不进。1999年7月美洲杯阿根廷队对阵哥伦比亚队的比赛中，阿根廷队获得三次点球机会，可惜帕勒莫3次全部罚丢，最终导致阿根廷队0∶3不敌对手。

· 罗纳尔多：点球帽子戏法

　　除了上文提到的奇拉维特上演点球帽子戏法，罗纳尔多也曾连续打进3粒点球。2004年6月，在巴西队对阵阿根廷队的世界杯预选赛上，罗纳尔多制造3粒点球，并且全部罚进。不过利用点球上演帽子戏法的例子，当今足坛不胜枚举，如曼联的米顿、罗马队球星贾尼尼等。

· 莫伦特斯、克洛泽：头球帽子戏法

　　2002年2月，皇马对阵拉斯帕尔马斯队的比赛中，"银河战舰"7∶0大胜对手，莫伦特斯一人打进5球，其中4粒进球是头球，因此他上演了头球帽子戏法。在2002年日韩世界杯德国队8∶0大胜沙特队的比赛中，克洛泽也打进3粒头球，同样上演了头球帽子戏法。

·库伊特：进球距离最短的帽子戏法

2011年3月利物浦对阵曼联的比赛，荷兰人库伊特在不到1码、5码、2码的距离打进3球，总进球距离不超过8码，比点球点（12码）距离还少了4码。

·中山雅史：连续4场帽子戏法

日本球星中山雅史曾在1998年连续4场比赛上演帽子戏法，打进了惊人的16球，这一纪录被写入了吉尼斯世界纪录大全。

·范登拜伊斯：乌龙球帽子戏法

1995-1996赛季的一场比利时联赛，艾克伦队的范登拜伊斯上演乌龙帽子戏法，对手安德莱赫特队3∶2取胜，这一次帽子戏法也让范登拜伊斯名声大噪。

·裁判波尔：黄牌"帽子戏法"

还记得2006年世界杯克罗地亚队跟澳大利亚队的比赛吗？当时主裁判波尔给克罗地亚队球员西穆尼奇连续出示了3张黄牌才把他罚出场，3张黄牌恐怕是当今足坛绝无仅有的一幕了吧，这成为世界足坛的笑谈。

·赫斯特：世界杯决赛帽子戏法

在世界杯决赛中上演帽子戏法，历史上仅一人做到，那就是英格兰队前锋赫斯特。1966年，替补前锋赫斯特与他的英格兰队一同上演了一出传奇，决赛4∶2击败联邦德国队的比赛中，他上演帽子戏法，令自己的名字永远留在了世界杯史册中。

最年长球员

2019年4月5日，以色列守门员伊萨克·海伊克成为最年长的现役足球运动员，他在73岁零95天的时候代表以色列第四级别联赛的球队登场亮相，创造历史。

尽管马上就要74岁，海伊克仍然首发出战并打满全场，尽管那场比赛球队1∶5惨败给对手，但据说海伊克还在比赛中做出几次精彩扑救。赛后他说："渴望在下一场比赛中继续为球队出场。"

比赛结束后，海伊克领取了属于他的吉尼斯世界纪录证书，他表示："这不只是属于我一个人的荣誉，这是整个以色列足球的荣誉。"

冠军最多的球员

2021年8月7日，东京奥运会男足决赛，巴西队2∶1击败西班牙队，蝉联奥运会男足冠军。这是38岁巴西传奇阿尔维斯的第43个冠军，这也让他继续刷新纪录，领跑足坛史上冠军数量最多的球员。

附表：阿尔维斯 43 冠分布

球队	冠军	个数	时间
塞维利亚队	欧联杯	2个	2005-2006赛季、2006-2007赛季
	欧洲超级杯	1个	2006年
	国王杯	1个	2006-2007赛季
	西班牙超级杯	1个	2007年
巴萨	世俱杯	3个	2009年、2011年、2015年
	欧冠	3个	2008-2009赛季、2010-2011赛季、2014-2015赛季
	欧洲超级杯	3个	2009年、2011年、2015年
	西甲	6个	2008-2009赛季、2009-2010赛季、2010-2011赛季、2012-2013赛季、2014-2015赛季、2015-2016赛季
	国王杯	4个	2008-2009赛季、2011-2012赛季、2014-2015赛季、2015-2016赛季
	西班牙超级杯	4个	2009年、2010年、2011年、2013年
尤文图斯	意甲	1个	2016-2017赛季
	意大利杯	1个	2016-2017赛季
巴黎圣日耳曼	法甲	2个	2017-2018赛季、2018-2019赛季
	法国杯	1个	2017-2018赛季
	法国联赛杯	1个	2017-2018赛季
	法国超级杯	2个	2017-2018赛季、2018-2019赛季
圣保罗队	圣保罗州联赛	1个	2021年
巴西国家队	联合会杯	2个	2009年、2013年
	美洲杯	2个	2007年、2019年
巴西U20国家队	U20世界杯	1个	2003年
巴西国奥队	奥运会	1个	2021年

截至：2021年8月8日

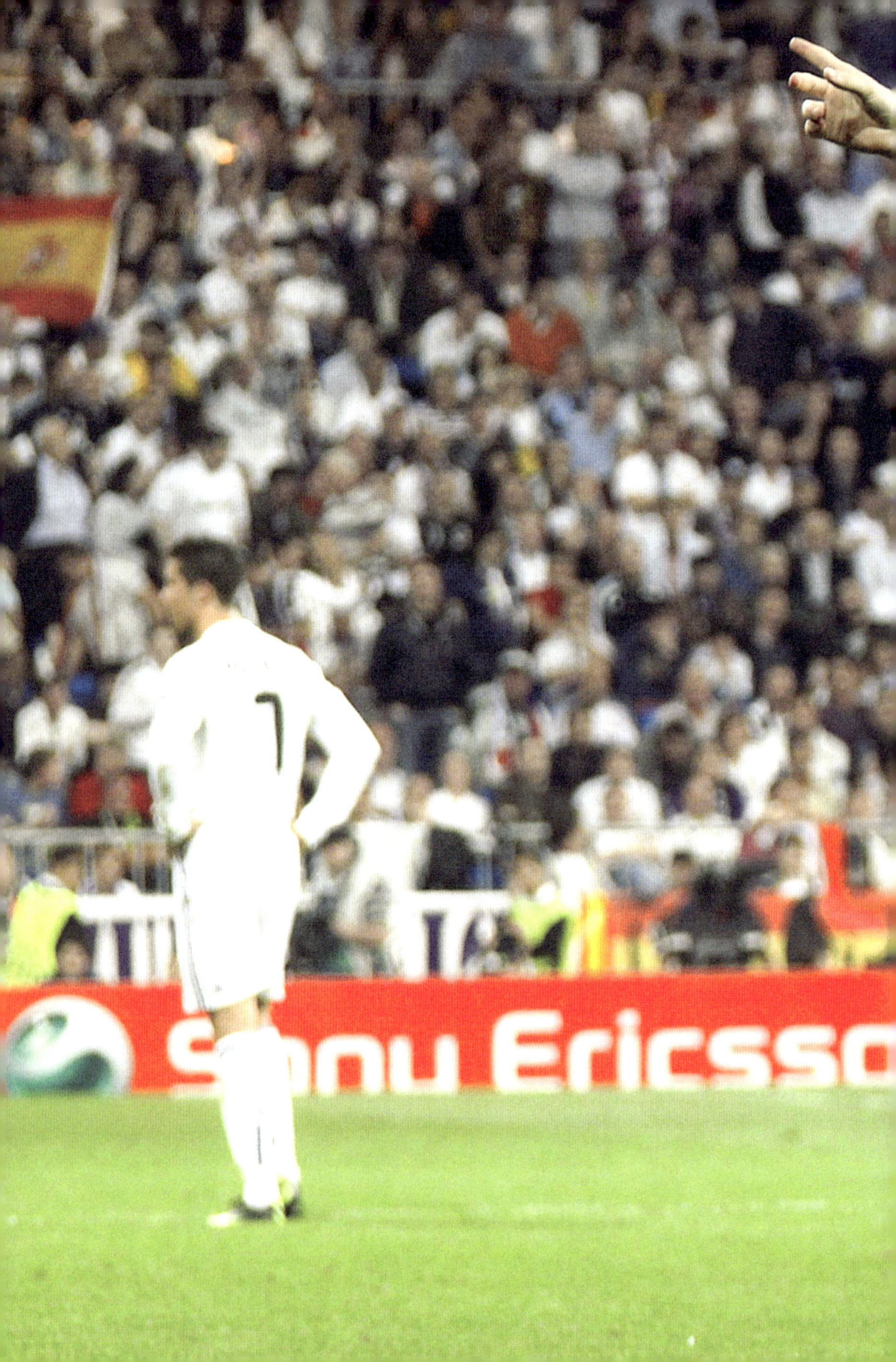

梅西专区

年度 91 球神迹

梅西，一个为纪录而生的球员，要说梅西职业生涯个人状态的巅峰年份，那一定是 2012 年，虽然巴萨和梅西只拿到一座国王杯，但是没有人会拒绝承认 2012 年属于梅西。

3 月，梅西打破塞萨尔的 232 球纪录，成为巴萨队史上头号射手。在代表阿根廷队与瑞士队的比赛中，梅西首次在国家队上演帽子戏法。在欧冠对阵勒沃库森队的比赛中，梅西单场连中五元，成为欧冠改制后首位单场轰入 5 球的球员。

4 月，梅西在三场欧冠比赛中打进两球，创造了当时欧冠单赛季 14 球的纪录。5 月，梅西不仅超越穆勒个人单赛季 67 球的纪录，同时打破 C 罗去年才创造的西甲单赛季进球纪录。最终梅西以单赛季联赛 50 球，单赛季各项比赛进球 72 粒，创造了新的欧洲纪录和世界纪录。

10 月，梅西追平巴蒂在 1998 年创造的阿根廷国家队个人单年度进 12 球的纪录。11 月，梅西单年度进球纪录提升到 76 球，超越贝利的 75 球。而在欧冠面对凯尔特人队的比赛中，梅西打进一球，从而追平伍德瓦德在 1909 年创造的单年度国际比赛总进球数 25 球的纪录。

12 月，梅西在年度收官战面对巴拉多利德队时打进 1 球，最终将盖德·穆勒创造的单年度 85 球的进球纪录提高到 91 球。

在全年 69 场正式比赛中，梅西共打进 91 球，平均每场打进 1.3 个球。其中有 22 场比赛被对手零封，16 场比赛打进 1 球，22 次梅开二度，6 次帽子戏法，2 次大四喜和 1 次连中五元。梅西这 91 粒进球中，在巴萨打进 79 粒，其中西甲联赛打进 59 球、国王杯打进 5 球、欧冠打进 13 球、西超杯打进 2 球，而在阿根廷国家队，他打进 12 球。

年度 91 球，堪称世界足坛历史上最疯狂的个人年度表演。这注定是一个前无古人，恐也难有后来者的纪录。

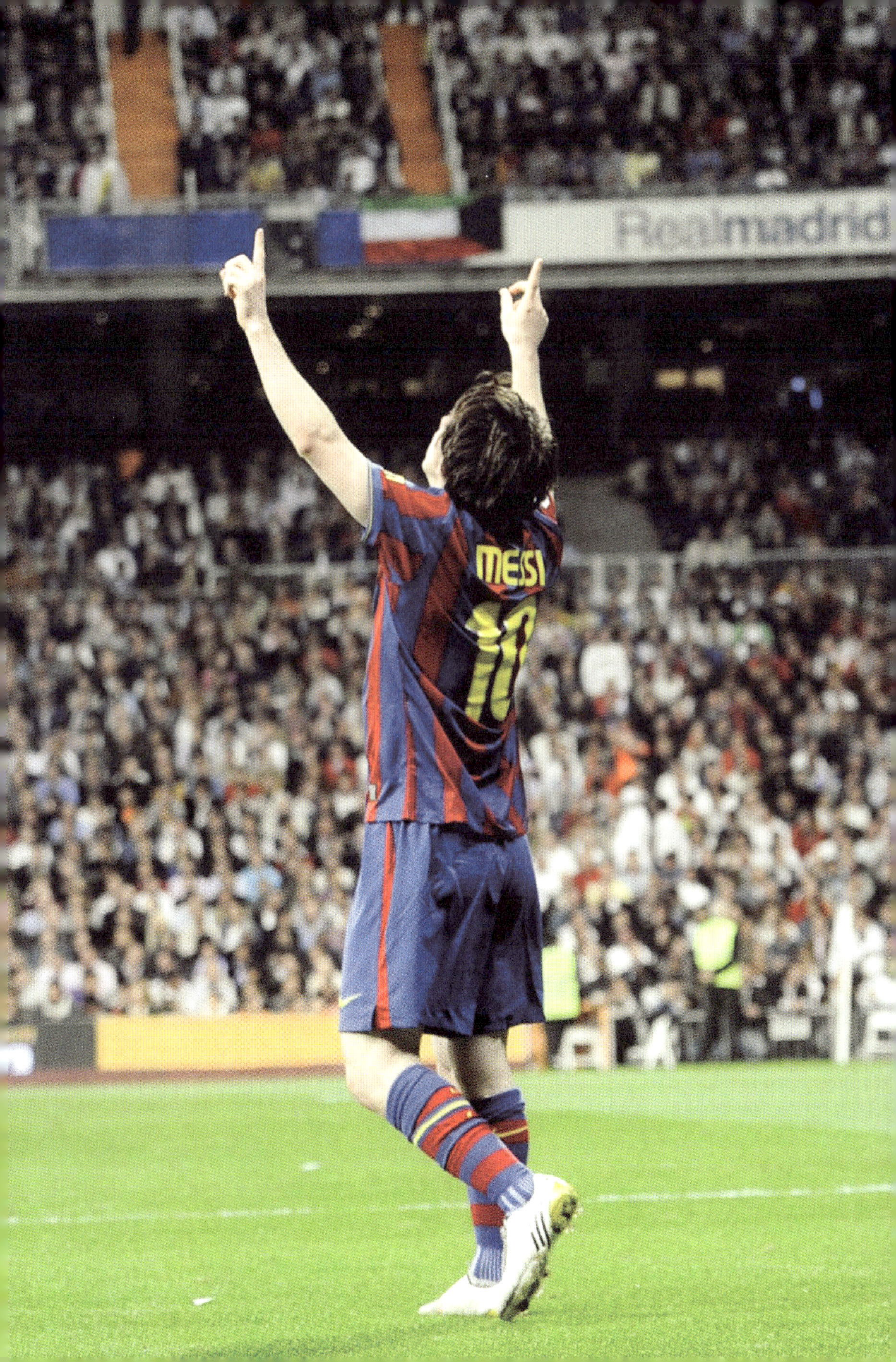
Realmadrid
MESSI
10

梅西年度 91 球全记录

	时间	比赛	比分
第 1-2 球	2012 年 1 月 4 日	国王杯 1/8 决赛首回合	巴萨 4∶0 奥萨苏纳队
第 3-4 球	2012 年 1 月 15 日	西甲第 19 轮	巴萨 4∶2 皇家贝蒂斯队
第 5-7 球	2012 年 1 月 22 日	西甲第 1 轮补赛	马拉加队 1∶4 巴萨
第 8 球	2012 年 2 月 4 日	西甲第 22 轮	巴萨 2∶1 皇家社会队
第 9 球	2012 年 2 月 14 日	欧冠 1/8 决赛首回合	勒沃库森队 1∶3 巴萨
第 10-13 球	2012 年 2 月 19 日	西甲第 24 轮	巴萨 5∶1 瓦伦西亚队
第 14 球	2012 年 2 月 26 日	西甲第 25 轮	马竞 1∶2 巴萨
第 15-17 球	2012 年 3 月 1 日	国际队友谊赛	瑞士队 1∶3 阿根廷队
第 18-22 球	2012 年 3 月 7 日	欧冠 1/8 决赛次回合	巴萨 7∶1 勒沃库森队
第 23-24 球	2012 年 3 月 11 日	西甲第 26 轮	桑坦德竞技队 0∶2 巴萨
第 25 球	2012 年 3 月 17 日	西甲第 27 轮	塞维利亚队 0∶2 巴萨
第 26-28 球	2012 年 3 月 20 日	西甲第 28 轮	巴萨 5∶3 格拉纳达队
第 29 球	2012 年 3 月 24 日	西甲第 29 轮	马洛卡队 0∶2 巴萨
第 30 球	2012 年 3 月 31 日	西甲第 30 轮	巴萨 2∶0 毕尔巴鄂竞技队
第 31-32 球	2012 年 4 月 3 日	欧冠 1/4 决赛次回合	AC 米兰 1∶3 巴萨
第 33-34 球	2012 年 4 月 7 日	西甲第 31 轮	萨拉戈萨队 1∶4 巴萨
第 35 球	2012 年 4 月 10 日	西甲第 32 轮	巴萨 4∶0 赫塔菲队
第 36-37 球	2012 年 4 月 14 日	西甲第 33 轮	莱万特队 1∶2 巴萨
第 38-39 球	2012 年 4 月 29 日	西甲第 35 轮	巴列卡诺队 0∶7 巴萨
第 40-42 球	2012 年 5 月 2 日	西甲第 36 轮	巴萨 4∶1 马拉加队
第 43-46 球	2012 年 5 月 5 日	西甲第 37 轮	巴萨 4∶0 西班牙人队
第 47 球	2012 年 5 月 25 日	国王杯决赛	毕尔巴鄂竞技队 0∶3 巴萨
第 48 球	2012 年 6 月 2 日	世界杯预选赛	阿根廷队 4∶0 厄瓜多尔队
第 49-51 球	2012 年 6 月 9 日	国家队友谊赛	阿根廷队 4∶3 巴西队

续表

	时间	比赛	比分
第52球	2012年8月15日	国家队友谊赛	德国队1∶3阿根廷队
第53-54球	2012年8月19日	西甲第1轮	巴萨5∶1皇家社会
第55球	2012年8月23日	西班牙超级杯首回合	巴萨3∶2皇马
第56-57球	2012年8月26日	西甲第2轮	奥萨苏纳队1∶2巴萨
第58球	2012年8月29日	西班牙超级杯次回合	皇马2∶1巴萨
第59球	2012年9月7日	世界杯预选赛	阿根廷队3∶1巴拉圭队
第60-61球	2012年9月15日	西甲第4轮	赫塔菲队1∶4巴萨
第62-63球	2012年9月19日	欧冠小组赛	巴萨3∶2莫斯科斯巴达队
第64-65球	2012年10月7日	西甲第7轮	巴萨2∶2皇马
第66-67球	2012年10月12日	世界杯预选赛	阿根廷队3∶0乌拉圭队
第68球	2012年10月16日	世界杯预选赛	智利队1∶2阿根廷队
第69-71球	2012年10月20日	西甲第8轮	拉科鲁尼亚队4∶5巴萨
第72-73球	2012年10月27日	西甲第9轮	巴列卡诺队0∶5巴萨
第74球	2012年11月7日	欧冠小组赛	凯尔特人队2∶1巴萨
第75-76球	2012年11月11日	西甲第11轮	马洛卡队2∶4巴萨
第77-78球	2012年11月17日	西甲第12轮	巴萨3∶1萨拉戈萨队
第79-80球	2012年11月20日	欧冠小组赛	莫斯科斯巴达队0∶3巴萨
第81-82球	2012年11月25日	西甲第13轮	莱万特队0∶4巴萨
第83-84球	2012年12月1日	西甲第14轮	毕尔巴鄂竞技队1∶5巴萨
第85-86球	2012年12月10日	西甲第15轮	皇家贝蒂斯队1∶2巴萨
第87-88球	2012年12月13日	国王杯1/8决赛首回合	科尔多瓦队0∶2巴萨
第89-90球	2012年12月17日	西甲第16轮	巴萨4∶1马竞
第91球	2012年12月23日	西甲第17轮	巴拉多利德队1∶3巴萨

单赛季西甲 50 球

2011-2012 赛季，梅西在西甲完成登峰造极的表演，他单赛季联赛打进 50 球，获得西甲金靴和欧洲金靴奖。值得一提的是，C 罗在西甲射手榜上排名第二，进球数也非常恐怖，达到 46 球。可以说，那个赛季梅罗的你追我赶，成就了梅西的疯狂纪录。

巴萨官方盛赞：梅西，足坛里神一样的人物！

而梅西自己在领取欧洲金靴奖时，言语十分谦虚："打进这么多球值得骄傲，但这份荣誉已经超越了个人意义，因为如果没有我的队友们，我做不到如此出色。感谢我的家人，队友和在场的所有人，我愿和你们一起分享这份殊荣，这个奖项是属于巴萨全队的。"

当时，巴萨主帅比拉诺瓦如此点评梅西："梅西的伟大之处不仅在于他超强的进球能力，更在于他阅读比赛的能力以及超强的战术执行能力。如果有必要，他愿意狂奔 35 米参与全队的防守，我不知道其他大牌球星能否做到这一点。"

后来，C 罗曾经在 2014-2015 赛季接近过这个纪录，当时 C 罗在 35 场比赛中打入 48 球，距离梅西的纪录仅差两球。梅西在 2012-2013 赛季也险些再次打破这个纪录，当时梅西曾经连续 21 轮联赛进球，但是因为伤病问题，梅西只出场 32 次打入 46 球，如果让梅西打满 38 场的话，或许他的纪录将被自己打破。

如今，梅西、C 罗的进球效率不再那般疯狂，单赛季 50 球纪录自然很难打破了。

横向对比五大联赛的其他 4 个联赛，就更加彰显梅西的恐怖。

意甲单赛季个人进球纪录是 36 球，2015-2016 赛季，当时效力于那不勒斯的伊瓜因打入 36 球，打破了诺达尔在 1949-1950 赛季创造的 35 球纪录，刷出了意甲的单赛季进球新高。后来，因莫比莱曾经追平该纪录。

英超的单赛季进球纪录是 34 球，由安迪·科尔（1993-1994 赛季）和阿兰·希勒（1994-1995 赛季）共同保持。

德甲的单赛季进球纪录是 40 球，由拜仁传奇前锋盖德·穆勒在 1971-1972 赛季缔造。

法甲的单赛季进球纪录是 44 球，由马赛的斯科布拉尔在 1970-1971 赛季创造。

俱乐部进球数超贝利

2020年12月23日，在西甲联赛第15轮的比赛中，巴萨客场3:0大胜巴拉多利德队。梅西在比赛第65分钟攻破对手球门，打入代表巴萨的第644粒进球。这也使得他超越"球王"贝利，创造了新的单一俱乐部最多进球纪录。

贝利的纪录创造于20世纪，他在巴西桑托斯俱乐部完成的这一壮举曾被认为是足坛最难触及的纪录之一。

足球世界里，644粒进球无异于天文数字。多少令人耳熟能详的巨星级射手，都难以企及这一高度。比如亨利，足坛荣誉大满贯得主，当之无愧的枪王之王，21世纪最佳前锋之一。他的俱乐部总进球数，最终停留在360个。

644粒进球，意味着一段漫长的岁月，和在这漫长岁月中始终保持的巅峰状态。因此很好体会，为何"球王"贝利在送给梅西的祝福中，会流露出如此多的钦佩与敬意。

虽然完成这一伟大的成就，但梅西仍然一如既往的谦逊。赛后，梅西更新了社交媒

体状态："在我开始踢足球时,我从没想过能打破纪录,更没想过如今能打破贝利的纪录。我必须感谢这么多年来所有帮过我的人,感谢我的队友们、我的家人们、我的朋友们,以及每天都在支持我的每一个人。拥抱你们!"

这644粒进球中,包括451粒西甲进球、118粒欧冠进球、53粒国王杯进球、14粒西班牙超级杯进球、3粒欧洲超级杯进球和5粒世俱杯进球。

从被破门次数最多的球队来看,在西甲赛场中,塞维利亚队是梅西破门次数最多的球队,达到了29球,其次是马竞的26球;在欧冠赛场中,阿森纳是梅西破门次数最多的球队,达到9球,其次是凯尔特人和AC米兰的各8球。

从进球的赛季分布来看,2011-2012赛季是梅西进球数最多的,达到了73球,第二是2012-2013赛季的60球,第三是2014-2015赛季的58球。

从进球方式来看,梅西通过左脚共打进532球,第二是右脚的87球,第三是23个头球破门。

2019年,梅西在巴萨的进球数是618球,当时距离贝利还差25球。在2020年,梅西打进了26球,终于打破贝利保持的世界纪录。从2005年5月1日到2020年12月22日,梅西花费5714天749场比赛书写足球传奇。

西甲官方媒体在第一时间送上祝贺:20年,一家俱乐部,644球,这个夜晚,你成为真正的王!

巴萨官网也列出数据:梅西,代表巴萨644球;贝利,代表桑托斯643球;穆勒,代表拜仁570球。足球史上又一个世界纪录诞生,属于梅西,属于巴萨。

8次西甲金靴

2020-2021赛季，梅西斩获30粒西甲进球，连续第5个赛季获得西甲金靴奖，其职业生涯至今，梅西共8次获得西甲金靴奖，他超越盖德·穆勒和尤西比奥，成为欧洲联赛中拿到金靴次数最多的球员。

同时，梅西2020-2021赛季助攻9次，参与进球39个，这也在西甲排名第一。此外，他196次射门排名第一，77次创造机会也是第一，22次创造得分良机同样是第一。直塞球20脚排名第一，327次打入进球排名第一，159次过人排名第一，让对手99次犯规排名第一，在对方禁区内触球243次，又是第一。

附：梅西8次西甲金靴数据

2009-2010赛季：34球

2009-2010赛季，梅西第一次拿到西甲金靴，他打进34球，最终获得了西甲最佳球员称号。当时，皇马名宿迪·斯蒂法诺夸赞道："他的每个进球都比之前的更漂亮。梅西是百年一遇的奇才，他与众不同，完成了一个非常精彩的赛季。他会成为足球史上最出色的球员之一。"

2011-2012赛季：50球

2011-2012赛季西甲比赛，梅西单赛季轰进50球，创造纪录，并且8次上演帽子戏法。这个赛季，是梅西职业生涯最巅峰的赛季之一。值得一提的是，C罗同样恐怖，本赛季斩获46粒联赛进球。

2012-2013 赛季：46 球

2012-2013 赛季巴萨以领先 15 分的优势再次夺回了西甲联赛冠军。梅西以 32 场 46 球的成绩加冕联赛射手王，C 罗在同样的比赛场次下打进了 34 球。

2016-2017 赛季：37 球

在苏亚雷斯和内马尔的辅助之下，梅西在联赛中打进了 37 球。不过 2016-2017 赛季西甲冠军却属于皇马。

2017-2018 赛季：34 球

在西班牙国内，梅西再次证明了自己的王者地位。2017-2018 赛季，他攻入 34 球帮助巴萨夺得联赛冠军却而 C 罗则打进了 26 球。

2018-2019 赛季：36 球

2018-2019 赛季，33 岁的 C 罗开始了新的挑战，他离开皇马，转会加盟尤文图斯。在 C 罗离开后，梅西继续在西甲联赛中战斗，这个赛季他打进了 36 球。

2019-2020 赛季：25 球

梅西年龄变大，但在西甲仍是独一档的巨星，2019-2020 赛季，他打进 25 球，斩获西甲金靴。

2020-2021 赛季：30 球

2020-2021 赛季梅西在西甲打进 30 球，比本泽马和杰拉德多出 7 球，第 8 次夺得西甲金靴奖，继续刷新纪录，排名第二的是 6 次获奖的萨拉，C 罗曾经 3 次夺得西甲金靴奖。

梅西是西甲史上助攻王，职业生涯，他已经贡献了 180 次助攻。排名第二的是哈维，"巴萨传奇"在西甲助攻 126 次，而他已经退役，无法超过梅西。

6 夺金球奖

梅西在 2009 年、2010 年、2011 年、2012 年、2015 年、2019 年六次夺得金球奖。

2009 年 12 月 1 日，梅西拿到了职业生涯中的首座金球奖。当时，梅西以多出 240 分的压倒性优势战胜了 2008 年的金球奖得主 C 罗，此分差也创下金球奖评选的历史纪录。

2010 年，梅西击败俱乐部队友伊涅斯塔和哈维，连续第二年获得金球奖。同时梅西也成为 1989 和 1990 年的范巴斯滕之后，20 年来第一个卫冕金球奖的球员。伊涅斯塔屈居第二，哈维排名第三。

在 2011 年金球奖的评选中，梅西以 44.78% 的得票率力压 C 罗（21.6%）和哈维（9.23%）第三度获奖。

2011 年，梅西在他参加的 68 场比赛中打进 58 球，代表巴萨拿到 5 项冠军。梅西在 2011 年一共参加了 7 项赛事，拿到了 5 项赛事的冠军。另外两项赛事是国王杯和美洲杯：他在国王杯决赛中输球，在美洲杯 1/4 决赛被淘汰。

梅西在 2012 年共参加 69 场比赛，其中为巴萨出场 60 次，包括 38 轮西甲联赛、8 场国王杯、12 场欧冠和 2 场超级杯，此外梅西还作为队长参加了 9 场阿根廷国家队的比赛。在 2012 年梅西帮助巴萨拿到了一座国王杯冠军，打入了刷新足球史册的年度 91 球，其中为巴萨打入 79 球，为阿根廷国家队射入 12 球。

虽说 2012 年梅西只有区区一个国王杯冠军，可一年 91 球 23

次助攻，已经超出大多数人的想象。

从 2009 年到 2012 年，梅西完成世界第一人的四连霸。

梅西 2015 年助巴萨加冕五冠王（西甲、欧冠、国王杯、欧洲超级杯、世俱杯）。2014-2015 赛季，他包揽欧冠最佳射手和助攻王（10 球 6 助）、排名西甲射手榜次席（43 球）和助攻榜首位（18 次）。全年代表巴萨 53 场比赛打入 48 球 23 次助攻，还带领阿根廷打进了美洲杯决赛。最终，梅西力压 C 罗和内马尔当选。

2019 年，梅西斩获个人第六座金球奖，超越 5 次获奖的 C 罗，独享史上获金球奖次数最多球员的荣耀。

2018-2019 赛季，梅西在 34 场西甲比赛中打进 36 球，助攻 13 次，荣膺西甲金靴和欧洲金靴。他还并列成为西甲助攻王，带领巴萨夺得西甲冠军。

2007-2020 金球奖得主

2007 年	卡卡（AC 米兰、巴西）
2008 年	C 罗（曼联、葡萄牙）
2009 年	梅西（巴萨、阿根廷）
2010 年	梅西（巴萨、阿根廷）
2011 年	梅西（巴萨、阿根廷）
2012 年	梅西（巴萨、阿根廷）
2013 年	C 罗（皇马、葡萄牙）
2014 年	C 罗（皇马、葡萄牙）
2015 年	梅西（巴萨、阿根廷）
2016 年	C 罗（皇马、葡萄牙）
2017 年	C 罗（皇马、葡萄牙）
2018 年	莫德里奇（皇马、克罗地亚）
2019 年	梅西（巴萨、阿根廷）
2020 年	金球奖因疫情取消评选

连续 21 轮进球

2012-2013 赛季，梅西连续 21 场西甲联赛一共打进 33 球。

2012 年 11 月 11 日，巴萨在联赛第 11 轮中客场 4∶2 击败了马洛卡，那一战梅西打入了两球。此后的 5 轮联赛中，巴萨先后 3∶1 胜萨拉戈萨、4∶0 胜莱万特、5∶1 击败毕尔巴鄂竞技、2∶1 击败贝蒂斯、4∶1 胜马竞、梅西在这 5 轮联赛中场场完成梅开二度、2012 年的最后一轮联赛，梅西在巴萨 3∶1 胜巴拉多利德的比赛中打入 1 球。

2013 年 1 月 6 日西甲第 18 轮，梅西在巴萨 4∶0 击败西班牙人的比赛中打入 1 球。随后两轮中，巴萨 3∶1 胜马拉加，2∶3 不敌皇家社会，梅西场均打入 1 球。西甲联赛第 21 轮迎来好戏，巴萨在诺坎普 5∶1 横扫奥萨苏纳，梅西上演了大四喜。随后两轮联赛中，巴萨 1∶1 平瓦伦西亚，6∶1 大胜赫塔菲，梅西又是连续两轮各斩获 1 球。联赛第 24 轮，巴萨客场 2∶1 击败格拉纳达，梅西完成梅开二度。

联赛第 25 轮中巴萨 2∶1 胜塞维利亚，第 26 轮 1∶2 不敌皇马，第 27 轮 2∶0 胜拉科鲁尼亚，梅西连续三轮场均攻入 1 球。3 月 18 日，西甲第 28 轮，梅西梅开二度帮助球队 3∶1 击败巴列卡诺，连续 18 轮联赛进球。

连续 18 轮联赛，梅西共斩获进球 29 粒，其中上演 1 个大四喜，共 8 次梅开二度，其余 9 场打入 1 球，至此在本赛季西甲中，除塞尔塔之外的 18 支球队大门均被梅西攻破，梅西也创造了连续 18 场比赛进球的世界新纪录。

2013 年 3 月 31 日，梅西在客场 2∶2 战平塞尔塔队的比赛中攻入一球，连续 19 轮联赛都有进球。

随后，面对马竞和贝蒂斯，梅西分别打进 1 球，上演梅开二度的好戏，疯狂纪录定格在了连续 21 轮破门，打进 33 球。

从联赛第 11 轮梅西便开始了自己的进球表演，直到第 34 轮梅西在参加的 21 场西甲比赛中全部都有进球，在这些比赛中梅西总共打入了 33 球。连续 21 场联赛进球，这个纪录恐怕比梅西年度 91 球的纪录更难以被打破。

毫不夸张地说，这项纪录不仅在西甲赛场难以被超越，就连整个欧洲五大联赛估计也会被尘封多年。

梅西复刻马拉多纳神迹

2006-2007赛季，巴萨在国王杯半决赛中5：2大胜赫塔菲队，若干年后可能没人会记得这场的比分，但是绝对不会忘记梅西复制马拉多纳世界杯进球的一幕。

比赛进行到第28分钟的时候，德科先是在本方半场断球交给哈维，哈维塞给中线左边的梅西。注意，表演就从这里开始！梅西在拿球的瞬间灵巧地躲过了纳乔的铲抢，随后左脚一拨晃过扑上来的帕雷德斯，接着在奔跑中突然加速将帕雷德斯甩在身后，梅西带球来到禁区前沿，赫塔菲队中卫贝伦格尔倒地铲球，梅西左脚外脚背机警地一拨就躲过了，随即一扣又过掉补防的阿莱克西斯，面对出击的门将路易斯·加西亚，梅西抢在最后一名后卫科尔特斯铲球之前，右脚向外侧一扣小角度抽射入网。

整个过程耗时11秒，长途奔袭约60米，连过6人，躲过3次逼抢、3次铲球，从起步到完成射门，梅西的这个进球与马拉多纳的千里走单骑几乎是如出一辙。1986年6月22日，马拉多纳也是在本方半场接到队友的传球后，连续突破6人的层层防守，攻入他的"世纪最佳进球"。

不同的是，梅西的带球速度更快，距离更远，突破的后卫更多，射门角度更小。诺坎普球场在这一瞬间沸腾了，无论是球迷还是对手都开始意识到，今夜是属于梅西一个人的。

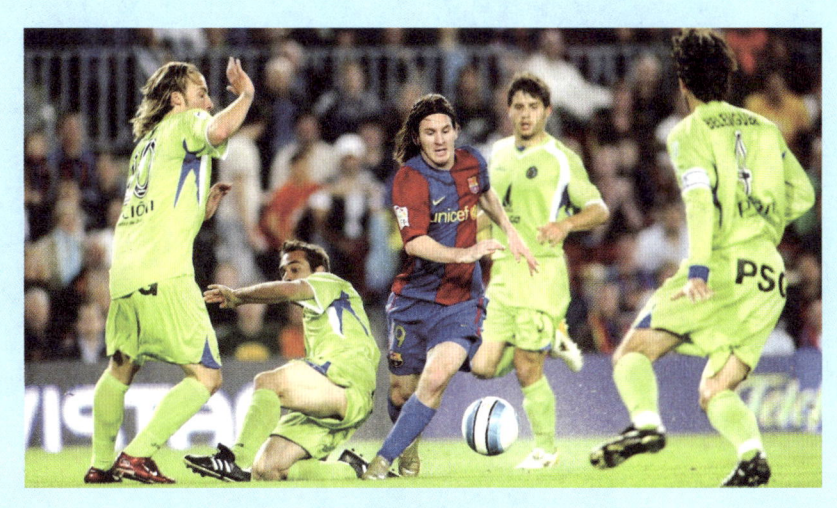

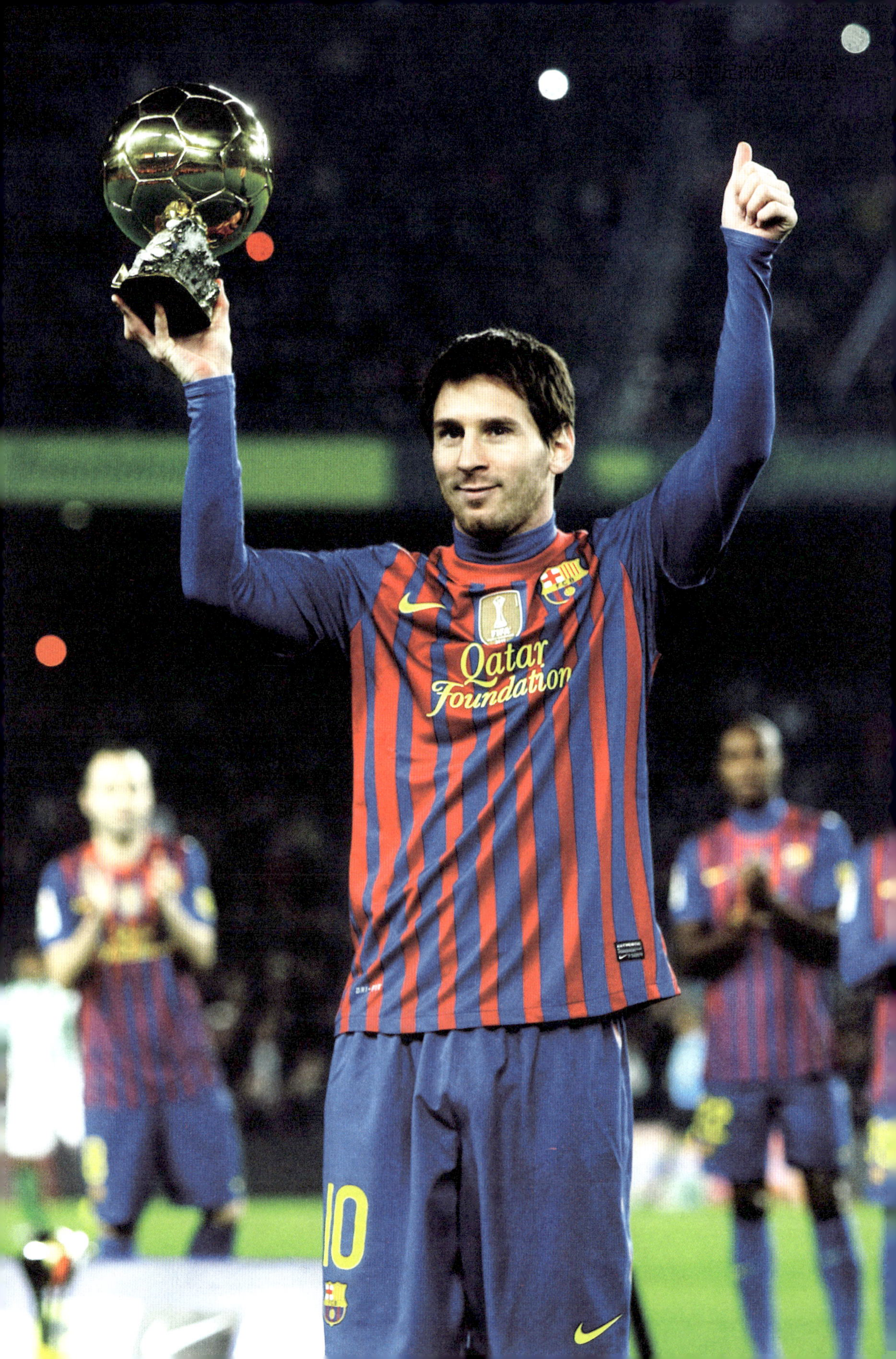
Qatar
Foundation
10

梅西纪录汇总

世界纪录

1	欧洲五大联赛单赛季俱乐部最多进球：73 球
2	五大联赛中打进 300 粒进球所需的比赛场次最少：334 场
3	五大联赛中打进 400 粒进球所需的比赛场次最少：435 场
4	连续获得金球奖次数：4 次
5	第一次和最后一次获得金球奖时间最长间隔：10 年（2009 年、2019 年）
6	吉尼斯官方年度最多进球：91 球（2012 年）
7	自然年俱乐部最多进球：79 球（2012 年）
8	首位获得劳伦斯年度最佳男运动员奖的足球运动员
9	联赛连续最多轮次进球：21 轮 33 球（2012-2013 赛季）
10	唯一有 9 年俱乐部、国家队进球达到 50 球的球员
11	唯一连续 13 个赛季联赛进球达到 30 球的球员
12	唯一连续 10 个赛季俱乐部进球达到 40 球的球员
13	唯一连续两个赛季进球达到 60 球的球员
14	唯一自然年在俱乐部和国家队 7 项不同赛事都有进球的球员
15	唯一自然年内两次在俱乐部 6 项不同赛事都有进球的球员
16	唯一在世界杯决赛圈 3 个年龄段都有进球的球员
17	获得世俱杯金球奖最多的球员：2 次（2009 年、2011 年）
18	获得普斯卡什奖提名次数最多的球员：7 次
19	打破贝利保持的单一俱乐部进球纪录：672 球
20	世界足坛单一联赛进球纪录：474 球

欧冠纪录

1. 单一俱乐部最多欧冠进球：120 球（巴萨）

2. 打进 100 粒欧冠进球所需的比赛场次最少：123 场

3. 欧冠达成 100 次出场最年轻的球员：28 岁零 84 天

4. 欧冠联赛最多帽子戏法：8 次（与 C 罗共享）

5. 欧冠单场比赛进球纪录：5 球（与阿德里亚诺共享）

6. 欧冠小组赛进球最多的球员：70 球（74 场）

7. 欧冠 1/4 决赛单场进球最多：4 球（阿森纳）

8. 欧冠 16 强对单一球队进球最多：6 球（勒沃库森）

9. 最年轻的欧冠最佳射手：21 岁（2009 年）

10. 第一个连续 16 个赛季欧冠联赛都收获进球

11. 在欧冠历史上对阵不同球队都收获进球的球队数量最多：36 个球队

俱乐部纪录

1　巴萨队史帽子戏法最多的球员：48 个

2　巴萨队史最佳射手：672 球

3　巴萨队史欧冠最佳射手：120 球

4　巴萨队史获胜最多场次的球员：542 场

5　巴萨队史获得最多奖杯的球员：35 个

6　巴萨队史作为替补出场进球最多的球员：34 球

7　巴萨队史欧冠单赛季进球最多的球员：14 球（2011-2012 赛季）

8　巴萨队史第一位在西甲联赛历史上赢得 8 次金靴奖的球员

9　巴萨队史首位赢得 6 座欧洲金靴奖的球员

10　巴萨队史首位单赛季进球 50+ 的球员（完成了 6 次）

11　巴萨队史单赛季中在 6 大不同赛事中都有助攻的球员

12　巴萨队史国王杯出场次数最多的球员：80 次

13　巴萨队史正式比赛出场次数最多的球员：778 次

联赛纪录

1	西甲历史助攻王：192 次
2	西甲单赛季助攻次数最多的球员：21 次（2019-2020 赛季）
3	唯一在西甲联赛中单赛季进球和助攻都达到 20+ 的球员（2019-2020 赛季）
4	西甲历史上对阵最多球队都有进球的球员：38 个球队
5	唯一两次完成西甲最佳射手和最佳助攻的球员：2017-2018 赛季和 2018-2019 赛季
6	西甲历史上唯一在 3 个不同赛季进球 40+ 的球员
7	西甲历史上唯一在 8 个赛季进球 30+ 的球员
8	西甲历史上唯一连续 12 个赛季进球 25+ 的球员
9	西甲历史上唯一连续 13 个赛季进球 20+ 的球员
10	西甲历史上唯一在 15 个赛季（连续）进球 10+ 的球员
11	西甲历史上第一个助攻数达到 150 次的球员
12	国王杯决赛出场次数最多的球员：10 次
13	国王杯决赛进球最多的球员：9 球
14	西班牙超级杯进球最多的球员：14 球
15	唯一在 8 届西班牙超级杯中进球的球员
16	西甲历史上自然年进球最多的球员：59 球（2012 年）
17	西甲单赛季联赛进球纪录：50 球（2011-2012 赛季）
18	西甲历史上最长连续进球的球员：连续 21 场比赛打进 33 球

梅西专区

国家队纪录

1　阿根廷队历史最佳射手：76 球

2　阿根廷队历史助攻次数最多的球员：47 次

3　阿根廷队历史帽子戏法最多的球员：6 次

4　阿根廷队自然年进球最多的球员：2012 年 12 球（与巴蒂斯图塔共享）

5　唯一在对阵南美球队都收获进球的阿根廷队球员

6　代表阿根廷队参加世界杯决赛圈最年轻的球员：18 岁 357 天（2006 年）

7　代表阿根廷队在世界杯决赛圈进球时最年轻的球员：18 岁 357 天（2006 年）

8　世界杯决赛圈阿根廷队历史最年轻的队长：22 岁 363 天（2010 年）

9　阿根廷队历史上在单届世界杯预选赛进球最多的球员：10 球（2014 世界杯预选赛）

10　世界杯决赛圈获得单场最佳球员次数最多的阿根廷队球员

11　南美历史上国家队最年轻百场先生（27 岁 361 天）

12　美洲杯历史最多助攻的球员：17 次

13　美洲杯获得单场最佳球员次数最多的球员：14 次

14　阿根廷队历史出场次数最多的球员：151 场

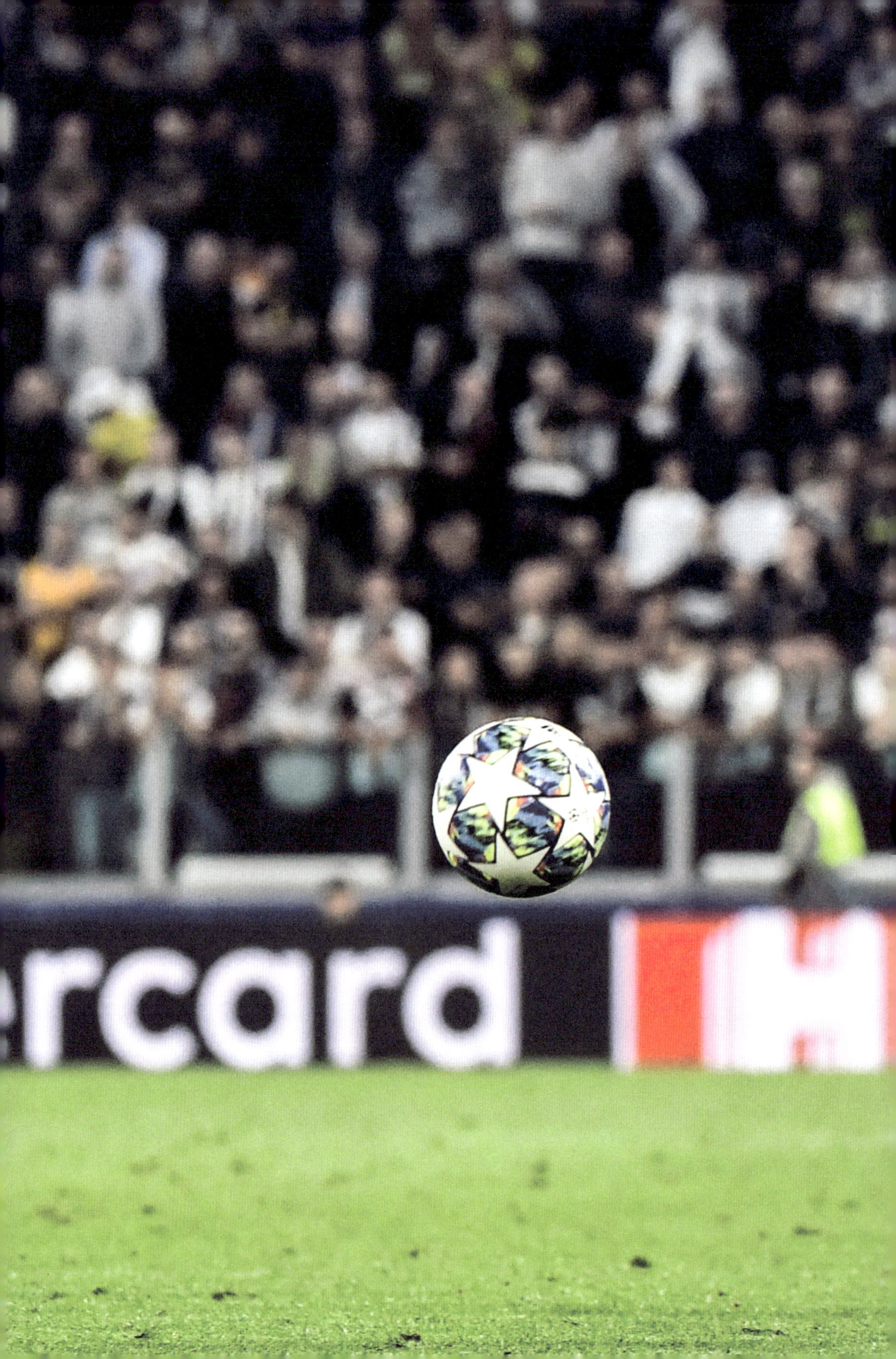
ercard

C罗专区

历史第一射手

2021年1月21日，在意大利超级杯尤文图斯对阵那不勒斯队的比赛中，C罗在第64分钟的一粒进球是他职业生涯的第760个正式比赛进球，C罗超越前辈约瑟夫·比坎（759球），成为世界足坛历史上有官方统计的正式比赛进球最多的球员。

截至2021年7月12日，C罗职业生涯共出战1073场比赛，共计打入783球。在他整个职业生涯中，他为葡萄牙体育队出场31次，打入5球；为曼联出场292次，打入118球；为皇马出场438次，打入451球；为尤文图斯出场133次，打入101球；为葡萄牙国家队出场179次，打入109球。

2002-2003赛季，C罗作为葡萄牙体育队球员首次进入职业联赛，当赛季他为葡萄牙体育队攻入5球。在2006-2007赛季，C罗为曼联进球23球，这是他职业生涯赛季进球数首次超过20球，之后除了2008-2009赛季打进26球外，到2019-2020赛季，C罗每个赛季都攻入30球以上。在皇马效力时，他曾创下了两个赛季都取得60粒以上进球数的惊人纪录。在葡萄牙国家队，他每年攻入5球以上。

根据《米兰体育报》数据统计，C罗已经连续20个自然年取得进球，他追平了伊布，历史上他也仅次于克鲁伊夫（21年）、迪·斯蒂法诺（21年）、贝利（21年）、乌戈·桑切斯（21年）、托蒂（23年）和吉格斯（23年）。此外，C罗也已经连续15个赛季在俱乐部和国家队打进20球，35岁的他是真正意义上的足坛"常青树"。

C罗进球分布

球队	出场次数	进球数	进球效率
葡萄牙体育	31场	5球	场均0.16球
曼联	292场	118球	场均0.40球
皇马	438场	450球	场均1.03球
尤文图斯	133场	101球	场均0.76球
葡萄牙国家队	179场	109球	场均0.61球

截至2021年7月12日

国家队射手王

2020年欧洲杯小组赛收官战对阵法国队梅开二度后，C罗在葡萄牙国家队的进球数来到109球，追平伊朗球员阿里·代伊成为男子国家队层面历史射手王。

这109粒进球中只有19粒是友谊赛打进的，C罗不仅是欧洲杯正赛射手王，也是欧洲球员世预赛、欧预赛的历史射手王。C罗在世界杯上共打进7球，欧洲杯打进14球。在欧洲杯和世界杯预选赛上，C罗均打进了31球。

2003年8月20日，葡萄牙对战哈萨克斯坦队的比赛中，C罗出场45分钟，这也是C罗在葡萄牙国家队的首秀。当时谁都没有料到，C罗会创造历史。

从第1个进球到第109个进球，C罗经历了17年的时间，而他在国家队生涯中一共攻破过44个国家队的球门。

C罗此前在对战德国队与法国队的比赛中都没有打入过球，而在2020年欧洲杯小组赛第二轮与第三轮，C罗一次洞穿德国队大门，两次洞穿法国队大门，实现了历史性的突破。

在足球历史上，只有C罗和阿里·代伊为国家队进球数超过了100球。梅西目前为阿根廷队打入76球。

阿里·代伊也在自己的社交媒体上对C罗表示祝贺："恭喜C罗，现在距离打破男足国家队比赛的进球纪录还差一粒进球。我很荣幸，这个惊人的成就将属于C罗——足球世界冠军级的球员，同时他也充满爱心，一直在激励和影响着全世界的人们。"

· 全面
C罗有59粒进球是右脚打进，25球是左脚打进，25球是头球打进。

· 进攻万花筒
C罗共打进了10粒直接任意球，14粒点球，其余均是运动战进球。

· 关键先生
109粒进球中有33粒是在比赛最后15分钟或加时赛打进的。

· 帽子戏法
在C罗为葡萄牙出场的178次比赛中，有9次完成了帽子戏法，有2次达成大四喜，另外还上演了17次梅开二度。

· 主客场进球分布
在这109粒进球中，有49粒进球是在主场打进（包括2004年欧洲杯，2019年欧国联决赛也在葡萄牙进行），43粒进球在客场打进，17粒进球则在中立球场打进。

· 葡萄牙队战绩
C罗共在72场比赛中取得了进球，在这些比赛中，葡萄牙获得了59场比赛的胜利，打平6场，输掉了7场。

· 最喜爱的对手
2019年11月，在对阵立陶宛队的比赛中，C罗上演了帽子戏法。至此，C罗在面对立陶宛队时打进了7粒进球。而C罗面对瑞典队时也打进了7粒进球，这两个国家队是C罗最喜欢面对的对手。

此外，安道尔队也是C罗最喜欢较量的球队之一，他曾经在2016年10月7日的世预小组赛中单场对战安道尔队打入4球，安道尔队成为C罗国家队生涯单场打入球最多的对手，而C罗一共6次攻陷安道尔队的大门，安道尔队也是C罗攻陷球门次数第三多的球队。

国家队历史射手榜前十

排名	球员	国籍	进球数	出场次数
1	阿里·代伊	伊朗	109	149
1	C罗	葡萄牙	109	179
3	达哈里	马来西亚	89	142
4	普斯卡什	匈牙利	84	85
5	奇塔鲁	赞比亚	79	111
6	哈桑·赛义德	伊拉克	78	137
7	贝利	巴西	77	92
8	阿里·马布库特	阿联酋	76	92
8	梅西	阿根廷	76	151
10	桑多尔·柯奇士	匈牙利	75	66
10	釜本邦茂	日本	75	76
10	巴沙尔·阿卜杜拉	科威特	75	134

单赛季欧冠 17 球

2013-2014 赛季，C 罗在欧冠中完成登峰造极的表演，他不仅帮助皇马夺冠，而且单赛季打进 17 球，创纪录夺得欧冠金靴。当时，第二名是伊布，打进 10 球；迭戈·科斯塔打进 8 球，排名第三。

小组赛，皇马 6:1 大胜加拉塔萨雷队的比赛中，C 罗上演帽子戏法。

皇马主场 4:0 大胜哥本哈根队，C 罗两次头球破门。

皇马主场 2:1 击败尤文图斯，C 罗先是过掉布冯，打空门得手。随后，他自己主罚点球命中，上演梅开二度的好戏。

皇马客场 2:2 战平尤文图斯，C 罗禁区里推射破门。

皇马客场 2:0 战胜哥本哈根队，C 罗抢点打进一球。

欧冠 1/8 决赛第一回合，皇马 6:1 大胜沙尔克 04 队，C 罗踩单车劲射破门，此后，C 罗过门将破门。第二回合，皇马主场 3:1 再胜沙尔克 04 队，C 罗先是门前抢点破门，随后一条龙闯关，禁区里劲射破门。

欧冠 1/4 决赛第一回合，皇马 3:0 大胜多特蒙德，C 罗戏耍对手门将得分。

欧冠半决赛第二回合，皇马 4:0 大胜拜仁，C 罗先是抢点破门，随后任意球建功。

欧冠决赛，皇马上演奇迹，本场比赛马竞凭借卡斯利亚斯的失误先发制人，但是皇马凭借拉莫斯在伤停补时阶段一粒金子般的进球扳平比分，将比赛拖入加时。在加时赛中面对体力已经消耗无几的马竞，皇马轻松地连进 3 球，奇迹般地逆转夺冠。在比赛即将结束阶段，C 罗罚入一粒点球，将欧冠单赛季进球纪录刷新到 17 个，毫无疑问地当选本赛季最佳射手。

创下如此神迹后，C 罗表示："虽然我不是在最佳状态，但是球队能够问鼎欧冠，自己能够当选最佳射手，我还是非常开心。这是大家期盼已久的一个冠军，最终我们真的做到了。这是特殊的一天，真是太幸福了！我愿意为皇马奉献自己的全部。伤病限制了我的发挥，但是欧冠决赛可不是每天都有的，带伤上场也是值得的。虽然我不是在最佳状态，但是我还是同队友们一起战斗到了最后。"

至此，很多球迷争论不休，C 罗的单赛季欧冠 17 球和梅西的自然年 91 球，到底谁更难打破？但不得不说，C 罗和梅西创下的都是神迹。

连续12届大赛进球

职业生涯中，C罗已经代表葡萄牙队12次出征世界大赛，他连续12届大赛进球，是历史上首个取得该成就的球员。

C罗出战的第一届大赛是2004年欧洲杯，葡萄牙队揭幕战对阵希腊队，C罗攻入了这场比赛的唯一进球，帮助葡萄牙队取得了胜利。在对阵荷兰队的半决赛，C罗首开纪录帮助葡萄牙队挺进决赛。不过那年他们碰到了黑马希腊队，一球小败屈居亚军。

2004年雅典奥运会，尽管曼联主帅弗格森已经明确表态不愿意C罗参加奥运会，威胁他回来将无法保证主力的位置，不过C罗还是义无反顾地选择了为国效力。奥运会上，他在对阵摩洛哥队的比赛中，为葡萄牙队打入了首粒球，遗憾的是，那届奥运会葡萄牙队男足表现并不出色，小组赛即被淘汰。

2006年德国世界杯，在小组赛对阵伊朗队的比赛中，C罗攻入了他个人的第一个世界杯进球，最终在他和队友的努力下，葡萄牙队取得了世界杯第四名的战绩。

2008年欧洲杯，C罗打进一球，葡萄牙队最终止步八强。

2010年南非世界杯，葡萄牙队同巴西队、科特迪瓦队、朝鲜队分在了一个小组，在对阵朝鲜队的比赛中，C罗攻入了一粒球并送上了一次助攻。葡萄牙队以小组赛第二名的身份晋级，淘汰赛碰到了如日中天的西班牙队，0∶1被斩于马下，无缘下轮。

2012年欧洲杯，葡萄牙队同荷兰队、德国队、丹麦队分在了死亡小组。C罗在小组赛的最后一场比赛中梅开二度，2∶1战胜荷兰队，帮助葡萄牙队在死亡小组突围。1/4决赛对阵捷克队，在久攻不下之际，C罗头槌破门，帮助葡萄牙队绝杀进入四强。半决赛，葡萄牙队输给了西班牙队。

2014年巴西世界杯，C罗以一己之力带领葡萄牙队杀入世界杯正赛。正赛之前C罗遭遇了伤病困扰，他带伤打满了三场小组赛。小组赛最后一场，葡萄牙队对阵加纳队，在1∶1胶着之际，C罗挺身而出抽射破门帮助葡萄牙队2∶1拿下了加纳队。但是对于葡萄牙队来说，胜利已经无法帮助他们小组出线，葡萄牙队、加纳队双双出局。

2016年欧洲杯，是C罗的欧洲杯。C罗为葡萄牙队贡献了3粒进球，送上了3次助攻，获得了欧洲杯银靴奖，入选了那届欧洲杯的最佳阵容。C罗带着欧洲杯最多进球、最多出场等纪录，捧起了葡萄牙队史上第一座欧洲杯冠军奖杯。

2017年联合会杯，第二轮对阵东道主俄罗斯队，C罗打入了他职业生涯中第一个联合会杯进球。第三轮对阵新西兰队的比赛，C罗为葡萄牙队首开纪录，帮助球队大胜，以小组第一闯入下轮。最终，葡萄牙队获得季军。

2018年俄罗斯世界杯，C罗在小组赛对西班牙队时上演帽子戏法，随后又攻破摩洛哥队的大门。

2019年，C罗在对阵瑞士队时完成其职业生涯的第53个帽子戏法，带队闯入首届欧足联国家联赛决赛。这也是34岁的葡萄牙巨星连续第10次在大型赛事中取得进球。最终，葡萄牙队获得欧国联冠军。

2021年，C罗作为葡萄牙队队长再度出战欧洲杯比赛，小组赛首场比赛，C罗梅开二度帮助葡萄牙队3∶0战胜匈牙利队，凭借本场的两粒进球，C罗成为欧洲杯历史最佳射手。小组赛第二场比赛，C罗传射建功，无奈队友两送乌龙球，葡萄牙队2∶4不敌德国队。第三场小组赛C罗点球梅开二度，追平了伊朗传奇射手阿里·代伊保持的国家队进球纪录，最终葡萄牙队2∶2战平法国队，以小组第三出线。1/8决赛中，葡萄牙队0∶1不敌比利时队，无缘卫冕。

C罗12次世界大赛一览

序号	赛事	C罗进球数	球队成绩
1	2004年欧洲杯	2球	亚军
2	2004年奥运会	1球	小组未出线
3	2006年世界杯	1球	第4名
4	2008年欧洲杯	1球	8强
5	2010年世界杯	1球	16强
6	2012年欧洲杯	3球	4强
7	2014年世界杯	1球	小组未出线
8	2016年欧洲杯	3球	冠军
9	2017年联合会杯	2球	季军
10	2018年世界杯	4球	16强
11	2019年欧国联	3球	冠军
12	2020年欧洲杯	5球	16强

腾空2.38米C罗生涯最佳进球

C罗职业生涯中打入过很多球,其中许多进球有着优美的弧线,或者是从几乎不可能射门的地点以令人无法置信的方式打入的,但有一种进球方式却始终制约着他,那就是倒钩进球。C罗执迷不悟地想完成这种杂耍般的进球,然而对这位世界上最好球员来说,倒钩进球已经成了他的魔咒。他曾一次次地尝试这种射门,却一次次地无功而返。在接受皇马电视台采访时,C罗就对倒钩进球表示过渴望与无奈:"我不知道怎么样取得这样的进球。"

不过坚持之下,C罗终于有所收获,对尤文图斯的比赛进行到第63分钟,C罗终于取得了自己职业生涯的第一个倒钩进球,这个进球同时也是他职业生涯中最漂亮的进球之一、历史上最漂亮的进球之一。

2018年4月3日,C罗在欧冠1/4决赛首回合,客场对阵尤文图斯的比赛中,第63分钟,卡瓦哈尔右翼传中,C罗回撤至点球点附近,飞身跃起直接倒钩打门。葡萄牙人整个射门动作一气呵成,无论是射门部位还是发力方式均无懈可击,球直挂球门右角入网,布冯连扑球动作都没做出,目送球入网,实在没有任何扑救的可能性。

这是一个令世间任何语言都词穷的进球,C罗脚尖触及的高度,高达2.38米,他身体打开的幅度,其动作之舒展,之出其不意,让一条已连续八年堪称意甲最佳防线,其中有一位还是史上最杰出、最伟大之一的门神布冯都目瞪口呆。

C罗飞上了天,他改变了比赛,也改变了自己的职业生涯,甚至连尤文图斯的球迷都为他鼓掌,C罗的进球方式令他们惊讶,"老妇人"的球迷也用掌声向C罗表示祝贺。与此同时,齐达内在场边也为C罗的进球疯狂呐喊。

曼联前队友费迪南德惊叹："不久前我曾为梅西的进球（欧冠主场对垒切尔西）激动不已，现在轮到我的伙计C罗了，他们两个来自完全不同的星球。C罗的进球，与鲁尼在曼彻斯特德比中的倒钩，谁更出色？"

另一位英格兰名宿，梅西"头号粉丝"莱因克尔也说："C罗打入了一个非常非常特别的进球。"

英国媒体BBC更是不吝惜对C罗的赞誉，在BBC的文字直播中，BBC这样写道："C罗的这记倒钩让现场的观众发出了真诚的掌声，甚至在BBC的办公室内，也有负责直播的工作人员自发地为这个进球鼓掌。"

联赛全满贯神迹

在此前效力曼联和皇马期间,C罗均实现了俱乐部荣誉全满贯,包揽了英格兰(英超、足总杯、联赛杯、社区盾杯)和西班牙(西甲、国王杯、西班牙超级杯)的国内顶级赛事冠军,并且还拿到过欧冠冠军。

2018年加盟尤文图斯后,C罗帮助球队两夺意甲冠军、两夺意大利超级杯冠军,而在上赛季加冕意大利杯冠军后,他也实现了意大利国内赛事荣誉全满贯。

葡萄牙巨星就此解锁一项成就,他成为史上第一位在英格兰、西班牙、意大利三个国家各项赛事全满贯的球员。

此外,C罗在英超、西甲、意甲都拿过联赛最佳射手,这又是一项前无古人的成就。

欧冠之王

2007年4月11日，C罗代表曼联打进了个人欧冠首球。而现在，他已经以134球成为欧冠历史射手王。与此同时，C罗还是欧冠单赛季进球纪录保持者（17球）和淘汰赛历史射手王（67球），并且在决赛破门场次（3场）、单赛季小组赛连场进球（6场）、欧冠连场进球（11场）上都位列榜首。更重要的是，C罗夺得了5次欧冠冠军。

C罗总共6次进入欧冠决赛拿到5次欧冠冠军奖杯（曼联2次进入决赛拿到1次欧冠，皇马4次进入决赛拿到4次欧冠），5个欧冠冠军不仅是现役球员中最多的，甚至比大部分欧洲豪门俱乐部都要多，来看看各大豪门的欧冠奖杯数量：

皇马	13个
AC米兰	7个
拜仁	6个
利物浦	6个
巴萨	5个
阿贾克斯	4个
曼联	3个
国际米兰	3个
尤文图斯	2个
切尔西	2个
多特蒙德	1个

像曼城、阿森纳、热刺、马竞、巴黎圣日耳曼，这些俱乐部都还没有体会过欧冠奖杯的滋味，还在追逐梦想的道路上。而C罗一人就拿了5座欧冠，这些豪门俱乐部中，只有皇马、AC米兰、利物浦、拜仁比他多，他可以与巴萨并列排在第五名。

在所有球员中，拿欧冠奖杯最多的球员是皇马名宿弗朗西斯科·亨托，他曾经跟随皇马8次打进了欧冠决赛，其中有6次最终夺得冠军（1956年、1957年、1958年、1959年、1960年、1966年）。而C罗的5座欧冠奖杯在这个名单中排名第二，但是，C罗有望追平甚至打破这个纪录！

C罗纪录汇总

世界纪录

1	唯一在两个不同俱乐部（曼联和皇马）夺得联赛冠军、国内杯赛冠军、国内超级杯、欧冠、世俱杯、联赛年度最佳球员、欧洲金靴奖和国际足联金球奖（不分合并前后）的球员
2	世界足坛总射手榜历史第一名
3	首位连续12项洲际大赛均取得进球的球员
4	入选最多次国际足联年度最佳阵容的球员：15次（2007-2019年）（此纪录与梅西共有）
5	首位在3个不同俱乐部入选国际足联年度最佳阵容的球员（曼联、皇马、尤文图斯）
6	唯一赢得世俱杯银靴奖两次以上的球员：2008年、2014年
7	唯一在6个赛季进球数超过50球的球员
8	唯一连续7个自然年进球数超过50球的球员
9	首位连续5届欧洲杯都有参赛且都有进球的球员
10	Instagram关注人数达到2.5亿人，这使他成为了历史上第一位Instagram关注人数达到2.5亿万的用户
11	攻破国家队球门数量最多：44支
12	唯一分别获得英超、西甲、意甲冠军的球员
13	唯一在不同联赛都有获得欧洲金靴奖的球员
14	历史上首位在意甲、西甲和英超都打入50+的球员
15	历史上首位在西甲、英超和意甲单赛季联赛进球数均达到30+的球员
16	历史上第一位能够在两家俱乐部都拿过连续10场比赛进球的球员
17	历史上首位为3个不同国家俱乐部均打入至少100球的球员
18	五年4夺欧冠冠军，包括欧冠三连冠
19	国家队进球数与阿里·代伊并列历史第一位。

欧冠纪录

1　欧冠历史第一射手：134 球

2　唯一连续 6 季夺得欧冠联赛最佳射手的球员

3　首位欧冠胜场数达到 100 场的球员

4　首位欧冠进球数达到 100 球的球员

5　首位代表单一俱乐部欧冠进球数达到 100 球的球员

6　唯一连续 7 个欧冠单赛季进球数达到 10 球或以上的球员

7　唯一在 3 届欧冠决赛取得进球的球员

8　欧冠单赛季进球最多：17 球（2013 - 2014 赛季）

9　欧冠单赛季小组赛进球最多：11 球（2015 - 2016 赛季）

10　欧冠淘汰赛阶段历史第一射手

11　欧冠客场历史第一射手

12　唯一在三个赛季欧冠进球达到 15 球的球员

13　首位在单赛季欧冠中完成三次帽子戏法的球员：2015 - 2016 赛季

14　首位在连续两场欧冠淘汰赛中完成帽子戏法的球员

15　唯一为两支不同俱乐部于欧冠决赛进球并最终获得欧冠联赛冠军的球员：曼联（2007 - 2008 赛季）、皇家马德里（2013 - 2014 赛季、2016-2017 赛季）

联赛纪录

1. 首位连续 3 场英超取得进球的 U21 球员
2. 首位在英超完成帽子戏法的葡萄牙球员
3. 西甲历史上完成帽子戏法次数最多：34 次
4. 西甲历史上罚中点球最多：61 次
5. 打进 150 粒西甲进球所需场次最少：140 场
6. 打进 200 粒西甲进球所需场次最少：178 场
7. 打进 300 粒西甲进球所需场次最少：286 场
8. 单赛季打进 20 粒西甲进球所需场次最少：12 场（因伤缺席 1 场）
9. 西甲联赛赛季最佳开赛进球纪录：8 轮 15 球
10. 首位连续 6 场西班牙国家德比取得进球的球员
11. 唯一连续 6 个赛季西甲进球数达到 30 球的球员
12. 单赛季在西甲完成帽子戏法次数最多：8 次（此纪录与梅西共有）
13. 为一家俱乐部进球 350 球所需场次最少：335 场
14. 打进 50 粒意甲进球所需场次最少：61 场
15. 意甲联赛历史上进球最多的葡萄牙球员
16. 连续 11 场意甲进球的壮举，追平了巴蒂斯图塔和夸利亚雷拉保持的意甲历史纪录

俱乐部纪录

1	皇马队史第一射手：450 球
2	皇马队史西甲第一射手：311 球
3	皇马队史西甲助攻王：85 次
4	皇马队史最快达到 50 颗进球的球员
5	皇马队史最快达到 100 颗进球的球员
6	皇马队史最快达到 200 颗进球的球员
7	皇马队史最快达到 250 颗进球的球员
8	皇马队史连续 9 个赛季最多进球者
9	皇马首位连续 9 个赛季都有进球者
10	皇马队史最多次帽子戏法的球员：48 次
11	皇马队史欧冠第一射手：105 球
12	尤文图斯单赛季进球数最多的球员
13	尤文图斯队史首位能够连续 10 场联赛进球的球员
14	尤文图斯队史最快达到 100 进球的球员

⚽ 国家队纪录

1. C罗成为欧洲杯+世界杯进球最多的球员
2. 第一个连续5届欧洲杯都有进球的球员
3. 欧洲杯决赛圈中出场次数最多的球员：25次
4. 葡萄牙队史出场次数最多
5. 欧洲杯决赛圈进球数最多的球员：14球
6. 唯一在三届欧洲杯上至少打入3球的球员

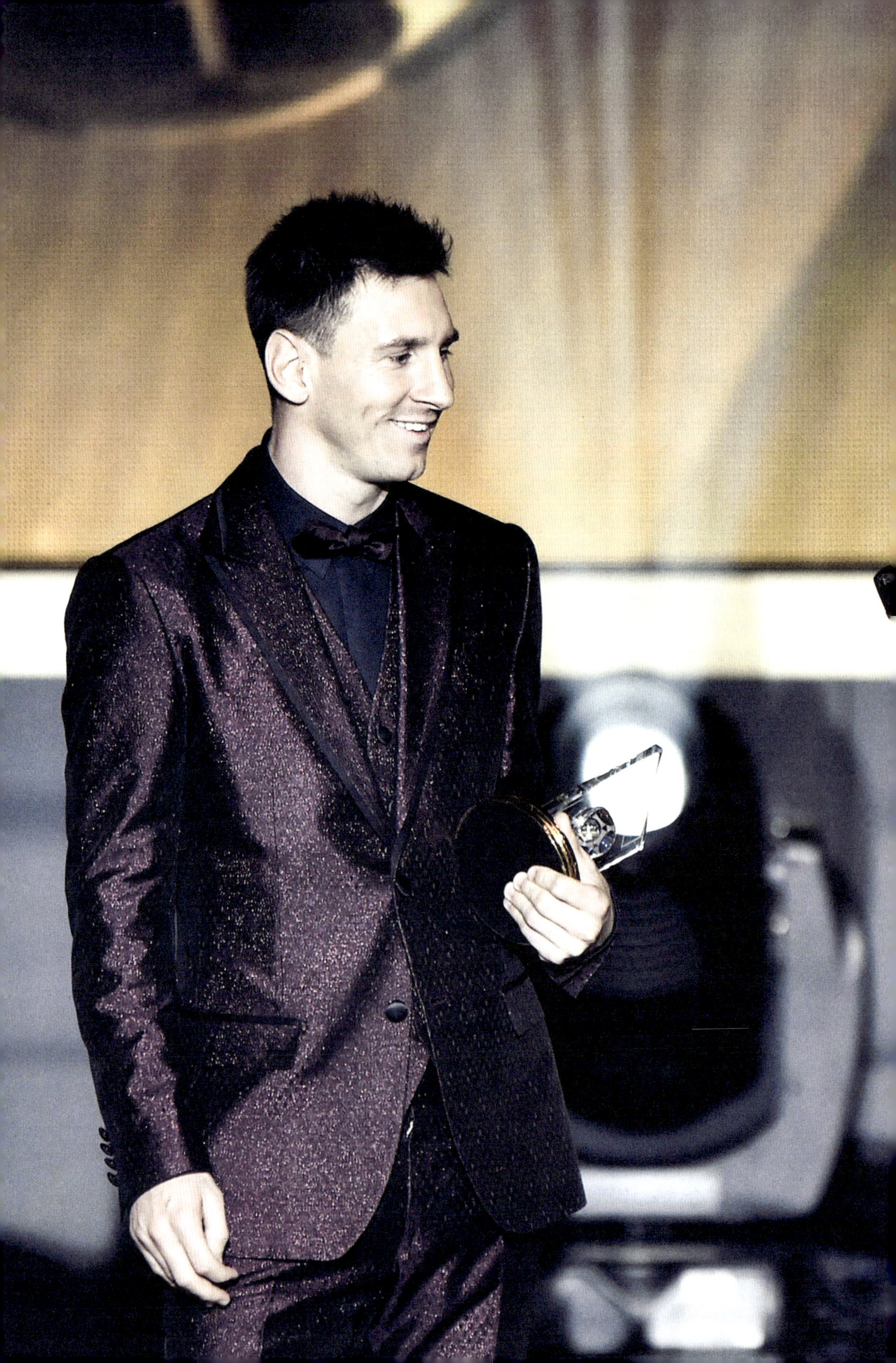

梅罗对弈

双雄并立　绝代双骄

火遍世界的超级英雄电影里，最后的高潮，都是正派与反派之间的大决斗。足球世界里没有正义与邪恶之分，但这种双雄并立的戏码，永远都是足坛最具魅力与吸引力的话题。

喜欢足球历史的球迷，对此如数家珍：从20世纪50年代的迪·斯蒂法诺和普斯卡什，60年代的贝利和尤西比奥，70年代的克鲁伊夫和贝肯鲍尔，到80年代的马拉多纳与普拉蒂尼，90年代初的罗马里奥与罗伯特·巴乔，21世纪前后的罗纳尔多与齐达内。

但是，从来没有哪一对儿"双雄"，像梅西和C罗这样特殊。他们生活在竞争性更强、曝光度更高的现代足球环境下，是世界足球历史上进球最多的球员，不断打破着各种旷世纪录，将冠军与荣誉收入囊中，互相追逐，互相激励；他们的性格又截然不同，一个内向低调，一个外向高调，形成格外鲜明的对比，在社交媒体的作用下，各自聚集起数以千万计的粉丝，而彼此的拥趸似乎水火不容，你既喜欢C罗又喜欢梅西？反倒更容易被双方共同认定为"不懂球"。

可以说，从现代足球诞生之后，还从来没有哪两位巨星，拥有梅罗之间这么特殊的关系，所以，他们才被称为"绝代双骄"。差可比拟的也许是贝利和马拉多纳，人们曾经就他俩"谁是史上第一"争论得不可开交，但由于所处时代不同，这种争论终究只是"关公战秦琼"。

而梅西和C罗处于同一个时代，直接竞争，当面锣对面鼓地一较高下，看似可以得出一个"谁更强"的定论了吧？恰恰相反，反而引发出更大的争议。更何况在很多球迷的心目中，他们的江湖地位，已经超越了贝利和马拉多纳。

作为当代球迷，很遗憾，我们没有亲眼见过迪·斯蒂法诺和普斯卡什联手为皇马缔造欧冠伟业，没有见过贝利在世界杯上叱咤风云，没有见过"球圣"与"球皇"之间的巅峰对决，再年轻一点儿的，都没见过马拉多纳踢球了。

可是，我们又何其有幸，亲眼见证了梅西和C罗的出道、成长、成熟，见证了他们的每一次或直接或间接的较量，感受到无与伦比的震撼，并深深地沉浸其中。因此，对于当代球迷来说，足球就分为"前梅罗时代""梅罗时代"以及就将到来的"后梅罗时代"。

梅罗交锋全记录

	日期	赛事	主队	客队	比分	由梅西或者C罗打进的进球
1	2008年4月23日	欧冠	巴萨	曼联	0:0	
2	2008年4月29日	欧冠	曼联	巴萨	1:0	
3	2009年5月27日	欧冠	巴萨	曼联	2:0	梅西70分钟
4	2009年11月29日	西甲	巴萨	皇马	1:0	
5	2010年4月10日	西甲	皇马	巴萨	0:2	梅西33分钟
6	2010年11月29日	西甲	巴萨	皇马	5:0	
7	2011年2月11日	国家队友谊赛	葡萄牙队	阿根廷队	1:2	C罗21分钟 梅西90分钟（点球）
8	2011年4月16日	西甲	皇马	巴萨	1:1	梅西51分钟（点球） C罗81分钟（点球）
9	2011年4月20日	国王杯	皇马	巴萨	1:0	C罗103分钟
10	2011年4月27日	欧冠	皇马	巴萨	0:2	梅西76分钟、87分钟
11	2011年5月3日	欧冠	巴萨	皇马	1:1	
12	2011年8月14日	西班牙超级杯	皇马	巴萨	2:2	梅西45分钟
13	2011年8月17日	西班牙超级杯	巴萨	皇马	3:2	C罗20分钟 梅西53分钟、88分钟
14	2011年12月10日	西甲	皇马	巴萨	1:3	
15	2012年1月18日	国王杯	皇马	巴萨	1:2	C罗11分钟
16	2012年1月25日	国王杯	巴萨	皇马	2:2	C罗68分钟
17	2012年4月21日	西甲	巴萨	皇马	1:2	C罗73分钟
18	2012年8月23日	西班牙超级杯	巴萨	皇马	3:2	C罗55分钟 梅西70分钟（点球）
19	2012年8月29日	西班牙超级杯	皇马	巴萨	2:1	C罗19分钟 梅西45分钟

续表

日期		赛事	主队	客队	比分	由梅西或者C罗打进的进球
20	2012年10月7日	西甲	巴萨	皇马	2:2	C罗23分钟、66分钟 梅西31分钟、61分钟
21	2013年1月30日	国王杯	皇马	巴萨	1:1	
22	2013年2月26日	国王杯	巴萨	皇马	1:3	C罗12分钟（点球）57分钟
23	2013年3月2日	西甲	皇马	巴萨	2:1	梅西18分钟
24	2013年10月26日	西甲	巴萨	皇马	2:1	
25	2014年3月23日	西甲	皇马	巴萨	3:4	梅西42分钟、65分钟（点球）、84分钟（点球）C罗、55分钟（点球）
26	2014年10月25日	西甲	皇马	巴萨	3:1	C罗35分钟（点球）
27	2014年11月18日	国家队友谊赛	葡萄牙队	阿根廷队	1:0	
28	2015年3月22日	西甲	巴萨	皇马	2:1	C罗31分钟
29	2015年11月21日	西甲	皇马	巴萨	0:4	
30	2016年4月2日	西甲	巴萨	皇马	1:2	C罗85分钟
31	2016年12月3日	西甲	巴萨	皇马	1:1	
32	2017年4月23日	西甲	皇马	巴萨	2:3	梅西33分钟、92分钟
33	2017年8月13日	西班牙超级杯	巴萨	皇马	1:3	梅西77分钟（点球）C罗80分钟
34	2017年12月23日	西甲	皇马	巴萨	0:3	梅西64分钟
35	2018年5月6日	西甲	巴萨	皇马	2:2	C罗14分钟 梅西52分钟
36	2020年12月8日	欧冠	巴萨	尤文图斯	0:3	C罗13分钟（点球）、52分钟（点球）

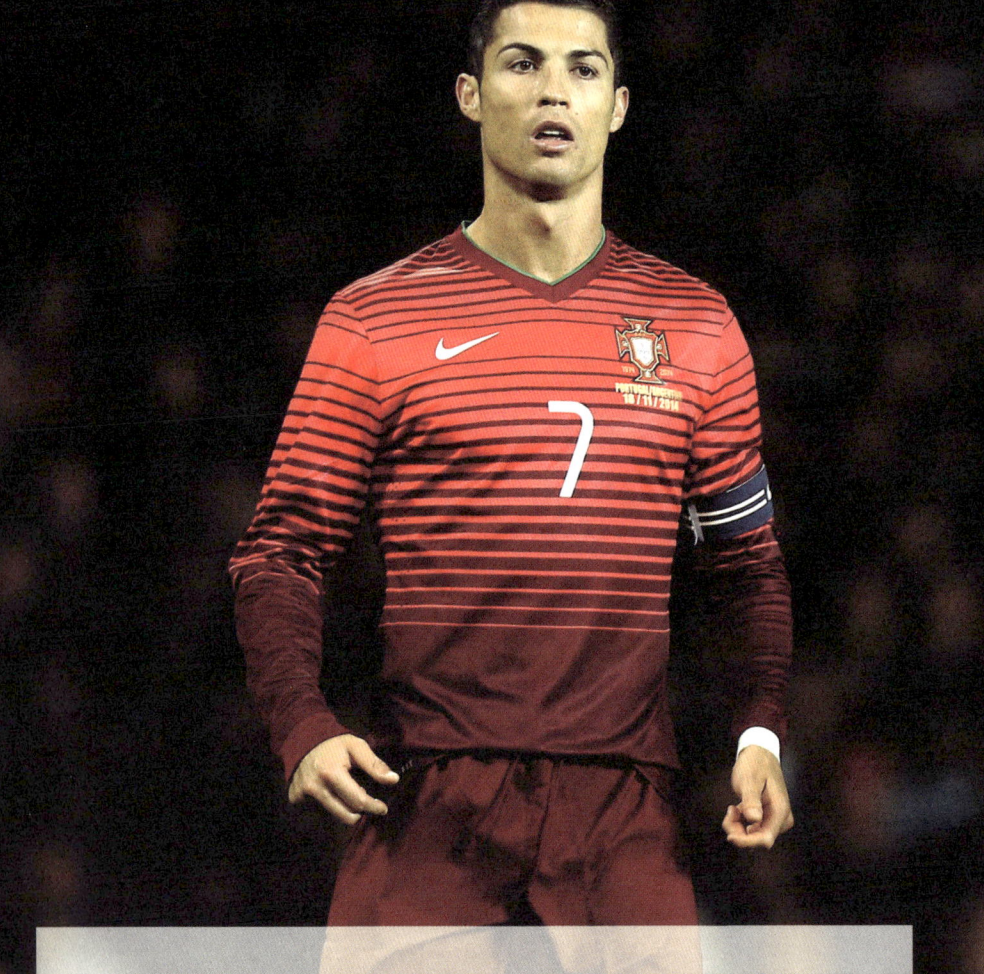

梅西、C罗在第36次对决前,两人握手并拥抱致意。此前C罗效力皇马期间,二人进行了多次的交锋,随着C罗转会尤文图斯,他们只在欧冠小组赛中正面交手一次。不知道下一次看到他们同时出现在一座球场里会是什么时候。

如今,C罗已经36岁,梅西比他小两岁。两人的状态,或多或少的都出现了下滑。或许两人还有在其它赛场狭路相逢的机会,毕竟属于他俩的时代还没有结束。

还有未知的2022年的卡塔尔世界杯,如果葡萄牙队能够与阿根廷队相遇,梅罗同场竞技也不再是幻想。那或许才是梅罗这个绝代双骄时代最完美的一幕。梅西、C罗不说再见,岁月可以带走青春,却带不走信仰。

图书在版编目（CIP）数据

神迹：这样的足球你怎能不爱 / 周凯著. -- 北京：北京时代华文书局，2021.9
ISBN 978-7-5699-4268-2

①神… Ⅱ．①周… Ⅲ．①足球运动－通俗读物 Ⅳ．① G843-49

中国版本图书馆 CIP 数据核字（2021）第 142452 号

神迹：这样的足球你怎能不爱
SHENJI ZHEYANG DE ZUQIU NI ZENNENG BUAI

著　　者｜周　凯

出 版 人｜陈　涛
选题策划｜董振伟　直笔体育
责任编辑｜周连杰
执行编辑｜王振强　马彰羚
责任校对｜张彦翔
装帧设计｜程　慧　赵芝英
责任印制｜訾　敬

出版发行｜北京时代华文书局 http://www.bjsdsj.com.cn
　　　　　北京市东城区安定门外大街 138 号皇城国际大厦 A 座 8 楼
　　　　　邮编：100011　电话：010-64267955　64267677

印　　刷｜小森印刷（北京）有限公司　010-80215073
　　　　　（如发现印装质量问题，请与印刷厂联系调换）

开　　本｜710mm×1000mm　1/16　　印　张｜20　　字　数｜378 千字
版　　次｜2021 年 9 月第 1 版　　　　印　次｜2021 年 9 月第 1 次印刷
书　　号｜ISBN 978-7-5699-4268-2
定　　价｜88.00 元

本书部分图片因无法联系上版权所有者，请所有者与出版社联系支付相关费用。

版权所有，侵权必究